REINHOLD MESSNER

GOBI

DIE WÜSTE IN MIR

W0088340

Für Anna,
die wissen soll,
welch ein Mensch
ihr Vater ist.

1. Auflage November 2018
2. Auflage Januar 2019
© 2018 DuMont Reiseverlag, Ostfildern
© S. Fischer Verlag GmbH, Frankfurt am Main, 2005
Alle Rechte vorbehalten
Gestaltung: Herburg Weiland, München
Titelfoto: Andreas H. Bitesnich
Autorenfoto Rückseite: Chien-min Chung/Getty Images
Fotos: Reinhold Messner
Umschlagkarte vorne: Gerald Konopik, DuMont Reisekartografie
Umschlagkarte hinten: Archiv Reinhold Messner
Printed in Spain
ISBN 978-3-7701-8294-7

www.dumontreise.de

Inhalt

Kapitel 1   Ein letzter Trip   9

Kapitel 2   Das leere Nichts   20

Kapitel 3   Weggehen   29

Kapitel 4   Ostgobi   41

Kapitel 5   Südgobi   80

Kapitel 6   Die große Leere   108

         Durch die Wüste Gobi – Bildreportage   143

Kapitel 7   Westgobi   179

Kapitel 8   Über die Altai-Berge   219

Kapitel 9   Hotel Dschingis Khan   247

Kapitel 10   Heimkommen   257

Kapitel 11   Erinnern   265

Geleitwort

Als ich die Wüste Gobi 2004 der Länge nach durchquerte, war ich großteils zu Fuß unterwegs. Ich orientierte mich an Bergen, Jurten und Schafherden. Als horizontsüchtiger Nomade, von einem Nomadenlager zum nächsten unterwegs, nahm ich mit allen Sinnen Maß und ahnte zuletzt etwas von jener Unendlichkeit, die jenseits unserer Erfassbarkeit liegt. Dieses Jenseitige, uns weder in Zeit- noch Raummaßen zugänglich, ist heute in meiner erinnerten Wirklichkeit null und unendlich zugleich.

Inzwischen ist auch die Wüste Gobi urbanisiert worden. Allerorten wird nach Bodenschätzen gesucht und geschürft, wie ein Spinnennetz spannen sich Schotterstraßenlinien durch die Wildnis, die Jahr für Jahr zurückgedrängt wird.

Es ist die »Gnade der frühen Geburt«, die mir ein Leben als Grenzgänger in den großen Wildnisräumen auf unserer Erde möglich gemacht hat.

Die Generationen vor mir konnten zwei, vielleicht drei Expeditionen ins Abenteuer unternehmen, mir waren mehr als hundert Reisen in eine Welt vergönnt, wo es keinerlei Vorgaben gab. Diese Freiräume ausmessen zu können, ohne Spuren zu hinterlassen, in Eigenverantwortung unterwegs zu sein, und die Gabe, es immer wieder zu wagen, haben mir einen unverwechselbaren Blick auf den Kosmos erlaubt, den ich heute mit all den Neugierigen teile, die die Chance, in die Wildnis aufzubrechen, nicht mehr erleben können.

Reinhold Messner, 20. Februar 2018

»In einem seiner düsteren Momente sagte Pascal, das ganze Unglück des Menschen rühre von einer einzigen Ursache her: seiner Unfähigkeit, ruhig in einem Zimmer zu bleiben. ›*Notre nature*‹, schrieb er, ›*est dans le mouvement … La seule chose qui nous console de nos misères est le divertissement.*‹ Ablenkung, Zerstreuung, Phantasie. Neue Moden, neue Speisen, neue Lieben und neue Landschaften. Wir brauchen sie wie die Luft, die wir atmen. Ohne Veränderung verkümmert unser Hirn und unser Körper. Der Mensch, der ruhig in einem verdunkelten Zimmer sitzt, hat die besten Aussichten, von Halluzinationen und Selbstbeobachtung gequält zu werden und dem Wahnsinn anheimzufallen.«

BRUCE CHATWIN

1

Ein letzter Trip

Nach fünf Jahren im Europäischen Parlament beginne ich, müde und träge zu werden. Auch bin ich zu schwer. Ich war stehen geblieben statt weiterzugehen. Die Gewohnheiten der Sesshaften sind dabei auch meine Gewohnheiten geworden, und von der Neugier des horizontsüchtigen Wanderers ist nur der Traum übrig geblieben. Ich war zuletzt wohl zu wenig zu Fuß unterwegs gewesen.

Ich bin noch kein alter Mann, aber seit vier Jahren habe ich keine richtige Expedition mehr gewagt. Die Zeit ist für mich ohne Jahreszeiten, ohne Sonnenaufgänge vergangen, ohne Hitze und Kälte. Der Plenarsaal in Straßburg hat keine Fenster, und die Kuppel ist auch mittags, während der Abstimmungsvorgänge, hell erleuchtet. Mein Büro ist voll klimatisiert. Wie Sonnenuntergänge riechen, habe ich vergessen.

Unsere Kinder wachsen heran, und wir leisten uns ein oder zwei Reisen im Jahr, aber mit dem, was ich früher gewagt habe, haben unsere Familienausflüge wenig zu tun. Gewiss, ich war in den vergangenen fünf Jahren sehr viel unterwegs, mehr denn je: im Zug, im Auto, im Flugzeug. Die meiste Zeit aber habe ich in künstlich beleuchteten Räumen verbracht. Der Hunger nach Weite, Sonnenlicht und dem Wind im Gesicht ist im Herbst 2003 somit größer als die Lust, als Parlamentarier alt zu werden.

Ich weiß nicht mehr, wann ich die Idee zum ersten Mal für mich formuliert habe, aber ich weiß noch, wann und wem ich zum ersten Mal von ihr erzählt habe. Das heißt, wann sie mich gepackt hat und seit wann sie zu meinem Leben gehört: Seit bald 25 Jahren will ich die Gobi durchqueren. Die Frage ist: Kann ich das noch?

»Simon«, sage ich zu meinem Sohn, der ein begeisterter Reiter ist, während wir zu unserem Schloss fahren, wo wir, seit sich die Kinder erinnern können, den Sommer verbringen.

»Simon«, sage ich, »wir könnten eine Expedition zusammen machen.«

»Wohin?«, fragt der Junge, der für Kamele schwärmt und zu gerne mal auf einem reiten würde.

»In die Wüste«, sage ich und tue so beiläufig, als sei es die selbstverständlichste Sache der Welt.

»In welche Wüste?«, fragt Simon, und seine Stimme verrät, dass er meinem Vorschlag nicht recht traut. Denn mit Tieren durch die Wüste zu ziehen, als wäre er selbst ein Tier, gehört seit Jahren zu seinen innigsten Wünschen.

»In die Ténéré«, sage ich, »du wolltest doch schon immer von Agadez nach Bilma.«

»Wie«, sagt der Junge, jetzt ganz aufgeregt, »mit einer Salzkarawane nach Bilma?«

»Ja«, sage ich, »und du kannst mitkommen.«

»Ob Mama das erlaubt?«, zweifelt Simon und macht mir damit klar, dass er mein Angebot ernst nimmt. »Und wie kommst du darauf?«, fragt er weiter.

»Bei einer dieser alternativen Messen, die wir Politiker manchmal besuchen – es ging dabei um nachhaltigen Tourismus weltweit –, habe ich einen Reiseveranstalter getroffen, der sich gut in der Sahara auskennt. Er wirkt handfest, und ich glaube ihm, wenn er sagt, er kann das organisieren«, sage ich.

»Und ich könnte mit? Obwohl ich erst 13 bin?«, fragt Simon.

»Erinnere dich an den Videofilm, den wir zusammen gesehen haben, von dem Tuareg-Jungen, der mit einer Salzkarawane durch die Ténéré gezogen ist. Bis nach Bilma. Der war auch erst 13.«

»Ja, ich erinnere mich«, sagt Simon, »wenn mich die Mama nur lässt.«

»Der Veranstalter hatte zuerst auch Bedenken. Das sei nichts für einen 13-Jährigen, hat er gemeint, zu gefährlich und auch zu hart. Die Karawane bleibt nie stehen, die Kamele gehen schnell, und das zehn Stunden an einem Stück.«

»Ich weiß«, unterbricht mich Simon, »ich sehe da kein Problem, ich würde fast immer reiten. Das ist nicht so anstrengend, und mit der Hitze komme ich schon zurecht.«

»Ich würde mehr laufen als reiten«, sage ich.

»Das Problem ist Mama, sie hält nicht viel von solchen Ideen. Und ihr Vertrauen in deine Reitkunst kennst du. Und ich muss ja noch zur Schule.«

»Das mit Mamas Bedenken ist ganz natürlich. Du bist wirklich noch sehr jung für eine so schwierige Reise.«

»Siehst du, zuerst machst du mich neugierig, und dann ist wieder alles nichts. Wie immer, wenn wir über gemeinsame Expeditionspläne reden«, sagt der Junge enttäuscht.

»Nein, nein«, sage ich, »ich möchte den Trip unbedingt machen, und zwar mit dir. Ich habe Vertrauen, was dich angeht. Ich weiß, wie gut du reiten und mit Tieren umgehen kannst.«

»Müssten wir dabei alles selber machen?«, fragt Simon, der mehr und mehr Begeisterung für die ausgefallene Idee zeigt.

»Nein, es kämen Kameltreiber mit«, sage ich, »Männer, die die Tiere beladen und führen, die auch für die Lagerplätze verantwortlich sind.«

»Schade«, sagt Simon, den ein Unterwegssein mit Kamelen ohne fremde Hilfe mehr interessiert als alles andere auf der Welt.

Was ich gut nachempfinden kann. Auch mir ist es immer um Eigenverantwortung bei meinen Touren gegangen. Schon nach dem Alleingang am Mount Everest träumte ich von einem großen Wüstentrip in Eigenregie. Ich wollte damals in die Gobi. Weil aber sowohl China als auch die Mongolei politisch sehr isoliert waren, schob ich die Reise auf. Dann kam der Marsch zum Südpol, und ich vergaß meinen Gobi-Plan. Erst seit ich mehr sitze als gehe, hat sich die alte Idee wieder bemerkbar gemacht, und ich werde sie nicht wieder los. Sie hat sich in meinen Tagträumen derartig festgesetzt, dass ich weiß, ich muss sie in die Tat umsetzen. Oder ich werde sie nie wieder los.

Unmittelbar nach meiner Zeit als Abgeordneter ist für mich dazu die letzte Gelegenheit. Das weiß ich. Und der Trip mit Simon wäre die beste Vorbereitung darauf. Also zuerst die Ténéré, dann allein durch die Gobi. Simon ist fasziniert. Sollen andere meine Pläne als »Unsinn« abtun und Kindern das Durchhaltevermögen für die Sahara absprechen, uns beiden ist klar, dass unsere Wüstentouren Wirklichkeit werden.

Dabei ist Simon 13, und ich bin bald 60. Und wenn schon! Wir sind jetzt beide guter Dinge, es ist ein schöner Herbsttag, und wir haben ein gemeinsames Ziel. Außerdem würde ich bald wieder frei sein, frei für die Verwirklichung meiner letzten großen Tagträume.

In meinen frühen Jahren haben mich Wüsten nicht sonderlich interessiert. Vielleicht, weil ich immerzu Widerstände suchte: Felswände, Gletscherspalten, Gipfel und Grate. Als wären Touren

in der Horizontalen ohne Herausforderung! Was hätte da schon
passieren sollen?

Heute erscheinen mir Wüsten als ideale Erfahrungsräu-
me. Wie Fenster in die entfernteste Zukunft. Mit Blick auf die
Wüsten in mir. Vielleicht hat es mit dem Altern zu tun, aber am
Rande meiner inneren Wüste wächst schon die Vorahnung einer
Welt, die nicht mehr von Menschen bewohnt ist. Dazu kommt
die Angst vor innerer Verödung. Die Wüste als Vorgeschmack
der Auflösung. Als Durchgangsphase in die Heimat des Nichts.
Natürlich geht es mir heute auch darum, all den Verpflichtungen
zu entkommen, die zu einem Parlamentarierdasein gehören:
immer vor Ort und präsent zu sein, immer erreichbar, auf alle
Fragen eine Antwort parat zu haben und immerzu als politische
Person kenntlich zu sein. In der Wüste sind wir da und völlig
überflüssig zugleich. Die vielen anderen, die gerade noch eine
Last in unserem Leben waren, sind weit weg und ihrerseits von
uns befreit. In einem solchen Zustand sind wir letztlich von uns
selbst befreit. Denn, wo niemand mich sucht, braucht, ansieht,
keine Spiegel vorhanden sind, in denen ich mich selbst wieder-
erkennen könnte, fehle zuletzt sogar ich mir selbst nicht mehr.
Simon sind diese Art Bilder fremd, ihm geht es beim Gedanken
an die Wüste um das Unterwegssein mit Tieren, das Bändigen von
Kamelen und den schier endlosen Ritt über Sanddünen.

»Was muss ich zur Vorbereitung tun?«, fragt Simon ein paar
Wochen später, nachdem ich den Sahara-Trip gebucht habe.
Seine Mutter hatte zuletzt nichts dagegen einzuwenden gehabt.
Obwohl sie es ungern sieht, dass wir in den Weihnachtsferien ge-
trennt verreisen, sie mit den Mädchen nach Indonesien, Simon
und ich nach Afrika.

»Du musst viel laufen«, rate ich ihm, »und morgens kalt du-
schen. Damit du abgehärtet bist.«

»Wie alt warst du, als du zum ersten Mal auf Expedition gegangen bist?«, fragt der Junge weiter.

»Das ist sehr lange her. Ich war 25, und wir fuhren in die Anden nach Südamerika. Damals bin ich zum ersten Mal mit einem Flugzeug geflogen.«

»Schade«, sagt Simon, »dass ich nicht früher schon mitkonnte.«

»Du warst bis jetzt noch zu klein, und auf große Berge oder ins Eis würde ich dich auch heute noch nicht mitnehmen. Es ist immerzu kalt dort und viel zu gefährlich.«

»Aber in die Gobi würde ich gerne mitkommen. Du willst doch im Sommer in die Gobi.«

»Ja«, sage ich, »im Mai.«

»Mit Kamelen?«

»Ja, auch mit Kamelen, wenn ich welche ausleihen kann.«

»Kamele sind schnell, ausdauernd, richtige Wunder in der Wüste«, weiß Simon.

»Aber schwierig zu handhaben«, sage ich.

Simon ist voller Erwartung. Er lernt brav und trainiert fleißig. Seine Zuversicht wächst. Vier Wochen vor Weihnachten fragt er mich, wann ich mit dem Training beginne, wie ich mich auf unsere Wüstenexpedition vorbereite.

»Für mich ist die Ténéré eine Art Vorbereitung«, sage ich.

»Worauf?«, fragt der Junge.

»Auf die Gobi«, sage ich. »Es gibt so viele Tricks beim Unterwegssein. Du wirst sie lernen. Ich habe immer noch eine gute Grundkondition, und wenn ich die Ténéré schaffe, ist das mein Training für die Gobi.«

»Und wenn du es nicht schaffst?«, fragt Simon.

»Ich werde es schaffen, so wie du auch. Ich bin zwar ein ängstlicher Reiter, aber ich kann immer noch zehn Stunden am Stück gehen.«

Wir träumen jetzt beide von unserer ersten gemeinsamen Expedition. Simon von Kamelen und ich von ein paar Wochen Ferien in Afrika. Ich träume nicht mehr von Stürmen und hohen

Bergen wie sonst so oft, sondern bin im Traum schon in der
Wüste. Wenn ich mich trotzdem einmal in ein Hochlager hinein-
versetzt fühle, ist es sonnig dort und warm.

Simon stellt sich vor, wir sollten die Kamelkarawane selbst
führen, also ohne Helfer reisen. Alles selber machen. Wie ich es
bei den Himalaya-Expeditionen mit meinen besten Partnern und
in Grönland mit seinem Onkel Hubert gemacht habe. Ich weiß
aber, dass uns dazu einiges an Erfahrung fehlt. Und Simon kann
von den Kamelführern lernen. Auch geht es nicht gegen meinen
Stolz, mich Tuaregs anzuvertrauen. Ich habe bis auf die Gobi fast
all meine Träume realisiert, die meisten in Eigenregie. Ich habe
mit 60 auch kein Problem damit, mir helfen zu lassen. Anders
Simon. Ihm steht dies alles noch bevor. Ich kann nicht behaupten,
dass es Demut gewesen wäre, was mich in meinen besten Jahren
ausgezeichnet hat. Jetzt allerdings ist mir das Reisen mit Einheimischen lieber als der Alleingang, das Mitgenommenwerden angenehmer als der Grenzgang.

Die allermeisten der als wild geltenden Winkel dieser Erde
sind inzwischen erschlossen. Dem Tourismus zugänglich gemacht
worden sind aber nur die Orte, nicht deren Geheimnisse. Ja, wir
können überall sein, das heißt aber nicht, dass wir all die Infra-
strukturen, die für Freizeitkonsumenten geschaffen werden, auch
nutzen müssen. Das sage ich nicht eifernd, sondern eher erstaunt
angesichts der Möglichkeit, heute noch zu reisen wie vor Jahr-
hunderten.

Beide Wüsten, Ténéré und Gobi, sind für mich voller Rätsel.
Wie heilige Orte, die sich immer wieder neu aufladen. Wenigstens
so lange, wie diese Wüsten leer bleiben.

Ich kann es selbst kaum fassen, aber ich stehe vor zwei Reisen,
die vor 30, 100 oder 200 Jahren nicht wesentlich anders hätten
vonstattengehen können, denn die Wunder in diesen Wüsten sind
dieselben geblieben. Es gilt nur aufzubrechen, die festen Termine
gegen Ungewissheit einzutauschen und sich auf den Weg zu

machen. Lebenskunst ist schließlich der Versuch, sich das Leben selbst anzueignen. Ich tue es wie immer zu Fuß. Beim Fahren oder Fliegen ist das Land draußen oder unter uns wie auf einer Postkarte: klein und stumm. Kein Ton, kein Geruch, nur Bild. Beim Gehen ist alles weit, das Land wird sinnlich, es riecht und birgt immerzu Überraschungen. Auch Sorgen, ja sogar Schrecken. Unermesslich ist dabei nicht nur die Weite draußen, sondern mehr noch die Leere in uns.

Die Welt ist nirgends stumm, wenn wir in sie hineingehen, und der Instinkt sagt uns, was all die Geräusche und Gerüche zu bedeuten haben, die in der Luft liegen. Auch der Himmel darüber wird lebendig, wenn wir zwischen ihm und dem Land dahingehen. die Wolken, ein Tier, der Abend, Nacht, dann wieder Hitze, Hunger, ein Vogelschwarm, die Begegnung mit Menschen – all das wird gespeichert und einem Erfahrungsschatz zugeordnet, der uns Menschen seit Urzeiten gehört. Die Bilder vom Flugzeug aus

hingegen jagen in der Geschwindigkeit eines Videoclips vorbei und sind gleich wieder vergessen. Wie Gedanken im Halbschlaf.

»Was tust du, wenn du in der Gobi allein nicht mehr weiterkommst?«, fragt mich Simon einmal.

»Ich kann gut mit Einheimischen umgehen, ich mag es, ab und zu allein zu sein. Auch zu zweit wird man müde. Außerdem kenne ich ein paar Tricks. Trotzdem, lieber wäre ich zu zweit unterwegs.«

»Warum?«

»Zu zweit kann man alles teilen: Angst, Einsamkeit, Erschöpfung. Vielleicht bin ich ja nicht mehr so zäh, wie ich denke.«

»Aber du nimmst mich trotzdem nicht mit.«

»Es geht nicht. Wegen der Schule und der Gefahren. Du bist noch zu jung dafür – das musst du verstehen.«

Simon ist ein Kind, aber ganz sachlich, wenn es um die Vorstellung von unserem gemeinsamen Trip geht. Er träumt dabei nie von der

Wüste als einer versunkenen Welt. Er weiß, dass das Überleben in
der Sahara von den Einheimischen und ihren Tieren abhängt. Nur
deshalb bewundert er sie, die Menschen und die Tiere gleichermaßen. Wohl ahnend, dass Weite und Dünung der Wüste nichts
beschönigen, sondern die Schwächen und Gebrechen von uns
Menschen offenlegen. Er übt sich also in Disziplin. Deshalb auch
der Wunsch, Kamele und Pferde zu beherrschen? Vielleicht.

Die Wüste besteht aus erodiertem Gestein: Gebirge, die in Jahrmillionen zu Steinscherben und Sand zerbröselt sind. In ihrer
stofflichen Substanz ist die Wüste ein zerfallendes Gebirge und er-
haben wie dieses. Auch sauber, wie die Berge reinigt auch sie den
Geist des Menschen, denn ihre Leere macht demütig und lässt uns
immerzu staunen. Über die Leere in uns selbst? Nicht nur
Religionsstifter – Moses, Christus und Mohammed – haben ihre
Inspiration aus der Wüste mitgebracht, viele sind zum Nachdenken in die Wüste gegangen. Es gibt keinerlei Ablenkung dort, weit
und breit bietet sich immer dasselbe Bild. Man hört oft nichts als
den Wind zwischen den Sandkörnern. Das ist Stille. Und doch at-
met diese Weite, sie spricht, sie strahlt. Eine Ahnung von Unendlichkeit und Ewigkeit trifft hier auf unsere eigene Begrenztheit
und Verletzlichkeit. In der Abwesenheit von Dingen und Reizen
schreckt der Mensch zuerst vor sich selbst zurück. Dann vor dem
völligen Nichts. In dieser Spannung entdeckt er die Wüste in sich.
Mir ist dies klar geworden, als ich 1998 ein Stück weit in die Gobi
vorgedrungen bin. Mit ein paar Freunden. Damals habe ich den
Plan und die Logistik für eine Gobi-Expedition in mein Tagebuch
geschrieben. Als Gedächtnisstütze für den etwaigen Aufbruch.
   Simon denkt über all das nicht nach. Er ist 13. Er schläft gut,
lang und tief. Wie alle gesunden Jungen. Er träumt von Afrika und
den goldenen Dünen der Sahara. Von Kamelen und den Tuareg.
Jede Nacht geht er jetzt mit Kamelen durch die Wüste. Beim
Frühstück erzählt er begeistert von seinen Träumen.

In diesen Träumen hört er den Wind und den weichen Hufschlag der Kamele im Sand. Auch ihr Schreien, wenn sie beladen
werden, und die Rufe des Karawanenführers. Er liest die Bücher
von Heinrich Barth und übt das Knoten selbst gedrehter Seile.
Noch auf dem Schulweg riecht er die Sandkörner der Sahara.

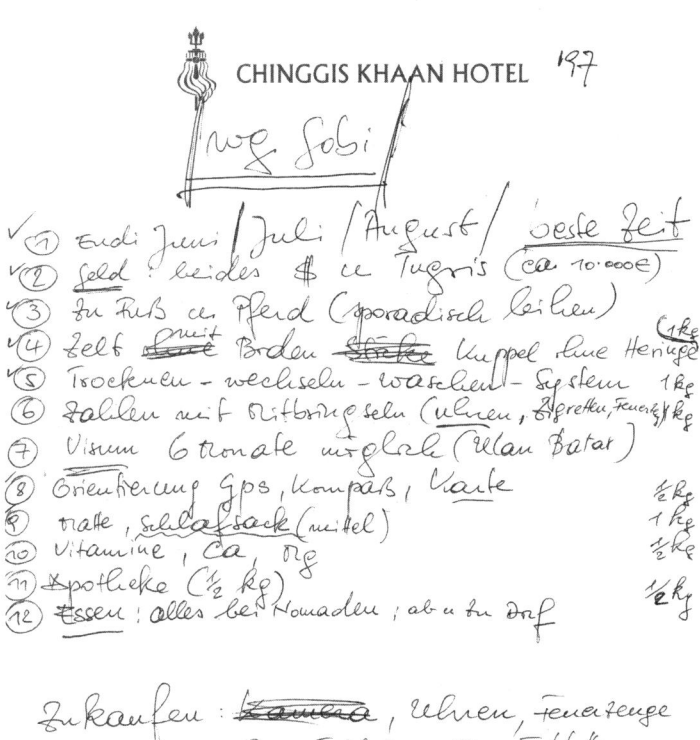

2

Das leere Nichts

Hinter den Stadtmauern von Agadez beginnt die Wüste. Nicht, dass Staub, Leere und Trostlosigkeit zunehmen würden, im Gegenteil, Agadez mit seinen Lehmhütten, dem Plastikmüll auf den Straßen und einer Mischung aus Gestank und Stickigkeit ist jenes Kaff in der Wüste, das jeder Reisende schnell hinter sich lassen möchte, bevor ihn Erstickungsanfälle, Tropenfieber oder Durchfall zwingen zu bleiben. Nur die Moschee mit ihrem Turm aus ockerfarbenem Lehm, der über die flachen Mauern ragt, erinnert hier an bessere Zeiten. Der Niger hat all seinen Reichtum, sein Entwicklungspotenzial, seinen Reiz verloren. Geblieben sind Armut, Hoffnungslosigkeit und Ödnis. Die Wüste also als letzte Hoffnung. Ob wirklich Trost dort zu finden ist?

Die Ziegen, die am Stadtrand auf einem Müllhaufen stehen, fressen Plastik und Papier. In mir hinterlassen sie Ekel, einen

Anflug von Weltuntergangsstimmung. Während wir in unseren beiden beigefarbenen Geländewagen vorbeifahren, ist auch Simon angeekelt. Enttäuscht wendet er sich ab. Er will keine Müll fressenden Ziegen sehen, sondern sauberen Sand, Weite, Kamelkarawanen.

Seinetwegen habe ich diese Reise geplant, angetreten, und seinetwegen hoffe ich, dass es gelingt, uns jener Salzkarawane anzuschließen, die in Abre du Ténéré auf uns warten soll. Mit ihr wollen wir 400 Kilometer weit nach Bilma ziehen. Mitten durch das Gebiet, wo die Sahara ihre größte Leere aufweist, mitten durch das Nichts.

Leere Winkel sind rar geworden auf der Erde. Auch in der Sahara. Denn Menschenferne gehört inzwischen ebenso zum Angebot einer Reisebranche, die das schnelle Abenteuer verkauft, wie der Kick, ein Kamel zu reiten. Grenzerfahrungen aus dem Katalog sind überall buchbar geworden. Simon allerdings will nicht mit dem Geländewagen und Survival-Kit zurechtkommen, sondern mit den Tuareg, den Kamelen, mit sich. Sein Traum ist es, selbstständig in die Wüste zu gehen, überleben zu lernen. Mehr noch, mit Tieren in der Wüste eine Überlebenseinheit zu bilden. Dafür braucht es weder Computer, Solardusche noch Zyklonvorfilter, sondern nur den Instinkt der Nomaden.

Der erfahrene Reiseveranstalter TRH (Trekkingtours Rudolf Hoffmann) aus Hamburg hat mir im Vorfeld geholfen, die Reise vorzubereiten. Er hat sich bemüht, genau jene Voraussetzungen zu schaffen, die ich brauche, um meinem Sohn Simon seine Traumtour zu ermöglichen. Simon liebt Tiere: Wasserbüffel, Elefanten, Pferde. Am meisten begeistert er sich für Kamele. Seit Jahren schon. So wie ich mich mit 13 für das Felsklettern begeistert habe. Er weiß alles über Trampeltiere, Kameloiden und Dromedare, vor allem die Meharis, in denen er die Krone der Schöpfung zu erkennen glaubt, haben es ihm angetan. Kann das einhöckrige Kamel doch tagelang ohne jede Nahrung, wochenlang ohne Wasser und

ein Leben lang ohne Stall auskommen. Es kann den Hämoglobin-
gehalt im Blut und die Körpertemperatur je nach Hitze und Flüs-
sigkeitsverlust heben oder senken, monatelang marschieren, nahezu alles an Unannehmlichkeiten – Hitze, Kälte, Sandstürme,
Wassermangel, Anstrengung – ertragen, bis an den Rand der abso-
luten Erschöpfung. Erst wenn ein Kamel voll verausgabt ist, legt es
sich hin – und stirbt. Hunderte von Kamelkadavern sollen wir auf
unserer Strecke von Agadez nach Bilma am Wege liegen sehen. Als
Wegweiser und Mahnung zugleich. Vorsicht, diese Wüste ist gefährlich!

Bald nach Agadez stoßen wir auf die erste Karawane! Schwer bela-
den ziehen die Kamele nach Westen. Zwischen Wüstengras und
Tamarisken bewegen sich 400 Tiere. Scheinbar endlos der Zug.
Eine ununterbrochene Kette aus Dromedaren und Menschen.
Sonst nur Sand und Staub. Simon ist außer sich vor Begeisterung.
Er läuft neben der Karawane her, findet Anschluss, dann den rich-
tigen Rhythmus. Er ist schon Teil des Zuges, verschwindet im
Staub. Als wolle er gleich mitgehen. Aber die Männer dirigieren
ihre Kamele in die entgegengesetzte Richtung, und wir haben kei-
ne Zeit zu verlieren. Auf uns wartet weiter im Osten eine andere
Karawane, am letzten Brunnen vor der Wüste in der Wüste.

Anderntags schon finden wir das Lager unserer Männer. Es
sind sieben, und sie lagern unweit von Arbre du Ténéré, wo einst
ein letzter Baumstrunk gestanden hat. 2000 Jahre alt soll er gewesen sein. Ein letztes Lebenszeichen vor der Leere der Sandwüste.
Jetzt steht ein »Kunstwerk« aus Plastik und Metall an seiner Stelle.
Japaner sollen es errichtet haben. Als müssten die Menschen aus
der Zivilisation ihr Unverständnis auch dort zum Ausdruck bringen, wo es nur zu staunen gilt. Geschmacklos ist dieser Kunst-
baum und deplatziert! Mir jedenfalls ist er kein Trost vor der großen Leere dahinter! Vielleicht sind die Nomaden Pragmatiker,
denke ich. Dem Sublimen gegenüber einfach still, fraglos, untätig.

Und ihrem Selbstverständnis bin ich näher als dem der Sesshaften, die mit ihrem Eroberungsdrang die Welt weiter zerstören.

Am Brunnen werden ein paar Kamele getränkt, und einer der Tuareg bietet uns ein Stück Lammfleisch an. Ich nehme es an, halte es mit der bloßen Hand und beiße davon ab. Es schmeckt köstlich. Endlich bin ich wieder auf Expedition. Erstmals mit meinem Sohn, der mir seine Traumwelt zeigen will.

Simon hat inzwischen »unsere« Kamele entdeckt und läuft hin. Sie stehen in einem weiten Tal, verstreut auf einer Fläche von einem Quadratkilometer.

Wir treiben die an den Vorderfüßen gefesselten Tiere zusammen. Sie werden beladen – mit Heuballen aus Alamos, Wassercontainern, Proviantkisten, Holz –, und der Marsch kann beginnen. Simon und ich bekommen je ein Reitkamel zugeordnet: seines heißt Ökelebu, das von mir Amusha.

Zu meinem Glück bleibt die Karawane nach drei Marschstunden stehen. Ich bin müde und geschunden vom Reiten. Obwohl ich nur eine Stunde lang im Sattel geblieben bin. »Das kann eine Qual werden«, denke ich, denn anderntags soll die Wüstenreise erst richtig beginnen. Mit einem Zehn-Stunden-Marsch und ohne Rast.

Simon, der die ganze Zeit über im Sattel geblieben ist, zeigt keinerlei Ermüdungserscheinungen. Er sattelt die Kamele ab, legt ihnen die Fußfesseln an, beobachtet die Treiber beim Bau ihres Lagers, das sie im Windschatten der Heuballen und Wassercontainer errichten. Auch nach dem Essen noch, das unser Tuareg-Koch auf einem kleinen Holzfeuer bereitet hat, schlendert Simon zwischen den Kamelen umher, die in Grüppchen von je fünf Tieren sternförmig um ein Häufchen Heu gelagert sind.

Alles scheint hier seine Ordnung zu haben: die Reihung der Tiere, die Verteilung der Lasten, der Sternenhimmel, der viel heller als bei uns in Mitteleuropa strahlt. Am Morgen, nach einer Nacht im

Zelt, nehme ich behutsam Simons Hand. Ich halte sie fest, bis er
aufwacht. Er dreht sich zu mir, nickt und richtet sich auf. Dann
nehmen wir unsere Kleider und ziehen sie, auf dem Schlafsack sitzend, an. Nach einem bescheidenen Frühstück beginnt unser Tag
in einer genau vorgegebenen Ordnung. Als ob das Leben nur so
sein könne, weil immer alles so gewesen sei. Seit tausend und mehr
Jahren. Wer wie welches Kamel belädt, ist Teil eines Rituals, das
alle Tage wiederholt und ohne Fragen eingehalten wird. Auch die
Reihenfolge der Essensausgabe ist festgelegt. Ein für allemal.

Als der Karawanenführer mit dem Leitkamel, das er an einer langen Leine führt, losgeht, ist das Zeichen zum Aufbruch gegeben. Wenige Minuten später sind wir unterwegs. Die Tiere sind in drei Gruppen aneinandergebunden, laufen etwas versetzt und immer gleichmäßig schnell. Ein Anhalten gibt es nicht. Wenn Simon oder ich vom Kamel absteigen, um zu Fuß weiterzugehen, gilt es, die Karawane im Laufschritt einzuholen, um mit ihr weiter Schritt zu halten. Wir blieben sonst immer weiter zurück und gingen zuletzt wohl verloren.

So langsam der Rhythmus der Kamelkarawane aus der Ferne auch scheinen mag, das Mitkommen ist anstrengend. Simon als guter Reiter hat weniger Probleme als ich. Er kann auch acht volle Stunden lang im Sattel bleiben. Er hat keine Angst, aus dem Sattel zu fallen oder sein Kamel aufschließen zu lassen, wenn es zurückfällt. Ich hingegen, der ich zwischen Laufen und Reiten wechsle, habe manchmal Mühe, die Karawane wieder einzuholen. Aber ich lerne schnell mich anzupassen. Nach wenigen Tagen ist der Marsch durch die Ténéré eine Art Gewohnheit auch für mich, wie eine Meditationsübung.

Am dritten Abend, am Lagerplatz, verschwindet Simon stillschweigend. Er liegt schon vor dem Abendessen im Zelt. Ist er krank? Ich folge ihm, lege meinen Arm um seine Schultern und merke, dass er Fieber hat. Was tun, denke ich und sage: »Es kann jeden erwischen.«

»Tut mir leid«, sagt Simon. Als ob es seine Schuld wäre.

Simon ist ernstlich krank. Verdorbener Magen? Vielleicht war das Teewasser nicht abgekocht oder der Salat nicht gewaschen. Jedenfalls hängt Simon zwei Tage lang apathisch im Sattel. Er isst kaum noch und ist geschwächt. Er klagt über Appetitlosigkeit, Durchfall und Brechreiz. Aber er gibt nicht auf!

In Fachi, einer kleinen Oase auf halbem Weg nach Bilma, erholt sich Simon wieder. Die Salinen dort sind leer, das Dorf öde. Die dunkelhäutigen Menschen vom Stamm der Tubu und Hausa erscheinen mir kraftlos. Als wären sie ohne Perspektive, ohne jede Hoffnung. Ganz anders Simon, der seine Lebenslust wiedergefunden hat. Die zweite Hälfte der Laufstrecke, 200 Kilometer ohne Baum oder Strauch, kann er als den »Marsch durch seine Traumwelt« genießen.

Hinter den Felsen von Fachi liegt die Wüste höher. Es geht steil bergauf, und der Weg ist zuerst steinig. Wir sind froh, dass wir weiterziehen können. Der Sandsturm, der zwei Tage lang an unseren Kleidern gezerrt, uns und den Kamelen Mund, Nasen und Augen ausgetrocknet hat, ist abgeklungen. Auf der ersten Anhöhe schaue ich nach Osten. Kamelmist weist uns den Weg. Goldfarben der Sand, der grobkörnig unter den Schuhsohlen liegt. Es knistert, wenn ich darüber laufe. Hinter uns bleibt nur eine dünne Spur sichtbar, die sich über dem letzten Rücken verliert. Weit links und rechts vor uns scheint die Wüste sich in ein Nichts aufzulösen. Unabschätzbar weit vorne kippt sie im blässlichen Blau des Firmaments weg. Als zögen wir über einen Wüstenplaneten, ist alles andere ausgeblendet. Die Karawane zieht durch eine erhabene Welt, die von nichts gestört wird. Keine unnatürlichen Töne, kein Schmutz, die Luft frisch. Wie eine Anregung, tief und gleichmäßig zu atmen.

Ja, genau hier, im Erg von Bilma, auf dem Weg zu den jahrtausendealten Salzsalinen, liegen die Schätze Afrikas. Wenn der Niedergang in den Flusstälern, Städten und Oasen dieses Kontinents auch nicht aufzuhalten ist, im weiten Nichts der Wüste liegt ein ungeheueres Potenzial. Hier wird die Nichtigkeit der Menschen erfahrbar, alles Fragen hat ein Ende. Weil Menschen mit ihren Karawanen immerzu Wege auftun, die im Gehen verschwinden, wie sie im Gehen entstehen. Am Abend, wenn das Licht rötlich und mein Schatten länger und länger wird, freue ich mich auf das Lager, den Tee und die Sterne. Ebenso wie mein Sohn und unsere Begleiter bin ich völlig eingebettet in einer Welt, die nicht für uns Menschen gemacht ist.

Die Tage vergehen alle im gleichen Rhythmus. Aufbruch kurz nach Sonnenaufgang. Zehn Stunden lang zieht die Karawane zwischen Dünenkämmen über die Hochfläche. In einer unübersichtlichen Schlangenlinie. Knapp nach Sonnenuntergang macht sie halt. Eine halbe Stunde später steht das Lager. Nachtmahl unterm Sternenhimmel. Kann es ein intensiveres Dasein geben? Wohl kaum, und wenn es ein Paradies gibt, liegt es gewiss nicht in den großen Metropolen der Welt. Nicht dort, wo sich Millionen von Menschen in Lärm, Aggression und Hektik geltungssüchtig drängen, sondern in jener Weite und Stille, die der Mensch seit Jahrhunderttausenden als Anfang und Ende zugleich fürchtet. Wie lange brauchte es, bis der Mensch diese Räume als Lebensraum verlor?

Während ich daliege und in den nahen Sternenhimmel schaue, rechne ich nach. Unser Tagespensum sind 50 Kilometer, überschlage ich. Wie viele Wochen würde ich wohl brauchen für die Durchquerung der gesamten Gobi? Für mich ist die Ténéré-Durchquerung ja nur ein Test. Für die 2000 Kilometer Steinscherbenwüste in Zentralasien. Also Prüfung und Training zugleich: für den großen Wüstentrip meines Lebens. In Zahlen aber, in Kilometern und Tagesetappen ist den Dimensionen der Gobi jedoch nicht beizukommen. Die beiden Wüsten sind auch nicht miteinander vergleichbar. Nichts stimmt zusammen: die Farbe nicht, der Boden, auch der Himmel nicht. Die Gehgeschwindigkeit in der Sandwüste ist eine andere als die in einer Steinscherbenwüste, Trampeltiere sind nicht Dromedare.

Folglich sind all meine Berechnungen müßig. Nur vor Ort kann ich Tagesziele festlegen, Pferde mieten, Rasttage einlegen, falls das Wasser reicht und ein entsprechender Spielraum bleibt. Auch darf ich zuletzt nicht in den Gobi-Sommer kommen. In der Natur sind alle Pläne nur Behelf, Makulatur, wenn Unvorhergesehenes geschieht. Wenn ich nicht fähig bin, Tag für Tag neu zu entscheiden, werde ich scheitern, vielleicht sogar umkommen. Wie und wie weit ich kommen kann, hängt vor allem von meiner Fähigkeit ab, mich der Wüste anzupassen.

Es ist Abend, als wir in Bilma einreiten. Wir und die Kamele sind durstig. Die Tiere werden jedoch heute noch nicht getränkt. Sie könnten zu rasch abkühlen. Erst am nächsten Mittag, bei hohem Sonnenstand, wäre es gut, sie am Brunnen im Bilma zum Wasser zu lassen – zehn Tage nach unserem Aufbruch in Arbre du Ténéré.

Abschied! Simon, den die Kameltreiber besonders ins Herz geschlossen haben, will nicht weg. Die Rückreise im Geländefahrzeug, im Norden der Wüste und über die Aïr-Berge, erscheint ihm banal. In wenigen Tagen muss er wieder zur Schule. Aber schon, als wir in den Landcruiser steigen, ist die lagernde Karawane nicht mehr die unsere. Obwohl sie uns so lange Geborgenheit gegeben hat, unterwegs Beistand und bei Sturm Schutz war. Sogar während der Nacht waren uns die Tiere eine Beruhigung. Zehn Tage lang gehörten wir zusammen. Die Karawane wird auch ohne uns aufbrechen, wieder eintauchen in eine Weite, die nicht auszumessen ist. Vor ihr liegt das endlose, das geheimnisvolle, das leere Nichts, alle Tage neu. Vor uns die Rückkehr in die Zivilisation.

3

Weggehen

Wie oft bin ich schon von zu Hause aufgebrochen? Verloren und ängstlich, jedoch ohne je meine Angst zu zeigen! Ich habe die Zurückbleibenden getröstet, als Verlorenster von allen, und versprochen, in ein paar Monaten zurück zu sein.

Eben noch bin ich 50 gewesen und hatte Pläne für die 50 Jahre danach, jetzt bin ich 60 und weiß, dass vieles von dem, was ich gemacht habe, mir nicht länger möglich ist. Es ist auch lächerlich, immer wieder bis zu den Rändern der Erde aufzubrechen. In meinem Alter! Wie großartig, wie tapfer, finden die einen: wie obsessiv, die anderen. Mich aber treibt die Neugierde fort, und so suche ich weiter nach Erfahrungsmöglichkeiten, wie lächerlich ich mich damit in den Augen der Welt auch mache.

Worum es mir geht, ist nicht die Wüste. Es gibt keine Notwendigkeit, sie zu durchqueren. Auch ich stehe ratlos vor ihr. Mit

gemischten Gefühlen, mit meinen Ängsten und Zweifeln vor dem
Aufbruch. Worum es mir geht, ist die Frage nach der Natur des
Menschen und meine Vorstellung von mir selber. Und wichtig war
mir immer auch mein eigener Stil beim Unterwegssein. Von Anfang an. Als Felskletterer, Höhenbergsteiger und Polwanderer.
Auch als ich den Plan zu dieser letzten Wüstenreise fasste. Nicht
mit Abgasqualm und Motorenlärm will ich unterwegs sein, sondern zu Fuß. Auf den eigenen Beinen, heißt meine Prämisse.

Ganz aus eigener Kraft will ich unterwegs sein und nur
zufällige Hilfen vor Ort nutzen. Ohne Management im Hinter-
grund, ohne Kontakt zur Außenwelt, ohne Infrastruktur auch.
Die Epoche der Nansens, Hedins, Amundsens, Scotts, Shackletons war großartig, aber diese »heroische Zeit«, die Zeit der Hel-
den, die im Namen einer Nation ihr Leben wagten, ist endgültig vorbei. Damals ist es um das unerbittliche »Dass« gegangen,
nicht um die nuancierte Frage des »Wie«. Genau dieses »Wie«
aber ist es, was mich bewegt. Unsere Epoche fragt nach dem Stil,
und wir werden ausschließlich danach beurteilt werden, wie wir
unsere Sache gemacht haben. Ist die Zeit, die wir zum Leben haben, doch zu kurz, um sie mit heroischen Idealen zu füllen. Um
einer Eroberung willen setze ich vielleicht Mittel ein, aber nicht
das Leben.

Nur das Knirschen der Steinscherben unter den Schuhsohlen
wird zu hören sein, denke ich, während ich plane. Sonst nichts. So
will ich das! Seit es Geländewagen und die Unterstützung aus der
Luft durch Hubschrauber gibt, ist jede Gobi-Durchquerung
machbar und lächerlich, wenn ich mich dabei nicht einschränke.
Gerade weil die Technik heute im Übermaß zur Verfügung steht,
will ich auf sie verzichten, freiwillig. Darin und nur darin besteht
meine Revolutionierung des Abenteuerbegriffs, geht es doch um
die Umwandlung der Wertvorstellungen beim Grenzgang.

Es stellt sich also nicht die Frage, wie es am besten gelingen
kann, die Natur zu bezwingen. Ich will sie ja nicht besiegen. Die

Aufgabenstellung ist eine andere geworden: Es gilt, das Abenteuer als nachhaltige Erfahrungsmöglichkeit zu retten. Dabei
suche ich zugleich nach ökologisch sauberen Lösungen, deren
wichtigster Bestandteil der freiwillige Verzicht auf eine umwelt-
schädigende Technik ist. Auch auf die Ausbeutung lokaler Helfer
und ihrer Kultur will ich verzichten. Und doch – auch dies ein
Signum unserer Zeit – bin ich mit modernster technologischer
Unterstützung unterwegs. Ein einziges Hochtechnologiegerät
habe ich dabei: eine Uhr, in die ein kleines GPS-Gerät eingebaut
ist. Sie funktioniert mithilfe von Satellitentechnologie, und ich
brauche sie, um die eigene Position zu bestimmen. Tag für Tag.
Ich muss überall und jederzeit wissen, wo auf der Landkarte ich
mich gerade befinde.

Nicht zuletzt war es meine Biografie, die mich in die Wüste
geführt hat. Zum Wesen meiner Existenz gehört es offensichtlich, immer wieder einer Obsession zu folgen und diese von Mal
zu Mal zur Profession zu machen, im Fels, im Eis, im Sand. Die
ausgesetzte Natur bleibt mein Beruf, wobei es mir immer auch
darum geht, ein selbstbestimmtes Leben zu führen, daheim
wie unterwegs. Phasenweise ein Leben nur nach den Vorgaben
der Natur zu führen, entspricht meinem Wesen. Es ist neben
der Frage des Stils eine Grundbedingung meiner Existenz. Und
wenn ich zurückkehre in die Zivilisation, bin ich nicht mehr derselbe. Ich sehe mich jedoch nie als Märtyrer der wilden Natur,
ich bin vielmehr ihr Zeuge. Mich interessieren jene Verhaltens-
muster, die wir von Natur aus in uns tragen. Die Bedingtheit der
menschlichen Freiheit, die keinerlei Grenzen anzuerkennen hat
als das eigene Begrenztsein, ist mein Forschungsgebiet. Denn die
Begegnung mit dem wilden Raum ist zugleich eine Begegnung
mit mir als Mängelwesen. Als autonome Person, die dem eigenen
individuellen Gesetz folgt, will ich mich dort erproben, wo es keine Regeln, keine Normen, keine Maßvorstellungen gibt. Nur die
Natur und das menschliche Maß.

Willentlich Extremsituationen herbeizuführen, um den Regeln
und der Kunst des Überlebens auf die Spur zu kommen, ist also
mehr als ein Experiment. Denn es gilt nicht nur, mein Verhalten
außerhalb gesellschaftlicher Normen zu testen. Es geht mir auch
um den Ausbruch aus den Normen, darum, immer wieder neue
Erfahrungen zu machen und dem eigenen Leben selbst eine Form
zu geben. Darin besteht das eigentliche Abenteuer. Denn zu einer
Zeit, in der die kleinste Lebensregung normiert ist und eines be-
hördlichen Stempels bedarf, gibt es wenig Spielraum für einen eigenen Lebensweg. Die ganze Welt zu durchqueren, ohne dabei
einem Weg zu folgen, ohne Vorgaben und ohne Genehmigung, ist
einer meiner Lebensträume. Der Traum eines anarchischen Menschen von heute. Dabei bin ich Romantiker und träume noch immer vom kynischen Ideal des einfachen, natürlichen Lebens. Die
existenzielle Reduktion, die Zurücknahme auf das Wesentliche,
gehört zwingend dazu. Ich gehe freiwillig bis zum Punkt extre-
mem Ausgesetzt- und Verlorenseins, um das Leben hinterher als
lebenswert zu empfinden. So gelingt es mir auch, wieder und wieder Lebenslust zurückzugewinnen. Nach jeder ausweglosen Situation erscheint mir das Leben als großes Geschenk. Um dieses
Wiedergeborenseins willen, das unserem Leben angemessen ist,
gehe ich immer wieder ans Limit. Auch wenn es, von außen betrachtet, maßlos erscheint. Immer wieder stand ich am Rande
meiner Möglichkeiten: im Alter von 15 Jahren in den senkrechten
Felswänden der Dolomiten; mit 25 an der Rupalwand am Nanga
Parbat; mit 35 allein und ohne Sauerstoffmaske auf dem Gipfel des
Mount Everest; mit 45 inmitten der Antarktis. Mein Weg zum Erkennen führt nicht durch die Schluchten der Bibliotheken, mein
Weg führt mich im Alter von 60 Jahren in die Gobi.

Schon in den Wochen vor dem Aufbruch bin ich unterwegs.
Wenigstens im Geiste. Als träumte ich mich fort. Ich bin zerfah-
ren, wirke abwesend und ungeduldig, sogar auf die Kinder. Dazu
kommt der Widerwille, auf meine Pläne angesprochen zu werden.

Dabei gibt es Abende, schlaflose Nächte, in denen ich mir selbst Vorwürfe mache. Die Absurdität meines Tuns macht mir derart zu schaffen, dass ich verzweifeln könnte. Zwischen Bleiben-Wollen und Fortgehen-Müssen gibt es keine Lösung. Dieser Zustand der Zerrissenheit kommt in Schüben und setzt mir manchmal so stark zu, dass ich versucht bin, die Reise abzusagen. Wenn ich dann gefragt werde, warum ich sie trotzdem unternehmen will, noch dazu als Vater von vier Kindern und mit bald 60, werde ich zornig. Denn diese Fragen richten sich an eine moralische Instanz, nicht an mich. Meine Frage aber ist, aus welchen Instinkten sich meine Angstträume speisen. Sie sind da, seit ich mich zum Aufbruch entschlossen habe.

Die Gobi gibt es wirklich. Nur die Linie, die ich auf der Karte gezogen habe, meine geplante Route, ist virtuell. Ihr entspricht bisher keine Vorstellung, und doch ist sie Realität: ein erschreckend langes Stück Weg! Als Ganzes nicht vorstellbar. Anfangs noch Dörfer und Jurten, dann nichts als Steine. Wochenlang nur Steinscherbenwüste. Nie ein Gasthaus, kein Bahnhof, keine Bushaltestelle. 2000 Kilometer weit nur Leere. Ob es mir gelingen wird, immer wieder eine Mahlzeit, ein Lager und vor allem Wasser zu finden? Ich kann ja unmöglich Proviant und Flüssigkeit für sechs oder acht Wochen mitschleppen. Dazu kommen die Wiederholungen. Alles wiederholt sich jeden Tag aufs Neue. Das Aufstehen, Losgehen, Eintauchen ins Nichts. Sogar das Bleiben: Die Biwakplätze, auch die Nomadenlager sind alle ähnlich.

Während ich meine Ausrüstung zusammentrage, laufe ich im Geiste weit voraus. Wieder und wieder gehe ich durch Wüstenstriche. Zugleich durch die luftigen Räume meines Schlosses Juval. Beim Packen komme ich in den Expeditionskeller. Fast täglich hake ich dort Listen ab. Alles, was ich jetzt vom Schloss noch wahrnehme, sind die Felsen, auf denen es steht, und der Kies auf den Wegen. Bei all meinen Vorbereitungen habe ich das

Gefühl, mit dem Leben davonzukommen, nur das Zurückkommen ist vorerst ausgeblendet. Dazu glaube ich günstige Zeichen zu erkennen. Bis zuletzt bin ich davon überzeugt, diese Expedition jetzt beginnen zu müssen. Am Ende des mongolischen Winters und knapp vor dem Hochsommer ist schließlich die beste Jahreszeit für eine Gobi-Durchquerung. So steht es auch in alten Reiseberichten. Trotzdem, es gibt in Summe keinen vernünftigen Grund, die Reise anzutreten.

Simon ist beim Packen öfters dabei. Er staunt über die Präzision meines Plans. Auch ist er neugierig.

»Kannst du das alles tragen?«, fragt er einmal oder: »Was tust du, wenn du nicht alle paar Tage Wasser findest?«

»Ich habe ein gutes Gefühl«, sage ich. »Ich nehme immer zu viel mit, und bin ich erst in Ulan-Bator, lasse ich die Hälfte der Ausrüstung weg.« Ich werde zuletzt fast nichts einpacken, um möglichst viel Wasser mitnehmen zu können. In der Wüste gilt es, immer Wasserreserven zu haben: viel mehr als 40 Kilogramm allerdings kann ich nicht tragen.

»Müsste ich auch so viel tragen, wenn ich mitkäme?«

»Nicht ganz so viel«, sage ich, »aber zu viel für dich.«

Gefährlich wird es in der Gobi nur, wenn ich krank werde oder ohne Wasser bleibe. Aber weil ich unbedingt durch die Gobi will, werde ich es schaffen, nicht krank zu werden. Und ich werde Brunnen finden, mindestens einmal in der Woche.

Oft kommen mir meine Ängste übertrieben vor. Seltsam auch, dass sie mich immer nachts quälen. Beim Nichtstun kann ich sie auch nicht verscheuchen.

Kaum zu glauben, dass ein Mensch, der größte Entfernungen übers Eis zurückgelegt hat, ohne je einem Menschen zu begegnen, in einer teils bewohnten Wüste ernste Gefahren sieht. Es gibt weder Spalten dort noch das gefürchtete Whiteout. Nur Sandstürme und Wassermangel drohen als Gefahr.

Ohne Wasser aber sind auch kleine Entfernungen ein großes Problem, und Verdursten geschieht ebenso schnell wie Erfrieren. Ein Telefon will ich trotzdem nicht mitnehmen. Wer sollte mich im Notfall auch finden. Und auf Hilfe hoffen macht Angst. Wer in der Wildnis den eigenen Ängsten ausgeliefert ist, riskiert, verrückt zu werden. Das Ausgesetztsein gehört zum Grenzgang wie der Tod zum Leben. Deshalb ist der Tod, obwohl weit weg, eine Option und ein Abenteuer ohne solche Ängste kein Abenteuer.

Wie gut kann ich mich an meine erste Erfahrung des Ausgeliefertseins erinnern. Unsere Eltern hatten uns Kinder, Helmut und mich, in den Hochwald mitgenommen. Irgendwann wurden wir dann unter einem großen Baum zurückgelassen. Wir sollten auf sie warten.

Im Moment ihres Aufbruchs hockten Helmut und ich unter den weit ausladenden Ästen einer Fichte und winkten. Wir versprachen zu warten, bis Vater und Mutter zurück wären. Sie wollten nur etwas höher steigen, ein Stück Wald, das die Mutter geerbt hatte, in Augenschein nehmen.

Wir hockten also da, den Proviant neben uns, und warteten. Wie rasch uns die Zeit endlos wurde! Schon lange, bevor wir die Eltern zurückerwarten konnten, glaubten wir, ihre Schritte zu hören. Wir lauschten also immer ängstlicher in den Wald hinein. Anfangs schien noch die Sonne, später dann bewölkte sich der Himmel, und plötzlich wurde es düster. War es bald Nacht? Unsere Angst wuchs. Das Warten kam uns endlos vor. Wir hatten jetzt Durst, denn die Angst trocknete unsere Kehlen aus. Im nahen Wald war immerzu ein Knacken und Rauschen zu hören. Das machte uns noch mehr angst. Es war jetzt beinahe unmöglich, nahende Schritte von den anderen Geräuschen zu unterscheiden. Auch waren im Dunkel, zwischen Unterholz und Waldboden, keine Gestalten mehr auszumachen. Panik kroch in unsere Herzen. Eine Zeit lang noch behielt jeder seine Angst für sich. Wir wollten sie uns gegenseitig nicht eingestehen.

»Kennst du den Weg?«, fragte ich meinen älteren Bruder, der vielleicht sechs oder sieben war. Ich erwartete Trost und Halt von ihm.

»Nein«, sagte er mit verzagter Stimme und begann zu weinen. Wohl auch, weil er der Ältere war und mehr Verantwortung trug, ganz instinktiv. Ratlos, wie wir Kinder allein nach Hause finden sollten, falls die Eltern nicht wiederkämen, weinten wir nun beide.

Als die Eltern schließlich zurückkamen, war es Nacht. Wir wagten nicht zu fragen, warum sie so lange ausgeblieben waren, weil sie am Zittern unserer Stimmen sofort bemerkt hätten, wie groß unsere Angst gewesen war.

Am Morgen vor der Abfahrt in die Gobi verabschiedete ich mich von den Kindern. Magdalena legte mir einen selbst gebastelten Glücksbringer zu meinem Pass, und Simon erinnerte mich, bevor er sich auf den Schulweg machte, daran, dass er beim nächsten Trip wieder dabei sein würde. Dann ging ich.

Natürlich habe ich mich auch von meiner Frau verabschiedet und von Anna, der Einzigen, die sich nichts vorstellen konnte unter einer Reise in die Wüste. Ich habe sie beide geküsst, kurz in den Arm genommen und so getan, als sei dies ein Abschied nur für Tage. Ich würde bald wieder zurück sein, sagte ich.

Im Flugzeug erst, zwischen Berlin und Ulan-Bator, weine ich dem versäumten Abschied nach. All das, was ich nicht gesagt habe, bleibt als Sehnsucht in mir zurück. All meine unzulänglichen Versuche, mich mitzuteilen, schlagen sich als Einsamkeit nieder. Vielleicht werde ich nie mehr Gelegenheit haben nachzuholen, was ich so oft versäumt habe, denke ich.

Das Erste, was ich in der Hauptstadt der Mongolei kaufe, ist ein Hut. Er ist mein einziger Luxus. Der Hut stellt sich zuletzt sogar als eine gute Investition und nützliches Teil meiner Verkleidung heraus, denn er schützt mich vor Sonne und Regen, vor neugierigen Blicken und dem Erkanntwerden. Ich will ja weder von Touristen erkannt noch von Einheimischen belästigt werden. Ich möchte unbeobachtet bleiben, irgendwo im Osten des Landes verschwinden und im Westen wieder auftauchen, als Nomade unter Nomaden.

Und wirklich: Das Versteckspiel gelingt. Auf die Idee, dass dieser sonnenverbrannte Wanderer unter dem verstaubten Hut die

Gobi durchqueren will, kommt niemand. Nicht einmal die Touristen aus den europäischen Metropolen.

In Ulan-Bator gehe ich stundenlang durch die Stadt. Einmal
kommt mir ein Nomade auf seinem Pferd entgegen, dann wieder
Lastwagen. Jeeps in Kolonnen. Ich bin müde, leide unter dem
Jetlag und schlechter Laune. Während ich vor meinen Ängsten
davonlaufe, lasse ich mich immer tiefer auf dieses Land ein. Ich
erledige letzte Einkäufe und staune über den Verkehr, der ähnlich
dicht und chaotisch ist wie in unseren Großstädten. Der Lärm ist
sogar größer als bei uns in Europa.

Zurück im Hotel packe ich wieder und wieder meinen Rucksack um. Jedes Mal lasse ich etwas weg. Nur ein Hemd, eine Hose,
ein Paar Socken zum Wechseln kommen mit. Das andere Hemd,
die andere Hose, die anderen Socken lege ich über den Stuhl. Ich
werde sie zuletzt anziehen. So auch die Stiefel, leichte Wanderschuhe, die ich eigens für die Gobi habe machen lassen. Es ist mein ein-

ziges Paar, eine Spezialanfertigung wegen meiner verstümmelten Füße, und weil ich mir keine Blasen leisten kann. Zuletzt schichte ich die Karten, schmale Ausschnitte von Fliegerkarten, ein Notizbuch und den Wassercontainer, den ich später auf den Rucksack mit dem Lebensnotwendigen schnallen werde. Zelt, Schlafsack und Matte hängen zuletzt außen am prall gefüllten Sack.

Endlich bin ich so weit. Der Rucksack wiegt ohne die jeweiligen Wasserreserven keine zehn Kilo. Ich muss also mit fast nichts auskommen oder gleich aufgeben. Mindestens 30 Liter Wasser werde ich streckenweise schleppen müssen, und viel mehr als 40 Kilo kann ich nicht tragen. Ich bliebe sonst auf der Strecke.

Am anderen Morgen verlasse ich das Hotel sehr früh. Ich bin allein und gehe durch die Stadt davon, doch in der Wildnis bin ich noch lange nicht. Jeder Range Rover, jeder Straßenkiosk, jedes

Restaurant suggeriert Sicherheit. Sie sind wie ein bisschen
Heimat in einem Land, das ich nicht kenne.

Noch ist der Zustand des Verlorenseins nicht in mir spürbar.
Noch ist der Lärm, Geschäftigkeit, Unruhe um mich herum. Erst
am Wüstensand wird sich zeigen, ob ich die Kraft habe loszulas-
sen. Wenn dann die Ruhe des Gehens zur Monotonie wird, gibt es
kein Zurück. Dann bin ich aus der Welt. Wieder einmal.

Kurz vor dem Aufbruch nehme ich mir den Bart ab. Auch weil
ich den Nomaden in der Wüste nicht »unrein« begegnen will. Als
ich mich ein letztes Mal im Spiegel sehe, komme ich mir fremd
vor. Gehört dieses Gesicht wirklich zu mir?

Am Bahnhof ist ein Gedränge wie auf dem Jahrmarkt. Als
wären alle auf der Flucht. Einheimische und Touristen warten in Gruppen auf den Zug aus Sibirien. Koffer werden durch
die Menge gezerrt, Pappschachteln, prall gefüllte Säcke. Wohin
wollen all diese Leute bloß?, frage ich mich. Und was wollen sie
an ihrem Zielort? Im Zug, der uns nach Südosten bringen wird, ist
kein Zuhause. Auch in der Wüste können sie nicht bleiben. Die allermeisten sind wohl unterwegs nach Peking. Nur ich will irgendwo dazwischen aussteigen. Und verschwinden aus dieser Welt.

4

Ostgobi

Auch das gleichmäßige Stampfen eines Zuges kann das Gefühl von Einsamkeit wecken. Und ich erinnere mich an viele Herbstfahrten, wenn wir nach einem Sommer in den Bergen zurück ins Internat mussten; oder nach zwei Wochen Ferien daheim bei den Eltern in einem tief verschneiten Dolomitental allein mit dem Zug nach Bozen, nach Meran, nach Salzburg fuhren. Nachdem wir gemeinsam in den Wald gegangen waren, um einen Christbaum zu holen, gemeinsam in der Kirche gewesen und mit dem Vater auf Skiern bis zu den oberen Almen gestiegen waren, um dann über die Hohlwege, die sonst nur benutzt wurden, um das Rundholz ins Tal zu schleifen, zurück bis vor unser Haus fuhren. In sausender Fahrt. Wir redeten daheim nicht über die Schule, die wir besuchten, und nicht über Politik oder das Dorfgeschehen. Wir träumten vom gemeinsamen

Sommer, von Klettertouren und Ausflügen bis weit hinter den Horizont. Nach Ostern, wenn ich mit dem Zug zurück ins Heim fuhr, blühten überall Leberblümchen am Hang gleich hinterm Bahndamm, und ich fühlte mich dabei immer allein und traurig.

Diese Einsamkeit liegt jetzt bald 50 Jahre zurück, und doch ist sie da, wie die Wüste, die draußen vor dem Fenster vorbeizieht: Wellen aus grauen Steinscherben; selten nur ein Hauch von Grün in den Mulden; die fernen dunklen Gebirgszüge wie Scherenschnitte vom milchigblauen Himmel getrennt. Wenn ich mir vorzustellen versuche, sechs oder sogar acht Wochen lang durch eine so leere Landschaft zu gehen, werde ich ganz unruhig. Obwohl so viel Verlorenheit nicht vorstellbar ist. Der Zustand, in dem das ständige Hochrechnen von Distanzen und Tagen meinen Geist bestimmt, ist immer die schlimmste Zeit vor jeder Expedition. Auch weil dabei die Vorstellung die Realität übertrifft.

Erstmals allein fühlte ich mich, als mein älterer Bruder fortging. Er musste ins Internat, in die Stadt. Oberschulen gab es nicht im Villnößtal, wo wir wohnten, und so war er plötzlich für Monate fort, in Meran, damals eine Halbtagesfahrt von zu Hause entfernt. Für mich war diese Stadt damals mehr Ferne als ein Ort.

Ich war neun oder zehn, und jede Zugreise bedeutete eine unvorstellbare Entfernung für mich. Dementsprechend groß war meine Sehnsucht. Der größere Bruder, den ich den kleineren nicht vorgezogen hatte, fehlte plötzlich. Wie eine stille Liebe. Ja, da waren noch andere Brüder, jüngere, und eine jüngere Schwester, die Eltern, die Hühner, der Hund – trotzdem vermisste ich diesen Bruder mehr als alles andere. Und als ich erstmals nach Helmuts Abreise die Hühner allein fütterte, die wir früher gemeinsam versorgt hatten, weinte ich leise. Vielleicht, weil ich wusste, dass es nie mehr sein würde wie früher.

Nach 600 Kilometern Fahrt, beim zweiten Halt nach Ulan-Bator, wo ich zugestiegen war, verlasse ich den Zug. Vor dem Bahnhofs-

gebäude, einem klassizistischen Bau, sehe ich mich um. Als wäre ich in vertrauter Umgebung. Noch etwas beinlahm nach den acht Stunden Fahrt gehe ich geradewegs auf den Ort zu, der sich gegen den Hang hin ansteigend in der Wüste verliert. Zielstrebig peile ich die Mitte von Buyant-Uhaa an, so als wisse ich, wo mein Hotel steht, und habe erstmals das Gefühl, als sollte ich die Zivilisation lange nicht oder vielleicht nie mehr wiedersehen. Zuerst gehe ich die Hauptstraße entlang. Sie ist aufgerissen, schließlich unbegehbar. Also wähle ich eine Seitenstraße und falle weiter nicht auf mit meinem Rucksack, den europäischen Kleidern und meinem Hut, made in Australia. Niemand kümmert sich um mich. Es ist nicht Fremdenfeindlichkeit, es ist die Armut, die die Menschen hier gleichgültig macht.

Der Zug faucht und fährt weiter. Während ich eine steile Staubstraße entlanggehe, höre ich nur noch das Rattern der Räder. Im Südosten, wohin er rollt, ist nichts zu sehen als dieses Steingrau der Wüste und ein zerzauster Himmel. Ich bin wohl im Innenbezirk der Siedlung, denn nach allen Seiten hin werden die Gebäude kleiner. Die Sonne fällt schräg auf die verwahrlosten

Wohnblocks, auf den frisch gestrichenen Gemeindebau und ein paar Blechbuden davor, die als Garage, Laden oder Klo dienen. Dazwischen Häuser, die nur noch Gerippe sind, Ruinen, in denen Kinder spielen. Ich denke plötzlich an Magdalena, Simon und Anna, die den Sommer über auf Juval sein werden, unserem Schloss in den Südtiroler Bergen, wo sie mit den Nachbarskindern einen ihrer letzten Sommer in kindlich-archaischer Freiheit erleben werden.

Buyant-Uhaa ist keine Stadt, ja nicht einmal ein Dorf. Im Grunde existiert nur noch der Bahnhof. Und ein bisschen Verwaltung. Der Rest ist Verfall.

Im Gegensatz zu dem Blick, den man von Juval aus hat, ist hier alles flach, kahl, das Dorf wie abgebrannt, die Landschaft abweisend. Sogar das Kloster ist staubgrau und leer. Die fernen Gebirgszüge kommen mir wie Schutt vor. Und während ich allein durch diese Wüste Gobi gehen will, beginnt auf Juval der Sommer.

Eine Frau in Jeans mit einer Plastiktasche kommt mir entgegen, hinter ihr zwei kleine Buben, jeder mit einer Flasche Limo in den Händen. Ich bleibe stehen und frage die Frau nach einem Hotel im Ort. Sie sagt nichts und geht schweigend weiter. Ich bleibe allein zurück und weiß plötzlich, dass es nicht allein die Wüste ist, die mich ängstigt, sondern mehr noch meine Sprachlosigkeit. Ich bin, was ich scheine, längst geworden. Als Zivilisationsflüchtling von weit her gekommen, um die Gobi zu durchqueren, fühle ich schon wie ein Nomade.

War es denn nicht mein Wunsch gewesen, alles zurückzulassen, was mein Leben ausmacht: die Zusammenhänge, in die ich eingebettet war; die Menschen, die ich liebe; die Millionen, mit denen mich meine Sprache verbindet; die Zivilisation, zu der ich gehöre? Ja, aber ich habe einen langen Weg vor mir. Der Gedanke daran lastet auf mir wie eine Bedrohung: Ich habe nur eine vage Vorstellung davon, wo ich mich gerade befinde. Ich verstehe kein Wort Mongolisch, und das Ende dieser Reise ist ungewiss. Vor mir liegt die Gleichgültigkeit der Natur. Die Leute hier sind nicht neugierig oder hilfsbereit oder nachsichtig mit einem Fremden. Sie mustern mich beiläufig und gehen ihres Weges. Als gehörte ich nicht zu ihrer Wirklichkeit. Sie würden mich erst recht nicht verstehen, wenn ich ihnen sagte, was ich vorhabe. Sie kennen das Innere der Wüste ebenso wenig wie die Großstädte in Europa, China oder Japan. So wenig sie von meinen Sorgen wissen, so wenig weiß ich von ihren. Also gehen wir aneinander vorbei.

Dass ich trotzdem zum einzigen Hotel im Ort finde, ist purer Zufall. Ich stehe plötzlich vor einem würfelförmigen Gebäude, zweistöckig, blau gestrichen, und spreche den jungen Mann an, der davorsitzt: »Hotel?«, frage ich. »Yes«, antwortet er in einem Touristenführerenglisch, das mir sofort vertraut ist.

Zufrieden, einen Platz zum Schlafen und einen Menschen zum Reden gefunden zu haben, will ich mich gerade zu dem Fremden hocken, als der aufsteht und erklärt, dass er weitermuss zur chinesischen Grenze, Touristen aus Japan abholen.

»Möchtest du nicht noch Kaffee trinken?«, frage ich den groß gewachsenen Mongolen, der gerade so viele Worte Englisch versteht, dass ich mir nicht mehr völlig verloren vorkomme.

»Ich muss weiter«, sagt er. »Um elf Uhr ist es Nacht, dann muss ich an der Grenze sein.«

»Wie weit ist es bis dorthin?«

»250 Kilometer vielleicht.«

»Und wo willst du hin?«, fragt der Fremde, die Wagentür öffnend.

»Längs durch die Gobi.«

Mein Gesprächspartner lacht zuerst laut auf, dann aber, als er merkt, dass ich es ernst meine, wird er nachdenklich.

»Komm doch mit«, sagt er dann beiläufig, wie zur Beruhigung. »Weiter im Süden kommst du besser in die Wüste.«

Die Tür des Kleinbusses steht offen, ich zögere und komme mir immer noch verloren vor. Als hätte ich nicht gewusst, worauf ich mich mit der Gobi-Expedition eingelassen habe.

Plötzlich aber geht meine Angst im Entschluss unter, ohne Zwischenaufenthalt in der Wüste unterzutauchen.

Im Zweifel zuerst, ob ich auf diese letzte Nacht in einem Bett verzichten und mich gleich ins Abenteuer stürzen soll, sehe ich zuerst auf den Fahrer, dann auf meinen Rucksack. Ich habe ja alles dabei.

»Wo schmeißt du mich raus?«, frage ich zuerst. »Und nach wie vielen Stunden?«

»In zwei Stunden etwa, in Ulaan-Uul.«

»Gibt es einen Laden dort?«

»Mehrere sogar, und auch ein paar Imbissbuden. Du kannst mich auch zum Essen einladen.« Er lacht.

»Und Hotels?«, frage ich vorsichtig.

»Nein, Hotels gibt es nirgendwo in der Wüste«, sagt mein Fahrer, während ich den Rucksack auf einen der Sitze hieve.

»Wie viel«, frage ich, »kostet die Fahrt?«

»Gib mir zehn Dollar.« Ich willige ein und nicke. Wir lachen jetzt beide. Wenig später sitzen wir im Bus und fahren nach Südosten. Die Piste ist holprig und der Wagen so laut, dass eine weitere Unterhaltung mit dem Fahrer kaum möglich ist. Er muss sich außerdem auf die Straße, die voller Schlaglöcher ist, konzentrieren, und ich bin müde. Dankbar für das Schweigen und die Einladung sinke ich bald in Schlaf, nicht ahnend, dass dieses Schweigen für Wochen das letzte neben einem Menschen ist, mit dem ich auch hätte sprechen können.

Ein Stück weiter südlich von Ulaan-Uul, nahe der Grenze zu China, setzt mich mein Fahrer ab. Ringsherum nur Öde: kein Dorf, kein Haus, nichts. Nur ein paar wie Tierpfade sich kreuzende Pisten weisen nach Westen. Trotzdem, denke ich, hält es der Fahrer für möglich, die Wüste zu Fuß zu durchqueren. Sonst hätte

er mich nicht abgesetzt, allein wie ich bin. Das weckt auch in mir
Hoffnung. Es ist bald Nacht, und am Ort des Abschieds gibt es
kein Restaurant, nicht einmal eine Jurte. Es wird also nichts aus
meiner Einladung.

Als mir mein erster Nothelfer in der Wüste zum Abschied
die Hand schüttelt, spüre ich seine knochige Pranke und weiß,
dass er einst Nomade war. Seine gekrümmten, unförmigen Finger erinnern mich an die Hände meines Jugendfreundes aus dem
Villnößtal, mit dem ich vor 40 Jahren viele extreme Klettertouren gewagt habe. Heindl war Bauer und ist es bis heute geblieben. Er hat, wenn auch spät, von seinem Vater den Pfaltenerhof
übernommen, hat geschuftet, bis das Anwesen schuldenfrei war,
und es so weit modernisiert, dass sein Milchbetrieb überlebensfähig wurde. Er ist dabei nie weiter vom Hof weggekommen als
eine Tagestour und weiß doch mehr von der Welt als viele Touristen, die aus den europäischen Ballungszentren zu ihm auf den
Hof in die Berge kommen. Seit er ihn führt, sind seine Hände immer krummer geworden. Die Narben am Handrücken sind ver-
härtet, die Hornhaut auf den Handflächen wie rissiges Leder. Die
verdrehten und verdickten Knöchel sind wie Astknoten, ähnlich
denen von Profiklettern, die mit 30 oft schon gichtig sind und
ständig Probleme haben mit gerissenen Sehnen und kaputten
Gelenkkapseln.

Wie ungerecht und falsch mein Blick auf die Enge Südtirols
doch ist, denke ich. Alles erscheint verzerrt: Hier ich, der ich immerzu weggegangen bin in die Ferne, in die Freiheit, dort die anderen, die daheim blieben. Also Ferne und Freiheit gegenüber
Enge und Bleiben. Wie schlicht diese Vereinfachung die Welt und
das Leben erscheinen lässt!

Das Villnößtal, wo ich herkomme, ist nicht enger als die Möglichkeiten aller anderen Menschen, denke ich, während ich das
Zelt aufbaue. Jetzt, da ich am Anfang meiner Reise stehe, sehe ich
ein, dass Weggehen nur bedingt möglich ist und dass auch die

entferntesten Reiseziele – Himalaya, Antarktis, Gobi – nichts als
Etiketten sind. Was weiß ich schon von den Leuten in Villnöß
oder von jenen auf dem Hügel von Juval, wo ich heute lebe? Außer,
dass die allermeisten bleiben werden, wo schon ihre Eltern und
Großeltern geblieben sind.

Es ist inzwischen dunkel geworden, ein zunehmender Mond
steht am Himmel, und ich lege mich schlafen, doch reißt mich ein
Geräusch gleich wieder aus dem Halbschlaf. Ich luge aus dem
Zelt. Als die Scheinwerfer eines Fahrzeugs sichtbar werden, das
näher zu kommen scheint, bin ich zuerst nur erstaunt. Erst als ein
Strahl der hüpfenden Lichtpunkte mich und das Zelt trifft, fühle
ich mich entdeckt. Die Polizei, denke ich, oder kommt mein Nothelfer zurück? Der Wagen, ein grün gestrichener Laster, hält nicht
weit von mir an. Zwei Männer steigen aus. Ich verstehe kein Wort
von dem, was sie sagen. Nur so viel, dass sie ein Stück weit in meine Richtung und dann nach Zuunbayan fahren. Ich könne mitkommen, wenn ich wolle. Das sagen sie in einer Zeichensprache,
die auch ein Besoffener versteht.

Ich baue also das Zelt wieder ab, verstaue es in einer schmalen
Hülle und binde diese außen an meinen Rucksack. Ich habe zwar
Probleme, hinten auf die Ladefläche zu klettern, weil jede Steig-
hilfe fehlt, aber keinerlei Bedenken, ich könnte entführt werden.
Endlich oben, hocke ich mich auf einen Reservereifen, den Ruck-
sack zwischen den Knien, und falle ins Dösen.

Im Dunkel der Nacht bleibt die Wüste unsichtbar. Nur die
Sterne über mir und der Staub in der Nase erinnern mich nach
jedem Einnicken daran, dass ich in der Gobi bin. Weit weg! Obwohl ich noch gar nicht richtig aufgebrochen bin, flattert mein
Geist voraus zum Ende einer Reise, das nicht in Sicht ist, dem ich
aber mit jedem Kilometer näher komme. Trotzdem bin ich froh,
als der Wagen hält. Im Schein meiner Stirnlampe klettere ich,
über die Rückklappe steigend, von der Brücke, bedanke mich und
sehe zu, wie das ächzende Gefährt davonholpert. Zuletzt ver-

schwindet es geräuschlos im Dunkel der Nacht. Keine Ahnung, wohin. Keine Ahnung auch, wo genau ich bin. Aber irgendwo muss ich die Nacht über bleiben. Denn nachdem ich seit bald 24 Stunden versucht habe, meiner Einsamkeit davonzufahren, bleibt mir nichts anderes übrig, als ein paar Stunden zu schlafen.

Müssen wir Menschen immerzu weiterziehen? Oder sollten wir an einem Ort bleiben, nach Möglichkeit für immer?, frage ich mich, als ich endlich im Schlafsack liege und ein zweites Mal in dieser Nacht einzuschlafen versuche. So wie die Pfaltener-Bauern in Villnöß seit fünf oder sieben Generationen geblieben sind? Immer auf ihrem Hof. Oder ist es anders besser? So wie hier in der Wüste Gobi, wo die Nomadenfamilien in Clans zusammenleben und von Weidefläche zu Weidefläche ziehen, immer weiter. Sie tun es bis ins 21. Jahrhundert hinein und schon seit Jahrtausenden. Doch solche Fragen sind müßig, denn ich weiß natürlich, dass wir alle dem Echo unserer eigenen Sozialisation folgen, ohne je davon loszukommen, auch nicht in der größten Wüste der Welt.

Wie ein glimmendes Sägeblatt steht ein Bergrücken im Süden, als ich am Morgen aus dem Zelt trete. Während das Sonnenlicht in Bögen den darüberliegenden Kessel füllt, esse ich ein Stück von dem Brot, das ich in Ulan-Bator in den Rucksack gepackt habe. Mit den dichter werdenden Wolkenflächen im Osten erlischt dann der Glanz auf der Wüste, und als ich losgehe, ist die Welt um mich herum grau. Vom Sonnenlicht bleibt jetzt nur noch ein matter Widerschein, vor den Felsen im Süden steht eine angedeutete Hügelkulisse. In einer Art Dauerdämmerung gehe ich direkt nach Südwesten, auf einen Horizont zu, der unter dem Grau des Himmels zu einem trostlosen Streifen Braun verschwimmt. Überzeugt von meinem Vorhaben, mache ich große, raumgreifende Schritte. Wenn ich mir dabei einbilde, frei zu sein, frei meinen Weg zu gehen, so entspringt dieses Gefühl eher dem Wunsch und der Vorstellung, keinen bürgerlichen Normen zu folgen, als der Wirklichkeit. Denn hier in der Wüste bin ich viel eingeengter in meinen Möglichkeiten als sonst wo: Ich darf die Orientierung nicht verlieren, muss rechtzeitig beim nächsten Nomadenlager sein, darf nicht säumig und muss immerzu auf der Hut sein.

Mehr als 40 Jahre lang habe ich mich in Wagnisse gestürzt, bin zu immer neuen Abenteuern aufgebrochen und habe mir immer wieder Aufgaben gesucht. Bis heute habe ich es überlebt. Und auch dieses Mal werde ich durchkommen, sage ich mir. »Mich wird auch diese Wüste nicht umbringen.«

Während ich weiter in den düsteren Vormittag hineingehe, stelle ich mir vor, wie ich mit meinem Cousin und meinem älteren Bruder über die Puez-Hochfläche bis zum Grödner Joch marschiere. Und am selben Tag wieder zurück bis ins Villnößtal. Damals war ich neun, vielleicht zehn und habe das gleiche gedacht wie jetzt. »Was sollte mich schon umbringen.«

Wie viele tausend Male ich diesen einen Satz inzwischen schon wiederholt habe oder mir einzureden versuchte, dass es irgendwie schon weitergehen wird! Das Leben ist hier und nirgendwo leicht, doch einen Weiterweg gibt es immer. Auch deshalb bin ich hierhergekommen, einem alten Traum folgend, und bevor es zu spät ist, ihn in die Wirklichkeit umzusetzen. Es gilt, einen Rest meines Abenteuerlebens zu leben, vielleicht auch zu lernen, mit dem Altern zurechtzukommen. Nicht, dass ich fürchtete, bald zu sterben, oder nicht wüsste, was ich sonst tun sollte. Ich wage nur ein letztes Spiel.

Während ich unentwegt auf den immer weiter zurückweichenden Horizont zugehe, bestürmen mich Erinnerungen und Gedanken an meine frühen Jahre. Es scheint, als sei die Vergangenheit jetzt bedeutsamer als die Gegenwart oder die Zukunft. Als bliebe sonst nichts übrig von diesem nutzlosen Wandern. Je weiter ich in die Wüste hineingehe, um so tiefer falle ich in meine Vergangenheit zurück. Die Zukunft, die mir mit meinen 60 Jahren bleibt, verliert

sich in Bildern aus meiner Kindheit. Auch damals hatte ich manchmal Angst. Oft waren es Zukunftsängste, die mich quälten. Die
habe ich heute nicht mehr. Ich frage mich aber, ob diese frühen
Sorgen vergleichbar groß waren wie meine Angst vor dem Altern
heute.

Es ist inzwischen Nachmittag geworden, und es ist heiß. Überall auf meinem Hemd breiten sich Schweißflecken aus: auf der
Brust, auf den Schultern und unter den Achselhöhlen. Wie wird
das Marschieren erst unter der prallen Sonne werden?, denke ich
und nehme mir vor, künftig beim ersten Dämmerlicht aufzubrechen, um mittags irgendwo rasten zu können. Schatten allerdings
ist in dieser Wüste nicht zu finden.

Wie eine Fata Morgana taucht plötzlich rechts hinter mir ein
Fahrzeug auf. Ich renne ein paar Hundert Meter in seine Richtung
und kann den grauen Kasten russischer Bauart aufhalten. Im letzten Moment, ehe er, eine Staubfahne hinter sich herziehend, vor-
beirasseln würde.

»Wohin?«, will ich fragen, aber der Fahrer versteht mich auch
ohne Worte. Die Frage ist: Wie weit nimmt er mich mit?

»Ich bin auf der Durchreise, auf dem Weg nach Altay«, sage ich.
Keine Antwort. Im selben Moment fällt mir ein, dass der Mongole
mit Einzelheiten nichts anfangen kann. Meine Bitte ist hier nicht
zu begreifen. Altay ist viel zu weit weg, 2000 Kilometer weiter im
Westen. Meine Erklärungen sind also nur dort, in der Nähe dieser
Stadt, halbwegs sinnvoll. Trotzdem, der Fahrer lädt mich ein mitzukommen. Bis nach Nüden?

Mein Chauffeur lenkt den Wagen zurück in eine Fahrspur, die
sich in die abendliche Wüste hineinwindet. Scheinbar ohne Ende.
Wieder ein paar Kilometer gewonnen, denke ich. Als ich zwei
Stunden später mein Zelt am Rand eines elenden Kaffs aufschlage, bin ich nur noch staubig und müde – wieder ein bisschen mehr
Landstreicher als noch am Abend zuvor. Und wieder kein Bett
zum Schlafen, auch kein Mensch zum Reden, kein Platz zum

Essen. Woran werde ich mich noch alles gewöhnen müssen? An
das Alleinsein vor allem, sage ich mir, während ich in der Düsternis meiner Gedanken einzuschlafen versuche.

Gewöhnlich wache ich auf, wenn der Morgenwind in unregelmä-
ßigen Stößen auf die Zeltplane drückt. In dieser Nacht aber hat
es immerzu gestürmt, und mein Schlaf ist leicht. Es ist hell
draußen und bestimmt nicht zu früh, um weiterzugehen. Ich
müsste jetzt aufstehen und mich anziehen, aber ich bin zu müde,
sogar zu müde, um auf die Uhr zu sehen. Also behalte ich die
Augen geschlossen und döse weiter. Vielleicht lässt der Wind
nach, denke ich, oder es kommen Nomaden vorbei, die mich und
mein Zelt mitnehmen. Ich bin ja einer von ihnen.

Im Halbschlaf träume ich von sonnigen Landstrichen und
Bergrücken dahinter, von kleinen weißen Wolken am Horizont.
Ich träume von meiner Frau und den Kindern und vermisse sie.

Als ich erneut aufwache, ist es nicht heller als vorhin. Im Zelt
ist es schummrig. Dennoch richte ich mich im Schlafsack auf, öff-
ne den Zelteingang und schaue hinaus. In hellgrauen Schlieren
ziehen die Wolken über die Steinscherbenwüste. Obwohl einzelne
blaue Flecken am Himmel sichtbar sind, bleibt die Wüste grau.
Die Sonne steht noch tief und wirft kaum Licht auf die wolken-
graue Landschaft. Ich ahne den nahenden Sandsturm.

Zuerst rolle ich die Hose auseinander, die mir nachts als Kopf-
kissen gedient hat, und ziehe sie an. Dann greife ich nach der
Wind-Stopper-Jacke und krieche ins Freie. Die Stimmung der
Landschaft hat sich vollkommen verändert. Als wäre ihr im alles
umfassenden Grau des Morgens alle Tiefe abhandengekommen.
Nichts ist mehr zu spüren von der Weite der Wüste. Windböen
fallen über mich her und bedrängen mich wie meine Selbstsicherheit. Die Entfernungen scheinen zu schrumpfen. Den Wolken-
strichen, die nie den Horizont erreichen, folgen andere und immer neue Wogen von Grau, das im Südwesten in ein geballtes

Stahlgrau übergeht. Bald sind keinerlei Schattierungen mehr erkennbar.

Es ist diese Wand aus diffusem Licht, die mich beunruhigt. Um mich herum nur Grau. Ich ertrage es gerade so lange, bis das Zelt abgebaut, der Rucksack gepackt und eine erste Peilung genommen ist. Dann bin ich unterwegs. Nur schnell weg hier, wie auf der Flucht.

Ich will heute bis Ergel kommen, einem Nest in der Ostgobi, wo ich wieder Proviant und Wasser zu finden hoffe. Ich muss es schaffen, mich wieder mit dem Nötigsten einzudecken, wenn ich nicht auf der Strecke bleiben will.

Ich stehe mit gespreizten Beinen auf dem steinigen Boden und schwinge den Rucksack auf die Schultern. Zuerst spüre ich weder sein Gewicht noch das Zerren des Windes. Ich gehe los. In diesem Augenblick glaube ich fest an das Ankommen. Ein gutes Gefühl. Beim Gehen fröstelt mich zuerst. Aber ich weiß, bald werde ich mich warmgelaufen haben; und vielleicht habe ich Glück und stoße heute auf Nomaden und bin nicht mehr so allein.

Meine Selbstsicherheit schwindet jedoch rasch wieder dahin, und mit ihr das gute Gefühl der Zuversicht. Es hält nur so lange an, wie der Wind als Gesang des Sandes und der Halme zu hören ist. Als mich der Sturm als Staub aufwirbelndes Ungeheuer von hinten anfällt, ist es mit den Bildern von Jurten und einem kurzfristigen Zuhause endgültig vorbei. Nach wenigen Stunden Marsch ist all meine Hoffnung verloren. Mit den spitzen Schmerzen in den Schultern und einer wachsenden Müdigkeit in den Beinen bin ich voller Sorgen. Meine Welt, ein Mikrokosmos ohne Sinn, bestehend nur aus Sorge und Angst. Die Wüste ist nicht mehr draußen, die Wüste ist in mir.

Ich nehme die Steppe nicht mehr wahr, nicht die Weite ringsum, nicht den Himmel, sondern schleppe mich wie bewusstlos dahin. Während dieser Wind von Nordosten immerzu auf meine Schultern drückt, steigert sich die Angst in mir. Jetzt bin ich ihr ausgeliefert und muss trotzdem weiter, wenn ich nicht verhungern oder verdursten will.

Meine Vorräte an Proviant und Wasser sind begrenzt. Mein Traum von der Wüste als äußerem Erfahrungsraum ist ausgeträumt. Die Vorstellung einer von allen Bindungen und Verpflichtungen losgelösten Reise ist von der banalen Sorge, nicht rechtzeitig bei Menschen anzukommen, verdrängt worden.

In den großen Städten – München, Brüssel oder New York – liegt bei trübem Wetter ein ebensolches Grau, herrscht eine ebensolche Atmosphäre von Leere, obwohl diese vertikalen Wüsten dicht bevölkert sind. Doch vermitteln sie nie das Gefühl, dass man dabei ganz auf sich selbst zurückgeworfen wäre. Erst mit diesem Gefühl aber beginnt der Grenzgang. Erst wenn sich alle Sicherheit verliert, wird uns die Menschennatur begreifbar. Erst wenn sich der Mensch als Mängelwesen seiner Ohnmacht und Hilflosigkeit bewusst wird und sich zuletzt so verloren fühlt wie ein Sandkorn, beginnt das Diesseits. Das Jenseits ist das Nichts dahinter.

Um die Mittagszeit wird es heller. Die Wolken hinter und über mir sind zerzaust. Der Himmel sieht fleckig aus, als ob ein riesiger Besen hineingefahren wäre. Nur vor mir, am Horizont im Südwesten, zeigt sich ein dünnes Bleigrau. Am Rande davon entdecke ich plötzlich einen hellen Fleck. Eine Jurte? Allein der Gedanke lässt mein Herz schneller schlagen. So menschenleer ist diese Welt! So ewig das Licht, dass ich es ohne Menschen nicht lange aushalten kann. So unerträglich das Übermaß an Einöde! Archaische Landschaften sind oft bedrückend. Wo aber Menschen leben, ist nicht nur Steppe und Himmel und Weite und Wind, dort ist auch Wärme und Sicherheit, und aus Wüste wird plötzlich Lebensraum. Mehr als bloße geologische Formation. Alle Wüstenkulturen speichern in ihrer Weisheit diese beruhigende, zeitlose Wärme und Geborgenheit, die Idee von Zuflucht.

Nie habe ich mich von Wüstennomaden ausgeschlossen gefühlt, auch dann nicht, wenn sie mich verjagt haben. Vor allem dann nicht, wenn ich zu ihnen kam, um alle Kompliziertheit unserer mitteleuropäischen Großstadtkultur hinter mir zu lassen.

Eine einzige Jurte – dort sind wirklich Nomaden – trägt mich also zurück ins Zentrum meines Wesens. Auch zurück in die Tiefen einer alten Welt, einer Zivilisation, die uns in Europa abhandengekommen ist. Die Angst, mich zu verlieren, verschwindet mit der Vorstellung, diese Nomadenkultur existiere schon immer und werde immer existieren. Plötzlich ist wieder Neugier da: Wie die Welt ohne mich aussehen würde? Allerdings nur noch als hypothetische Frage. Und während ich geradewegs auf diese eine Jurte zugehe, spiele ich meine Abwesenheit weiter durch. Die Einsamkeit, durch die ich seit Tagen gehe, ist Teil der Wüste und damit Teil von mir.

Zweieinhalb Millionen Mongolen leben hier im zentralen Asien. Auf einer Fläche so groß wie die EU. Einige Tausend davon leben in ihren Jurten, Gers genannt, irgendwo in der Gobi. Als ich mich einem ersten dieser Filzzelte nähere, kommt mir ein älterer Mann ein paar Schritte aus seiner Jurte entgegen. Er begleitet mich mit einer einladenden Geste zu einer ockerfarben lackierten Tür, die so niedrig ist, dass ich mich tief bücken muss, um eintreten zu können.

Ich höre noch, wie er den Hund beruhigt, der aus seinem Schlaf aufgeschreckt ist, und beobachte dabei eine Frau, die am Herd hockt und getrocknete Mistfladen im Ofen nachlegt.

Vorsichtig hebe ich meine staubigen Wanderschuhe über die hohe Türschwelle, denn ich will hier nichts falsch machen. Sie zu berühren, bringe Unglück, sagt ihr Aberglaube.

Wie eine einzige Jurte die Wüste verändern kann! Plötzlich stehe ich unter Menschen, und sie bitten mich, in ihrem Rundzelt Platz zu nehmen. Ganz selbstverständlich! Alles ist hier wie selbstverständlich: die Einrichtung, der Geruch nach Schaf und Pferd,

die Gastfreundschaft. Und dieser Familiensinn! Drei Generationen leben in diesem Ger: Großvater, Eltern und Kleinkinder. Nur
die Familie ist überlebensfähig in der Wüste, also ist das Zusammenleben überlebenswichtig.

Das nomadische Hirtentum ist die Folge einer Kulturrevo-
lution. Es veränderte vor ungefähr 12 000 Jahren das menschliche Dasein völlig. Es muss sich etwa gleichzeitig mit den Anfän-
gen des Feld- und Ackerbaus zugetragen haben. Damals bildete
sich auch die Hirtennomadenkultur heraus. Ein ebenso großer
Fortschritt. Denn wie der Ackerbau stellte diese Art der Vieh-
zucht eine entscheidende Verbesserung gegenüber dem Jäger-
und Sammlertum dar, das unser Leben bis dahin bestimmt hatte.

Viele Mongolen sind über Jahrtausende Hirten geblieben. Sie,
ein Nomadenvolk, leben in Filzzelten und reiten auf Pferden. So
sind sie einst aus Innerasien auch zu uns nach Europa gekommen.
Sie konnten damals sogar große Teile der Alten Welt erobern, und
zwar nicht allein wegen ihres militärischen Geschicks und des
administrativen Genies ihres Anführers Dschingis Khan, sondern
mehr noch dank ihrer Lebensform – des nomadischen Hirten-
tums.

Nicht gebunden an Feldwirtschaft und Bewässerungssys-
teme – sie besaßen neben Ziegen und Schafen nur Reitpferde und
Lasttiere wie Yaks und Kamele –, konnten die Mongolen immerzu weiterziehen. So war es ihnen möglich, mit ihren Herden große Entfernungen zurückzulegen, ohne die Produktivität einzu-
büßen. Eine Armee in Bewegung zu setzen, bedeutete, Aufbruch
und Angriff zu koordinieren. Es entsprach dem Wechsel des La-
gerplatzes in größerem Stil. Auch eine große Kavallerie auszu-
statten, bedurfte keiner besonderen Vorbereitung. Das Vieh als
Hauptnahrungsquelle der Menschen konnte das Heer überallhin
begleiten. Wenigstens so weit und so lange sich entlang der Route genügend Futter fand. Die Nomaden waren zudem von Haus
aus erfahrene Reiter und geübt im Umgang mit Pfeil und Bogen.

Sie überfielen andere Stämme und mussten immerzu bereit sein, ihre eigenen Herden gegen Angreifer zu verteidigen. Der größte Vorteil der Nomaden gegenüber den Ackerbauern war jedoch ihre Mobilität. Dazu kamen Schnelligkeit, Geschicklichkeit und Einfallsreichtum, lauter Fähigkeiten, die ihnen ihre spezielle Lebensform aufgezwungen hatte.

Hirtennomaden sind wie Ackerbauern von ihren Tieren und Pflanzen abhängig. Beide Kulturen nutzen Produkte wie Fleisch, Milch und Felle, die sie selbst verbrauchen und mit denen sie Handel treiben. Ackerbauern nun sammelten und verteidigten sich, ihre Felder und ihre Vorräte in Haufendörfern und Städten. So wurden sie damit sesshaft. Wie der Erfolg des Hirtendaseins hing auch ihr Dasein davon ab, dass die Tiere gesund und zeugungsfähig blieben. Die einen wechselten also die Weidegründe für das Vieh; die anderen bauten Getreide, Früchte und Kräuter an. Die Nomaden bewegten ihre Herden im jahreszeitlichen Zyklus und nutzten so den Energietransfer von der Vegetation aufs Vieh. Die Sesshaften ernteten und säten und fütterten das Vieh mit den Vorräten. So, wie die Mobilität die Basis der nomadischen Lebensweise war, wurden das Treiben und Züchten von Vieh und das Anbauen von Korn unabdingbar für das Überleben der Sesshaften. Besitz bedeutete zuletzt Sicherheit für die Sesshaften, die mit der Mobilität nicht mehr zurechtkamen. Unabhängigkeit von Besitz und Beweglichkeit gehörte zu den Stärken der Hirtennomaden. Das ist auch heute noch so. Je nach Umgebung und Klima wandern Nomaden Hunderte von Kilometern, andere ziehen jeweils nur 15 bis 20 Kilometer weiter. Oft ziehen sie zehn-, zwanzig- oder dreißigmal im Jahr um. Diese Lebensweise folgt dem Gesetz der Natur. Die Hirtennomaden haben die Verantwortung für die Tiere übernommen und müssen Tag für Tag entscheiden, wo sie die Herden grasen lassen und wann das Lager zu verlegen ist. Die Nahrung für die Herden ist letztlich auch für sie selbst lebenswichtig.

Es ist wenig, was Hirtennomaden brauchen: eine gesunde Herde, ein wenig Hausrat, das runde Filzzelt, das allen Winden und Wettern trotzt. Im warmen Oberlicht, das durch die Dachöffnung einfällt, hockt jetzt die Mutter meiner Gastfamilie und schiebt mir nach Tee und Gebäck Airag hin, vergorene Stutenmilch, die auf der Zunge prickelt wie Schaumwein. Im Gaumen hinterlässt sie zuletzt einen Geschmack wie Mandelmilch.

Werde ich auch deshalb verwöhnt, weil ich von weit her komme, frage ich mich. Oder weil ich zu Fuß unterwegs bin? Ich bin durstig, und die Frau schenkt mir aus einer bemalten Thermoskanne immer weiter Milchtee nach. Bis sie leer ist. Dann wird erneut Tee gekocht. Die Hausfrau verwendet dabei eine Art Kraut, wie ich es auch in Tibet gesehen habe und das wegen seiner Form als »Ziegeltee« bekannt ist. Es ist grob und wird hart gepresst gehandelt. Dieser »Ziegeltee« nimmt wenig Raum ein und ist gut auf Tierrücken zu transportieren. Die Teeblätter müssen bei Gebrauch mit einem Messer oder einem Hammer vom ziegelgroßen Klumpen gehackt werden. Dann werden sie in einem großen Kessel fünf bis zehn Minuten lang gekocht. Ein Liter Milch wird mit acht Litern gekochtem Teewasser verrührt, ein bisschen Butter und Salz hinzugemischt. Dann wird dieser Milchtee, mongolisch *suute zar* genannt, noch einmal aufgerührt. Dabei wird mit einer Kelle etwas Tee aufgenommen und mit einem gleichmäßigen Strahl von weit oben zurück in den Kessel gegossen.

Vorsichtig schlürfe ich von der milchigweißen Brühe. Auch esse ich *Boortsog* dazu, Schmalzgebäck aus Weizenmehl, eine Art Krapfen, in Hammelfett oder Pflanzenöl fritiert. Die Nomadenfrauen bereiten regelmäßig diesen *Boortsog*. Oft für Tage im Voraus und in den verschiedensten Formen. Im Plastikbeutel bleiben sie mehrere Tage lang weich. Zwischendurch und wenn Gäste kommen, werden die Kekse gereicht. Morgens, oft auch mittags, werden sie mit Milchtee und Käse in der Jurte gegessen. Am Abend gibt es meist Fleisch in der Nudelsuppe.

Auch getrockneten Quark, *Aaruul*. Man bietet auch mir davon an, danach Butter in einer Schale. Es ist die Rahmschicht, die sich oben auf der Milch abgesetzt hat. Sie gilt als besondere Delikatesse.

Der säuerliche *Aaruul*-Käse wird zu einem etwa kiloschweren kubusförmigen Block gepresst und getrocknet. So kann er lange aufbewahrt und als Vorrat für den Winter und Frühling zurückgelegt werden, wenn es kaum frische Milch gibt.

Ich sitze immer noch im linken Teil der Jurte. Auf einem Schemel vor einer Bettstatt, auf der Felle und Steppdecken liegen. Rechts von mir die Tür, links, dem Eingang gegenüber, ein kleiner Buddha-Altar.

Ich habe inzwischen so viel essen müssen, dass ich einnicke. Später, bevor es Nacht ist, gibt es noch Nudelsuppe mit Streifen von Schaf- und Ziegenfleisch. Hell glänzen Fettstücke dazwischen. Ich löffle meinen Teil aus einer handtellergroßen Schale und lege mich dann hin. Mir ist im Schlafsack auch auf dem Boden wohlig warm. Aber es ist eng im Ger.

Eines weiß ich inzwischen gewiss: Diese Nomaden sind mir eine große Hilfe. Sie bewirten einen Wildfremden wie einen König und wollen dafür nichts als ein Lächeln. Wenn es schmeckt, zeige ich es mit Grunz- und Schmatzlauten. Ohne ihre Gastfreundschaft würde ich nicht weit kommen.

Als es auch draußen dunkel ist, gehe ich doch ins Freie und schlage mein Zelt neben der Jurte auf. Ich würde meinen Gastgebern, noch dazu mit meinem Rucksack, zu viel Platz wegnehmen. Es sind zu viele, die auf Pritschen und am Boden der Ger schlafen müssen. Mein Zelt ist zwar viel kleiner als eine Jurte, bietet aber Schutz und Wärme genug. Und schlafen kann ich allein besser.

Lange noch höre ich die Geräusche aus der nahen Ger: das Atmen, Rascheln und Husten der Menschen, das gelegentliche Schnaufen der Tiere, manchmal das Ächzen der Zeltgestänge unter dem Druck des Windes. Drei Schichten liegen über dem

Gerüst einer Jurte: eine erste Schicht aus weißem Segeltuch, die tagsüber das Innere der Ger hell halten soll; darüber ein oder zwei Filzschichten, die die notwendige Isolierung gewährleisten. Auch wenn die Temperatur im Winter auf minus 45 Grad Celsius sinkt, muss es im Innern warm bleiben. Obenauf kommt noch eine weiße Zelttuchbahn. Sie soll nicht nur vor Wind und eindringendem Wasser schützen, sondern strahlt im Sommer, wenn es unerträglich heiß wird, auch die Sonnenstrahlen ab. Eine geniale Erfindung ist so ein Zelt.

Unübertroffen wie ihre Behausung ist auch das Pferd dieser Hirtennomaden, das mongolische Pony. Von den Nutztieren, die die Mongolen züchten, hat das Pferd zwar den geringsten Wirtschaftswert, ist aber das am meisten geschätzte Tier, was nicht zuletzt in der Tradition der Mongolen begründet liegt. Sie waren über Jahrhunderte auch berittene Krieger, und die Nomaden in der Gobi sind noch immer exzellente Reiter. Die Buben wachsen geradezu auf Pferderücken auf, und viele von ihnen sind dann ein ganzes Leben lang auf Pferden unterwegs. Beim Hüten, Weiterziehen und bei der Jagd. Füchse, Kaninchen, Wölfe und Murmeltiere gehören zu ihren Beutetieren. Jetzt, in der Nacht, streichen die Tiere unbehelligt durch die Wüste.

Als ich morgens aufwache, glaube ich zuerst, ich hätte verschlafen. Eine seltsame Angst lastet auf mir. Nicht, dass ich mir einbildete, bedroht zu sein, aber etwas bedrückt mich. Diese sonderbare Angst drängt mich fort, treibt mich weiter, obwohl es erst fünf Uhr früh ist. Halb noch im Schlafsack, taste ich nach Socken und Hose, greife nach dem Geld in meinem Rucksack. Wo ist mein Pass? Nichts fehlt. Alles ist da, und niemand verfolgt mich. Und doch bin ich unruhig. Warum fühle ich mich beobachtet und bedrängt? Und von wem? Lächerlich, allein, wie ich bin. Meine Angst ist praktisch nicht zu begründen. Noch könnte ich ja ohne Probleme zurück. Es gibt überall Hirtennomaden und mehrere Läden in diesen verlorenen Nestern mitten in der Wüste, wo es alles Überlebensnotwendige zu kaufen gibt. Während ich mich anziehe und den Rucksack packe, beginne ich, halblaut vor mich hin zu reden. Was ich sage, ist sinnloses Zeug. So wie es Kinder in der Dunkelheit flüstern, wenn sie allein sind. Doch mein Gemurmel gleicht eher einem Mantra: auch ich verstehe es nicht. Ich höre nur meiner Stimme zu, denke nicht. Ich bin auf der Flucht vor meiner Bedrängnis. Und vielleicht sind die Selbstgespräche ein Schutz, um mit mir und dem Tod nicht allein sein zu müssen.

Einmal aus dem Zelt, mache ich mich sofort auf den Weg. Die Nomaden schlafen noch. Vorsichtshalber habe ich mich am Abend schon von ihnen verabschiedet. Die ersten Kilometer gehe ich geradewegs nach Westen. Dabei folge ich einer Fahrspur, die auf keiner meiner Karten eingezeichnet ist. Bald aber verliert sie sich, und ich ahne, dass auch dieser Tag hart wird. Aber es wird zu schaffen sein, denke ich, wenn auch mit Mühe. Bald falle ich in einen gleichmäßigen Gehrhythmus, und mit diesem Gehen, nachdem ich alle vordergründigen Zweifel abgeschüttelt habe, finde ich zu meiner Identität als Wüstenwanderer zurück. So wie ich 1000 und mehr anstrengende Tage hinter mich gebracht habe, werde ich auch diese Tagesetappe hinter mich bringen. So entsteht und vergeht mein Weg durch die Wüste. Schritt für Schritt. Und mein Selbstverständnis wird stärker; es wächst auch mit dem wachsenden Licht und schwindet mit der Dunkelheit. Es wächst mit dem Nachhall überstandener Ängste und mit jeder bewältigten Tagesetappe. Es schrumpft dann wieder mit den Schrecken der Nacht und des Alleinseins. Vielleicht schaffe ich ja heute mehr als mein Soll von 50 Kilometern, denke ich.

An diesem ersten Tag im Innern der Wüste finde ich mich gut zurecht. In meiner Karte sind hier weder Wege noch Ortschaften eingetragen. Die Stille ist nicht anders als an den Tagen vorher. Nichts Ungewöhnliches geschieht. Auch als ich die ersten

Gazellen fliehen sehe, empfinde ich keinerlei Aufregung. Sie gehören wie die Kamele oder Schafherden, an denen ich vorbeikom-
me, zur Gobi. Ich gehe immerzu weiter nach Westen, dahin über
graue Wellen aus Sand und Steinen. Ich staune nicht einmal, als in
einer Staubwolke rechts hinter mir, die ich zuerst als Windhose
deute, ein Lastwagen mit Anhänger auftaucht. Ich winke nur und
rufe und hoffe, dass das Fahrzeug anhält. Natürlich kann niemand
in einem polternden Lastwagen mein Rufen hören. Aber der Zug
hält. Eine Nomadenfamilie starrt mich aus der Fahrerkabine an.
Sie ist auf dem Weg zum nächsten Weideplatz, denke ich. Ihre
Habe samt Jurte ist auf den beiden Ladeflächen verteilt.

Wenige Minuten später hocke ich neben dem Fahrer in einer
verbeulten Kabine. Dankbar für die Mitfahrgelegenheit nicke ich
allen neben mir zu. Dann prüfe ich mit meinem Kompass die
Richtung der Fahrt. Sie passt. Wir fahren ungefähr westwärts,
wenn auch in Kurven und langsam. Das Gefährt ist alt und die Fe-
derbänder so weich, dass uns jedes Schlagloch bis zur Decke hüpfen lässt.

Trotzdem muss ich später eingeschlafen sein. Der Wagen steht,
als ich aufwache. Meine Wohltäter weisen auf zwei Ger weiter
rechts. Dort sind Nomaden, bei denen ich nächtigen könnte. Die
beiden Jurten stehen unter einer violett schimmernden Anhöhe,
die Wüste davor ist aschgrau. Die hellen Zelte leuchten jetzt im
letzten Abendlicht. Auch scheinen sie vom Nordostwind geschützt zu sein. Dies und dass es Abend wird, sind Grund genug,
meine Richtung in einer Schleife nach rechts zu verlassen. Ich
will bei den Nomaden Unterkunft erbitten.

Auf dem Weg dorthin rufe ich mit dem GPS-Gerät meine
Position ab. Das Wunderwerk steckt in meiner Uhr; meine Frau
hat sie mir geschenkt. Als die Zahlenreihe erscheint, ist es, als fiele
sie vom Himmel. Ich kann es nicht glauben: 107°45'13" Ost und 43°
01'12" Nord. Das heißt, ich bin gute 150 Kilometer weiter als am
Morgen. In meiner Erschöpfung muss ich so tief geschlafen oder

gedöst haben, dass Stunden im Wagen verflogen sind, ohne dass ich es merkte. Die Nomaden sind in meiner Marschrichtung gefahren, während ich schlief.

»Was für ein Glück«, denke ich, »wo ich sonst erst wäre!« Der Truck fährt inzwischen in südlicher Richtung davon. Diese ersten Tage meines Trips sind wie das Gleiten auf einer Schanze. Ich bekomme allmählich Tempo. Aus der Zivilisation geht es auf die Ungewissheit der Wüste zu, die wie eine tiefe Leere vor mir liegt. Noch flattert mein Geist zwischen meinem Daheim und einem vagen Nichts hin und her, das ich erst noch finden muss. Nach Wochen des Gehens erst wird sich das ändern. Mit den zerfledderten Landkarten in den Händen und dem nahen Point of no Return kann die Wüste zu einem Raum innerer und äußerer Ruhe werden und das Gehen zum Ausdruck einer Monotonie, in der sich Raum und Zeit verloren haben.

Als ich einen Steinwurf weit von den Jurten entfernt den Rucksack von den Schultern nehme, ist es 10 Uhr abends. Erst jetzt merke ich, wie müde und hungrig ich bin. Seit gestern Abend habe ich nichts gegessen. Plötzlich schlägt ein Hund an. Also bleibe ich stehen, greife vorsichtshalber nach einem faustgroßen Stein und warte angespannt. Wie ein gestelltes Tier. Jetzt erscheint ein schwarzes Ungeheuer vor den Zelten, größer als ein Schaf. Sonst ist niemand zu sehen. Ich rufe. Nichts. Endlich öffnet sich die Tür der linken Jurte. Eine Frau kommt heraus, greift den Mastiff beim roten Halsband, das sich deutlich vom buschigen Fell abhebt, und winkt mich heran. Eine Geste der Einladung folgt. Ich nähere mich ihr langsam und grüßend. Dabei versuche ich, mit den Händen gestikulierend, verständlich zu machen, dass ich Unterkunft suche. Darf ich hier nächtigen?, will ich sagen.

Die Frau ist schmal und jung. Sie bittet mich mit der rechten Hand in die Jurte, lässt jetzt den Hund los und öffnet die lackierte Holztür.

Der Hund, ein mittelgroßer Tibetmastiff, schnüffelt kurz an meinen Hosenbeinen, ohne mehr zu knurren. Dann legt er sich hin. Er hat den Großteil des Winterpelzes schon verloren, und sein Rückenhaar glänzt blauschwarz. Am Bauch und an den Pfoten ist sein Fell rostbraun. Über den Augen leuchten zwei helle Stellen, das zweite Augenpaar, wie die Nomaden in Hochasien respektvoll sagen.

Weitere Menschen oder Tiere sind nicht zu sehen. Die Frau ist offensichtlich allein. Nur ein zweiter Hund ist noch da. Und im Dunkel des Raums schläft auf einem Bettgestell aus Metall ein Kind. Es ist mit einer Jacke zugedeckt. Draußen dämmert es jetzt. Ich bemühe mich, möglichst geräuschlos ein paar Gastgeschenke aus dem Rucksack zu kramen: Zündhölzer, ein Feuerzeug, ein Taschenmesser. Die Frau nimmt die Kleinigkeiten und schenkt mir Tee ein, der in einer Thermoskanne auf einem Schränkchen links vom Eingang bereitsteht. Er ist sehr heiß. Ich danke und trinke in kleinen Schlucken. Immer wieder beschwörend, wie sehr er mir schmeckt. Wir verstehen uns, ohne miteinander reden zu können.

Die Frau hockt weiter vor dem Ofen, legt Dung nach und gießt mir wieder Tee ein. Als ihr Mann kommt, ein junger, kräftiger Kerl, hat sie zuerst kein Wort der Erklärung für mein Hiersein. Ich merke sofort, dass der Hausherr mehr als erstaunt über den Fremden in seiner Jurte ist. Wie soll seine Frau die Situation erklären? Sie weiß doch auch nicht, wer ich bin, woher ich komme und wohin ich will. Und ich spreche ihre Sprache nicht. Verständigen kann ich mich trotzdem.

»Nur schlafen möchte ich hier«, deute ich mit einer schrägen Bewegung meiner gefalteten Hände und dem zur Seite geneigten Kopf an. Der Mann versteht sofort. Er führt mich ins Freie und gleich weiter zur zweiten Jurte, die leer steht.

Am Boden liegt Staub, es riecht nach Aas und ranzigem Fett. Aber eine Nacht im Schutz einer Jurte ist immer noch besser als

eine Nacht im Freien oder im engen Zelt, denke ich. Also richte
ich mich ein, lege meine Matte aus, breite den Schlafsack darüber
und stelle den Rucksack daneben; dann erst gehe ich, meine
Taschenlampe, Essgeschirr und die Gobi-Karte in der Hand, zur
Hauptjurte zurück. Ich weiß ja, dass Wüstennomaden gastfreundlich sind, auch habe ich als Fremder nichts zu befürchten. Links
vom Herd, der in der vorderen Mitte des Raumes steht, wird mir
wieder ein Platz zugewiesen. Vom Eingang aus links gesehen. Wieder schenkt mir die Frau in der Ger Milchtee ein. Auch fragt sie,
ob ich etwas essen möchte. Ich bejahe nickend und beobachte
ihre Handgriffe am Herd. Geschickt hantiert sie mit Holzlöffel
und Eisenpfanne. Wie sie Wurzelholz und trockenen Dung nachlegt und gleichzeitig das Fleisch-Nudel-Gericht umrührt, das in
einer großen schüsselartigen Pfanne vor sich hin kocht, ist beein-
druckend. Immer wieder kostet sie davon.

   Die Wohnküche bei uns zu Hause war sicher nicht größer als
dieser runde Raum, denke ich, während ich mich umsehe. Nur der
Tisch fehlt und Stühle. Die Vorräte hatten wir daheim in einer
Speisekammer gelagert. Hier, in der Jurte, sind sie entlang der
Innenwand verstaut. Neben Truhen und Kästchen sind Säcke ge-
stapelt, Felle, Sättel und Schüsseln. In der winzigen Speisekammer
bei uns daheim, die durch eine Tür neben dem Herd zugänglich
war, fanden weniger Vorräte Platz.

   In dieser quadratischen, altmodischen Wohnküche hat meine
Mutter acht Söhne und eine Tochter großgezogen. Links stand ein
Holztisch, der sich je nach Bedarf verkleinern oder vergrößern ließ,
mit Bänken an den Längsseiten und je einem Stuhl an den Stirn-
seiten, wo Mutter und Vater saßen. Gegenüber der Holzherd, auf
dem gekocht wurde. Links davon eine Kiste mit Papier und Holz-
scheiten, die wir Buben abwechselnd zu füllen hatten. Noch weiter
links, rechts vom einzigen Fenster, hing ein gußeisernes Waschbecken an der Wand, die einzige Waschgelegenheit in der Wohnung.
Dem Waschbecken gegenüber stand die Kredenz, in der oben

Schüsseln und Teller, unten Pfannen und andere Kochutensilien verstaut waren. In der Schublade links lagen Löffel, Gabeln und Messer, auch die Küchenmesser, in der rechts diverser Kleinkram und Werkzeug, das jeder von uns holte, wenn etwas zu reparieren war. Links von der Kredenz stand ein schmaler Schrank mit jenen Vorräten, die unsere Mutter täglich zum Kochen, Würzen und Einwecken brauchte. Dieses Möbelstück war selbst gezimmert und dem Rest der Einrichtung angepasst. Unter dem einzigen Fenster stand eine Art Kombimöbel, Sitzbank und Schuhschrank zugleich, an dem die jeweils Kleinsten von uns aßen.

Aus dem Fenster darüber schaute man westwärts auf bewaldete Berghänge, einen Einödhof, der verlassen war und wo, so sagten die Leute im Dorf, von Zeit zu Zeit ein Licht umging. Dahinter, schon nicht mehr zu unserer Welt gehörend, der Bergrücken des Ritten, wo die Verwandten unserer Großmutter mütterlicherseits herkamen, die einst wohlhabende Leute gewesen sein sollen. Links vom Fenster, auf einem Stehkästchen mit Vorhang, stand das Radio, dahinter steckte Vaters Rute aus Birkenzweigen, mit der er zuschlug, wenn eines von uns Kindern nicht tat, was sich gehörte.

Den einzigen Schmuck bildeten das Kruzifix an der Wand über dem Esstisch und – links und rechts davon – zwei Drucke. Bilder eines Südtiroler Künstlers. Das eine zeigte Mutter mit Kind und das andere daneben einen Vater mit sorgenvollem Gesicht, wohl in Anspielung an die Zeit knapp vor dem Zweiten Weltkrieg, als sich ein Großteil der Südtiroler dafür entschieden hatte, die Heimat zu verlassen und nach Großdeutschland umgesiedelt zu werden. So auch unsere Eltern. Über diese schwierige Zeit allerdings, den Entschluss wegzugehen und die Auseinandersetzungen zwischen denen, die blieben, und Optanten wollte unser Vater nie reden. Auch später nicht, als wir Kinder von unseren Oberschulen heimkamen und kritische Fragen stellten. Anders die Mutter. Sie sprach selten darüber und sicher nicht gern, aber sie tat es immer mit jener Objektivität, die sie im ganzen Dorf beliebt gemacht hatte. Die Option war vorbei, wir waren noch da, und wir blieben Südtiroler. Das war ihr Fazit. Anders unser Vater. Er mochte seine Probleme mit diesem Teil der Vergangenheit haben, seine Launen auch, aber er hatte Sinn für Gerechtigkeit. Und er stand zu seinem Wort. Was sonst sollte uns Sicherheit geben? Wir hatten keinen Bauernhof, es gab keine höheren Schulen im Ort, und die Zeiten waren schlecht. Seiner Treue zur Familie konnten wir ebenso sicher sein wie seiner Treue zum Deutschtum. Woran sollten wir uns sonst halten? Wichtiger blieben uns Kindern trotzdem jene Eigenschaften der Mutter, die sie von ihrem Vater, einem Ladiner, gelernt hatte: Toleranz, Mitgefühl und Gelassenheit. Die Zuversichtlichkeit, die sie ausstrahlte, zumal in so schwierigen Jahren wie nach dem großen Krieg, machte auch uns Kindern Hoffnung.

Wir klammerten uns also alle an sie und die Wohnküche, in der sie im häufigen Durcheinander zwischen Kommen und Gehen ihre undurchschaubare Ordnung aufrechterhielt, was immer auch geschehen möge. Dieser winzige Raum wurde gleichsam zu einer Art Pufferzone zwischen den verschiedensten Interessen, auch zwischen einem autoritären Vater und seinen freiheitshungrigen Kindern mit ihren zahllosen Problemen und Lebensplänen.

Meine Mutter war dunkelhaarig, sanftmütig und nicht groß, doch mit ihrer tatkräftigen Art bestimmte sie über Zeitabläufe, über Richtig und Falsch, ja, unsere Zukunft. Nicht die Moralvorstellungen einer Dorfgemeinschaft, sondern das Hier und Jetzt unseres Lebens zählte für sie. Nie habe ich sie etwas Böses über andere sagen hören, nie kamen Vorschriften für andere von ihr. Unsere Mutter machte sich Sorgen um ihre Familie, um sich und besonders um die Zukunft von uns Kindern. Der älteste ihrer Söhne ist später Lehrer, der dritte Banker, einer ist Tierarzt geworden, die Tochter Kindergärtnerin. Einer wurde Biologe, ein anderer Arzt, einer Psychiater, der Jüngste, ein Mathematiker, ist

Computerspezialist. Zwei von ihnen sind später umgekommen, beide am Berg. Natürlich hat es darüber oft heftige Auseinandersetzungen gegeben, bittere Vorwürfe auch.

In meinen Kinderjahren und während der Zeit der Pubertät hatte Vater meine Leidenschaft fürs Klettern unterstützt. Er hatte auch keine Einwände dagegen gehabt, dass mein nächstgeborener Bruder, der spätere Banker, auf schwierige Klettertouren mitkam. Die Mutter jedoch hatte Angst um uns, nicht nur wegen Blitz, Steinschlag und Absturzgefahr. Als würden wir in den Bergen vergessen können, was im Leben wirklich zählt, warnte sie vor der Kletterleidenschaft. Bergsteigen war für sie weder Lebensinhalt noch Lebenshilfe. Trotzdem, sie versuchte nicht, uns zurückzuhalten. Wie oft stand sie um vier Uhr früh in der Wohnküche, um uns ein warmes Frühstück zu machen, wenn wir im Sommer mit dem ersten Licht losziehen wollten.

Einmal, wir waren mit den jüngeren Brüdern erst spät in der Nacht von einer Klettertour zurückgekehrt, hörte ich sie nach dem Schlafengehen zu Vater sagen: »Vielleicht bist du erst zufrieden, wenn einer nicht mehr wiederkommt.«

Später, ich war inzwischen volljährig, kehrte sich die Einstellung meiner Eltern meiner Kletterleidenschaft gegenüber um: Vater kritisierte meine Abenteuerlust jetzt als Sucht, Mutter hingegen respektierte sie als mein Lebensgesetz, wenn sie sie auch weiterhin mit Sorgen und Ängsten betrachtete. Vater hielt jetzt oft dagegen: »Ich möchte wissen, ob Bergsteigen irgendwem helfen kann, sein Leben zu meistern.« Er wiederholte solche Bemerkungen häufig und lauter als nötig, zu Hause und dann auch im Gasthaus, wo ihn die Bauern auf die sonderbare Sonntagsbeschäftigung seiner Söhne ansprachen.

Am Morgen ist es windig und kühl. Tiefe Wolken hängen am Himmel. Weit im Osten ist ein Flugzeug zu hören. Die Strecke Ulan-Bator–Peking, denke ich, doch lassen diese Namen keine

Bilder vor meinem inneren Auge entstehen. Zu fern sind diese Städte für einen Nomaden in der Gobi.

Nach einer Schale mit heißem Milchtee, den mir die junge Frau in der Hauptjurte reicht, verabschiede ich mich. Doch sie gießt nach, und der Abschied zieht sich hin. Ich trinke wieder und wieder. In kleinen Schlucken. Der Mann, der inzwischen Schafe und Ziegen aus ihrem Steinpferch getrieben hat, weist mir dann den kürzesten Weg zu einer eben nur angedeuteten Fahrspur, die geradewegs nach Westen zeigt. Ein letzter Gruß, und ich gehe los. Mein Weg führt über festen Boden, schütter bewachsen mit Büscheln von Wüstengras. Ich frage mich wiederholt, was die Tiere hier fressen sollen. Wie die Hirtennomaden seit Jahrtausenden in der Gobi überleben können, wird mir immer ein Rätsel bleiben.

Diese Wüste, Teil eines riesigen Steppen- und Berggebietes zwischen dem Karakorum-Gebirge im Westen, dem Amur an der chinesisch-russischen Grenze im Osten, dem tibetischen Chang-tang-Hochplateau im Süden und der Breite des Baikalsees im Norden, ist mehr oder weniger eine einzige Mondlandschaft. Trotzdem leben 100 000 und mehr Familien in den Steppenzonen am Rande der reinen Steinscherbenwüsten, die wie Todeszonen zwischen den Wasserläufen liegen. Dazu Gazellen, Argali- und Marco-Polo-Schafe, Wölfe, Bären, Wildpferde und Wildesel sowie Rentiere, seit Kurzem sogar wieder Wildkamele. Hier in diesen Steppen wurden Schafe und Ziegen, Kamele und Pferde zuerst domestiziert. Die Nomaden leben heute noch wie vor Jahrtausenden mit ihnen. Mit dem Unterschied, dass sie heute wie wir Sonnenenergie und Windkraft nutzen und über Satellit fernsehen. Auch Videofilme werden gesehen. Beinahe in jeder Jurte steht ein TV-Apparat. Satellitentelefone fand ich in der Gobi nirgendwo.

Viele Familien allerdings sind mit ihren Jurten und Herden inzwischen in die Nähe kleiner Siedlungen gezogen, leben auf kleinen eingezäunten Grundstücken und proben eine Art

Sesshaftigkeit. Trotzdem bleibt die Jurte das Zentrum ihres Lebens. Daneben gibt es bereits erste Holzhütten mit Wellblechdächern. Schon wird der Jeep oder der Lastwagen, die »Maschine« eben, wichtiger als das Kamel. Mit ihr wird Geld verdient, Ware aus China geholt, die Herde gesucht und verschoben. Fast alles andere wird der »Maschine« untergeordnet.

Diese neue Art der Sesshaftigkeit verändert die Gobi, denn die Menschen scharen sich immer mehr zusammen. Vor allem den Winter über bleiben sie an ein und derselben Stelle am Rande der Siedlungen. Im Umkreis dieser Zentren ist die Gobi nicht nur stark überweidet, oft wächst auf einer Fläche von hundert Kilometern kein Grashalm mehr. Es besteht deshalb die Gefahr, dass das Hirtennomadentum zuletzt verschwindet. Für immer.

Die Jurte aber wird bleiben. Dieses ideale Wohnzelt – mit einem Minimum an Kubatur wird der größtmögliche Nutzraum geschaffen – ist als Heim in der Wüste nicht überbietbar. Es ist Fluchtpunkt und Nest zugleich. Äußerst windstabil und mit einer faustdicken Hülle aus Schafwollfilz gut isoliert, ist die Jurte allen Extremen der Gobi gewachsen. Auch was den Wohnkomfort angeht, bleibt sie unübertroffen: Im Sommer ist es drinnen kühl, im Winter warm. Das Licht fällt von oben durch eine runde Dachluke ins Innere des fensterlosen Raums. Diese Öffnung, durch die auch der Rauch entweicht, ist mehr oder weniger verschließbar, was bei dem hier herrschenden extremen Kontinentalklima unabdingbar ist. In der Gobi werden die größten Temperaturunterschiede weltweit gemessen, zwischen Tag und Nacht, zwischen Sommer und Winter. Ein Überleben in der Gobi ist für Menschen nur in der Jurte möglich. So entstand einst diese einzigartige Wohnkultur.

Nicht nur Jurte und Hirtennomadendasein sind in der Gobi entstanden, auch ein bestimmter Lebensrhythmus. Die Männer sind für den Fortbestand der Herden, das Hüten, die Kastration, das Schlachten, das Zureiten der Pferde und Kamele verantwortlich.

Die Frauen kümmern sich um die Kinder, den Haushalt und die Kleider. Sie melken zusammen mit den Männern die Tiere, veredeln Milch und Wolle, brennen Schnaps aus Stutenmilch.

Hier in der Südgobi, die ich inzwischen erreicht habe, stehen die Jurten 20 bis 30 Kilometer voneinander entfernt, weiter im Süden, wo die Vegetation noch spärlicher ist und viele der kollektiven Brunnen aufgegeben worden sind, ist heute ein Überleben kaum mehr möglich.

Nur die höher gelegenen Weiden, in und am Rande des Altai-Gebirges, wo auch Yaks gehalten werden, sind im Hochsommer grün. Aus der Gobi aber scheint dann das letzte Leben zu weichen. Kein Anflug von Grün mehr, nur Steine, Sand und dürres Gras.

Inzwischen ist Mittag vorbei. Die Sonne steht an ihrem höchsten Punkt. Ich würde gerne eine Pause einlegen, aber die ständige Unruhe in mir treibt mich voran. Als würde mir hier Gefahr drohen oder mich weiter im Westen ein Wunder erwarten. Nein, ich darf nicht bleiben, ich weiß es nur zu gut: Würde ich bei der nächsten Jurte auch nur kurz rasten, Milchtee trinken oder ein Stück gedörrtes Fleisch essen, ich käme nicht wieder auf die Beine. Also weiter. Bis es Abend wird und kühl, gilt es noch eine lange Wegstrecke zurückzulegen.

Die schweißnassen Haare hängen mir ins Gesicht, meine Augen brennen, und die Fußsohlen schmerzen. Ich spüre die Schweißflecken am Rücken, zwischen den Beinen und unter den Trägern des Rucksacks, aber ich bleibe nicht stehen. Als gelte es ein Land auszumessen, das niemandem gehört und meines wird mit jedem Schritt. Oder doch nicht? Auch die Nomaden dürfen dieses Land nicht besitzen wollen, denke ich. Dieses Land muss allen gehören, ähnlich wie es bei uns im Vinschgau in Südtirol seit einem Jahrtausend oder mehr mit den Gemeinschaftsalmen gehandhabt wird. Land als Privatbesitz hat im dicht besiedelten Europa einen ganz anderen Stellenwert als hier, wo höchstens die Bodenschätze von Bedeutung sind, wenn wir nur wirtschaftliche

Kriterien gelten lassen. Wenn wir die Nomadenkultur wegdenken, ist die Gobi leer. Sofern aber Menschen dort leben wollen, gehört sie ihnen allen gemeinsam, denn nur gemeinsam können die Nomaden die Verantwortung für ihren Lebensraum tragen, für die Brunnen, das Wohlergehen ihrer Herden, das bisschen verfügbares Grün.

Meine Mutter und ihre Schwester besaßen jede die ungeteilte Hälfte eines Hauses, dazu einen Garten und ein paar winzige Grundstücke. Wir wohnten im oberen Stockwerk, die Familie der Tante mit ebenso vielen Kindern wie bei uns im unteren. Parterre und Dachboden wurden gemeinsam genutzt. Bald schon kam es deshalb zu Spannungen zwischen den Schwestern, gegenseitige Beschuldigungen gehörten zum Alltag. Da es für die Tante und ihren Mann, der einen Fleischerbetrieb führte, von Vorteil war, nutzten sie bald das gesamte Parterre als Verkaufs- und Lagerraum. Wir nahmen im Gegenzug den gesamten Dachboden in Beschlag, wo wir Kinder bei schlechtem Wetter spielten. Dort waren wir für uns, ohne unsere Cousinen und Vettern, mit denen wir bald nichts mehr zu tun haben wollten.

So wurden nicht nur die imaginären Grenzen zwischen unseren Besitztümern, sondern die Auslöser allen Unmuts stillschweigend verschoben, und der Streit zwischen unseren beiden Familien wuchs. Obwohl kein einziges Problem damit gelöst wurde, bestand jede Familie auf ihrer undefinierten Hälfte. Es wäre so einfach gewesen, mit einer Teilung des Hauses Klarheit zu schaffen und in Frieden neben- und miteinander zu leben, aber die beiden Schwestern wollten ihren Vater nicht beleidigen, der ihnen je eine ungeteilte Hälfte eines gemeinsamen Ganzen als Erbteil übertragen hatte. Später, als die eine Hälfte verkauft wurde, ging der Streit mit den neuen Besitzern weiter. Bis meine Mutter, sie war inzwischen alt, endlich ihre Hälfte verkaufte und in die Wohnung ihrer einzigen Tochter zog. Da waren wir Kinder lange schon aus dem Haus und über halb Europa verstreut.

Mit dem Land in der Gobi wäre so nicht zu verfahren, denke ich, denn Weideland und Brunnen werden von Nomaden hier gemeinsam genutzt und gepflegt. Wenn aber die gemeinsame Verantwortung für einen gemeinsamen Wert verloren geht, ist das Ganze ebenso wenig wert wie deren Teile.

Es ist Nachmittag und immer noch heiß. Ich habe für heute mein Soll erfüllt. Seit den ersten Morgenstunden habe ich immerhin 50 Kilometer zurückgelegt. Ich überlege zu bleiben, als ein heller Geländewagen neben mir hält. Damit habe ich nun wirklich nicht gerechnet! Der Fahrer – ein Mann des Westens – beugt sich mit einem lauten »Hallo« vom Fahrersitz herüber, um die Wagentür zum Beifahrersitz zu öffnen. Er grüßt auf Englisch. Der Mann ist Kanadier, groß und von kräftiger Statur, braun gebrannt und guter Laune. Ich stelle mich vor und sage zuerst nur: »Danke.« Dann: »Mein Weg ist weit.«

»Jeden Kilometer, den ich fahren kann, muss ich nicht laufen«, füge ich später hinzu.

»Das ist richtig«, antwortet mein Gastgeber mit einem verschmitzten Grinsen und wischt sich den Schweiß von Nase und Stirn.

»Und was machst du hier?«, frage ich.

»Mining«, sagt er trocken und grinst weiter übers ganze Gesicht. Als wäre die Suche nach Kohle, Uran, Erdöl oder wertvollen Mineralien das Einzige, wofür es sich lohnt, in die Wüste zu kommen.

»Wo liegt denn deine Mine?«

»Im Süden von Sangiin Dalay, einem Ort südwestlich von hier. Wir haben ein paar Container und Zelte dort. Kannst mitkommen, wenn du willst. Gegen Mitternacht, in fünf Stunden, sind wir da.«

»Das geht nicht«, sage ich, »ich muss nach Westen, aber bis nach Sangiin Dalay muss ich auch.«

»Okay«, sagt der Kanadier, »ist zwar ein kleiner Umweg, aber macht nichts, ich bring dich hin. Wir haben unsere eigenen Straßen hier in der Wüste.«

Was für ein Glück, denke ich, während draußen immerzu die gleiche Landschaft vorbeifliegt. Im Norden steht eine Bergkette: düstere Felsen unter einem bewölkten Himmel; im Süden nichts als die Weite der Steinscherbenwüste mit einem Hauch von Grün, Gelb und Violett; von Zeit zu Zeit die winzigen weißen Punkte ferner Jurten. Hinter uns Staub und vor uns die Piste.

Ich komme mir vor wie reich beschenkt.

Immer, wenn es in meinem Leben besonders schwierig wurde, bin ich noch einen Schritt weiter gegangen, als ich es ohne Widerstände und Probleme getan hätte. Und immer kam etwas Unerwartetes dazu: Hilfe, mit der ich nicht gerechnet hatte; ein Schönwettertag, obwohl Sturm angekündigt war, oder dieser Kanadier hier, der mich gute hundert Kilometer weit mitnimmt, ohne mich zu kennen. Auch ohne wissen zu wollen, was ich in der Gobi vorhabe. Einfach so.

Viele meiner lebenswichtigen Entscheidungen sind die Folge von Zufällen gewesen: wie damals, als ein Mitschüler bei uns zu Hause vorbeikam und dem Vater das negative Ergebnis meiner Nachprüfung zum Abitur überbrachte. Es muss 1966 gewesen sein, Ende September. Während das Haar meiner Mutter grauer wurde und der Vater immer mürrischer, wenn er vom Schuldienst nach Hause kam, lebte ich ein junges, unbeschwertes Leben und träumte von Klettertouren jenseits des bis dahin Kletterbaren. Eine Vorstellung von der Zukunft hatte ich nicht.

Ich arbeitete gerade in einem der Hühnerställe, wie an den anderen Werktagen während der langen Ferien auch, die Hände noch bedeckt mit Narben von der letzten Klettertour. Ich hatte mit Freunden gerade den Walkerpfeiler in der Nordwand der Grandes Jorasses im Mont-Blanc-Gebiet geklettert und war eben noch rechtzeitig in die Geometerschule nach Bozen gekommen, wo ich in dem einen Fach, in dem ich im Frühjahr nicht bestanden hatte, zu einer zweiten Prüfung zugelassen war. Ich war müde gewesen von der langen Fahrt und übernächtigt, hatten wir doch zweimal biwakieren müssen, einmal in der Wand und noch einmal am Gipfel. Trotzdem glaubte ich, die Prüfung geschafft zu haben.

Ich hatte damals kein konkretes Berufsziel. Ich dachte, ich wäre frei, könnte den Winter über studieren und den Sommer über klettern. Bei schlechtem Wetter könnte ich auf dem Hühnerhof arbeiten, der unserer Familie ein zusätzliches Einkommen sicherte, und so mithelfen, meinen Lebensunterhalt zu verdienen. Vielleicht wollte ich mit dem Studium an einer Universität auch nur meine Jugend verlängern. Ehrgeiz in der Schule hatte ich nie, nur über die Runden wollte ich kommen. Aber ich wollte so gut klettern können wie ein Vogel fliegt.

Plötzlich stand mein Vater in der Stalltür. Er sah mich finster an und sagte nur diesen einen Satz: »Nicht, dass du glaubst, ich finanziere dir weiter deine Nutzlosigkeit!« Die kleineren Brüder, die mir das Werkzeug gereicht hatten, sahen mich kurz an und schwiegen. Auch ich sagte nichts. Mir war klar, dass ich durchs Abitur gefallen war. Was waren all meine Träumereien nun noch wert ohne ein Zuhause und ohne Beruf? Was sollten jetzt die Gedankenspiele von einem Studium?

Ich legte den Hammer, den ich noch immer in der Hand hielt, als mein Vater schon gegangen war, zur Seite, stand auf und verließ, ohne mich von den Brüdern zu verabschieden, nicht nur den Hühnerstall, sondern unsere gemeinsame Welt. Ich war entschlossen, für immer fortzugehen. Zuerst ging ich in jene holzvertäfelte Dachkammer, die ich mir als mein Privatschlafzimmer eingerichtet hatte. Die jüngeren Geschwister schliefen damals noch in Stockbetten. Die Buben rechts vom Flur im Bubenzimmer, zu sechst; Waltraud links vom Flur im Mädchenzimmer. Mein Zimmer unterm Dach, eigentlich nur ein Verschlag, hatte mir das

Gefühl gegeben, erwachsener zu sein und frei. Aber ich war bis zu diesem Tag abhängig geblieben.

Ich weiß nicht mehr, wie ich es schaffte, unbemerkt meinen älteren Bruder anzurufen, der eine Stelle als Volksschullehrer in Eppan bei Bozen hatte. Jedenfalls hat er mir über seine Direktorin eine Stelle als Mittelschullehrer vermittelt, ein Zimmer bei einer befreundeten Familie gleich mit dazu. Ich wollte ja am selben Tag noch weg von zu Hause, für immer. Ich wusste nicht recht, wie man sich für längere Zeit oder für immer verabschiedet und was ich meinen Geschwistern hätte sagen sollen: Vom jüngsten Bruder trennten mich unüberbrückbare 13 Jahre.

Ich packte also meine wenigen Habseligkeiten, dazu das Kletterzeug, und stellte alles vor die Haustür. Dann ging ich in die Küche, wo meine Mutter wie immer am Herd stand. Mein Vater schaute aus dem Fenster. Den Rücken mir zugewandt, blickte er über bewaldete Hänge und Höfe auf die Berge, die seit bald 50 Jahren seine Welt bedeuteten.

Ich tat nicht so, als wäre nichts gewesen, bemühte mich allerdings, lässig zu erscheinen. Als ich mitteilte »Ich gehe jetzt«, hantierte die Mutter weiter mit den Herdreifen, und der Vater schaute weiter aus dem Fenster. Da ich nicht sicher war, ob sie mich verstanden hatten, blieb in kurz in der Tür stehen. Ein letztes Mal. »Ich glaube, ich werde nicht wiederkommen«, sagte ich noch und war bereits draußen. Mehr brachte ich nicht heraus, ohne dass meine Stimme versagte. Den Geschwistern, die mein Weggehen nicht verstanden hätten, sagte ich nicht Lebewohl. Am 1. Oktober begann ich mit dem ersten Job meines Lebens. Ich war, ohne selbst das Abitur abgelegt zu haben, Mittelschullehrer – aushilfsweise; in den Fächern Mathematik und Naturlehre. Damit hatte ich ein Einkommen, dazu eine Bleibe mit Familienanschluss und ein paar Freunde, mit denen ich an den Wochenenden zum Klettern gehen konnte, und ich war nicht länger abhängig von den Eltern. Doch so wie zu Hause sollte es nie wieder sein.

Bei einem Nomadenlager wenige Kilometer vor Sangiin Dalay lässt mich mein kanadischer Fahrer aussteigen. Er orientiert sich offensichtlich an den Bergen, wie die Einheimischen auch. Er muss links der Berge, die im Süden vor uns aufragen, vorbei, hat er gesagt. Wir verabschieden uns mit Handschlag und rufen uns noch ein paar Glückwünsche nach, beide gewiss, einander nie wiederzusehen.

Hinter der Jurte, gegen den Hang hin, sind zwei Kogen für Ziegen und Schafe zu sehen. Sie sind aus rohen Steinen gemauert. Davor stehen etwa 20 Kamelstuten. Die Tiere sind bis auf die beiden Höcker geschoren. Getrennt von ihnen warten 16 Fohlen, die mit ihrem wuscheligen Fell sauber und hübsch anzusehen sind.

Ein Mann kommt aus der Jurte und winkt mich näher heran. Nachdem ich wortlos meine Schnupftabakdose gegen die seine getauscht habe, bittet er mich ins Zelt. Seine Frau ist am Herd beschäftigt, zwei kleine Kinder schlafen unter einer dicken Decke. Ihnen gegenüber liegt eine alte, offensichtlich kranke Frau, die mich erstaunt anblickt.

Wir sind so leise wie möglich. Ich trinke Milchtee und esse Schaffleisch, alles, ohne ein einziges Wort zu sagen. Wir müssen auch nicht miteinander sprechen. Wir verstehen uns so. Weil ich mehr Fett als Fleisch gegessen habe, zeige ich zuletzt auf den Wodka, der in einer Flasche neben dem Altar an der Nordseite der Jurte steht. Man gibt mir einen halben Becher davon. Als ich mich dann wie meine Gastgeber am Boden zum Schlafen hinlege, wird es ganz ruhig. Ich höre nur noch das Niesen der Schafe und das Husten eines Kamels. Denn ich liege lange noch wach. Ist das fette Essen, das mir im Magen liegt, daran schuld, dass ich nicht einschlafen kann, oder meine Sprachlosigkeit, die mir in den wenigen Stunden im Wagen des Kanadiers wieder bewusst geworden ist? Oder sind es die Erinnerungen an meine Eltern, die nun schon lange tot sind?

Im Rückblick habe ich großen Respekt vor meinem Vater, der, von den Kriegsjahren abgesehen, immer in Villnöß geblieben ist.

Denn ein Leben lang zu tun, was man eigentlich nicht mag, ist schwieriger und zuletzt tapferer, als immerzu seinen Tagträumen zu folgen. Mit 40, erinnere ich mich, habe ich das noch ganz anders gesehen.

Im Ort, in dem mein Vater als Sohn eines Kleinhäuslers aufgewachsen ist und in dem sein Vater und viele andere unserer Vorfahren Bauern gewesen sind, lebt jetzt niemand mehr von unserer Familie. Dabei waren wir doch alle fest verwurzelt gewesen mit den Höfen und Wäldern und den Menschen im Tal. Wir kannten jeden Hügel, jeden Kahlschlag und jede Bergspitze ringsum. Nicht einmal zum Sterben scheint einer von uns gewillt, in die Welt der Kindheit zurückzukehren. Dabei hat die Enge eines solchen Tales etwas Heimeliges und Schicksalhaftes an sich.

Nach seiner Pensionierung wurde auch mein Vater Bauer. Er pflanzte jetzt Sträucher und Obstbäume, erntete Beeren und Kartoffeln auf einem gepachteten Stück Land sowie einem halben Hektar Wiese, den ihm sein Vater vererbt hatte. Das Haus, das einmal so eng und so laut gewesen war, erschien ihm jetzt zu groß, auch zu still und unheimlich, wenn der Fernsehapparat nicht lief. Seine ständige Anwesenheit in einer Wohnung, die nie die seine gewesen war, führte auch zu Spannungen mit unserer Mutter, vor allem in den Ferien, wenn die jüngeren Geschwister nach Hause kamen oder die älteren zu Besuch da waren.

Damals empfand ich mein selbstbestimmtes Leben noch als selbst verdientes Glück. Für kein Schloss in der Welt wäre ich sesshaft geworden. Nein, ich wollte nicht enden wie mein Vater, immer noch klaffte eine breite Kluft zwischen unser beider Welten. Hatte ich nicht das enge Tal, in dem er ein Leben lang gefangen gewesen war, endgültig hinter mir gelassen?

Heute bin ich selbst Bauer und weiß, dass es nirgends auf der Welt anders und besser ist. Mein Vater und dessen Vater und der Urgroßvater, die ihre Geschichten von der Jagd und vom Holzschlag erzählten, so wie ich meine Geschichten erzähle, wir haben alle ähnliche Erfahrungen gemacht. Wir haben zuletzt nur unser jeweiliges Begrenztsein als Stoff. Alle haben wir Liebe, Wut, Verzweiflung und Hoffnung erlebt, wo auch immer in der Welt. Wie groß die Bäume waren, die sie vor 70 oder 100 Jahren zusammen gefällt haben, spielt heute keine Rolle mehr, so wenig wie die Höhe der Berge, die ich im Laufe meines Lebens bestiegen habe. Was zuletzt zählt, ist das Eingebundensein in einen Zusammenhang, in einen Freundeskreis, mit den Verwandten und einer Handvoll Vertrauter.

Während ich irgendwo in der Südgobi auf dem Rücken liege und einzuschlafen versuche, habe ich ständig das Bild vor Augen, wie mich mein Vater als Kind beim Skifahren auf die Schulter nimmt und wir zusammen über die Schneefläche sausen, dass die Wangen brennen. Dabei habe ich es warm in meinem Schlafsack in der Jurte einer Nomadenfamilie. Vielleicht ist es besser, denke ich, man bleibt an einem ungeliebten Ort, als am Ende keinen Platz zum Bleiben zu haben.

5

Südgobi

Am Morgen ist der Himmel wieder wolkenlos. Die Sonne ist gerade aufgegangen, als ich aus dem Zelt trete. Die Erwachsenen gehen zu ihren Tieren. Aus dem Kaminrohr über der Jurte dreht sich eine blaue Rauchfahne, die wie eine Windhose unter dem beharrlichen Nordostwind schräg verweht. Leichte Wüstenaromen steigen mir in der Nase.

Weiter im Westen sehe ich andere Jurten. Die Steppe ist auch dort mit hellen Punkten gesprenkelt, ein Zeichen, dass die Nomaden überall ihrer Arbeit nachgehen. Sie treiben Schafe und Ziegen auf die Weide. Während ich mir am Brunnen die Zähne putze, fällt immerzu Staub aus Haaren und Kleidern. Wie viel mehr Mühe es hier kostet, sich nicht gehen zu lassen, nicht zu verwahrlosen!

Der Wechsel von der Planwirtschaft nach sowjetischem Vorbild zum freien Markt hat zwar die ökonomischen Bedingungen der Nomadentierhaltung verändert, jedoch nichts an der Lebensweise der Hirtennomaden. Diese ist seit Jahrtausenden die gleiche geblieben. Das Jahr 2004 allerdings ist kein gutes für die Tiere: Die Wüste breitet sich immer weiter aus, das Wasser wird weniger. Brunnen werden aufgelassen, die jungen Leute drängen in die Städte. Der kurze Sommer wird kaum reichen, die Tiere stark und widerstandsfähig genug werden zu lassen für die langen, kalten Wintermonate.

Nur etwa 100 Tage im Jahr vergehen hier ohne Frost, und viele Nomaden finden nicht genug Weideland für die Tiere. Sie sehen deshalb wenig Hoffnung, ihre Herden halten zu können. Damit beginnt also das Ende, denke ich. Denn wenn es kein Wachstum mehr gibt, fällt alle Anstrengung in sich zusammen. Viele dieser Nomaden bleiben oft tagelang im Schatten ihrer Jurten liegen, betrunken und mutlos. Was sollen sie sonst tun?

Das Nomadentum im Inneren der Gobi ist auf Dauer wohl nicht zu retten. Trotz aller vagen Hoffnungen, die Politiker in Ulan-Bator über das lokale Fernsehen verbreiten lassen. Offensichtlich stehen gerade Wahlen an, und wenn ich die Prunkbauten, in denen sich Präsidenten und Minister zeigen, vergleiche mit dem Alltag in einer Jurte, verwundert es nicht, dass die Nomadenfamilien in die Provinzzentren und weiter in die Hauptstadt drängen.

Auch mich drängt es jetzt fort. Obwohl ich bisher schneller als geplant vorangekommen bin. »Ich muss weiter« bleibt meine Parole. Zuerst ins nächste Kaff zum Einkaufen und dann wieder weiter, so weit wie möglich nach Westen. Als könnte ich so der galoppierenden Einsamkeit davonlaufen, die mich doch an jedem Abend wieder einholt. Sie wächst mit dem Abwarten, droht meinen Mut zu verschlucken, nimmt ab unter dem Gehen, nur um am Abend wie eine schwere Last wieder auf mich zu fallen. Weil ich ihr an jedem Morgen zu entkommen suche, werde ich zum Getriebenen.

Ich marschiere in die entgegengesetzte Richtung der Herden davon. Dorthin, wo eine Wolke aus Staub eine Straße markiert. Bald habe ich nicht nur den Ruß von Lastautos in der Nase. Am Boden liegen Plastik und Knochen, Fetzen von Papier. Dann ein altes Hemd, ein Stück Kamelfell, alles, was der Wind aufheben und vor sich hertreiben kann. Ich folge weiter dem Müll, als gehörte ich selbst schon dazu.

Während die Wüste um mich herum wieder etwas grüner wird, ergießt sich das Licht des Sommers über diese undefinierte Weite. Ich wäre hier draußen unweigerlich verloren, hätte ich nicht eine Karte, einen Kompass und mein GPS-Gerät. Vor allem aber ist da dieser Drang, der mich vorwärts in die vorgegebene Richtung treibt, auch wenn ich mich beim Gehen zeitweise vor mir selbst wegstehlen möchte.

Der Vater meiner Mutter, im südlichen Teil der Dolomiten aufgewachsen, verließ schon als Halbwüchsiger seine Familie. Barfuß ging er von der Colle Santa Lucia über die Berge ins Cadore, um Arbeit zu finden, und dann weiter, immer weiter. Zuletzt landete er in New York. Seine Reise war keines von den großen Abenteuern in der verlockenden Fremde gewesen, es waren Notwendigkeiten, die ihn hinausgetrieben hatten, und es war das Heimweh, das ihn in die Dolomiten zurückbrachte.

In Sangiin Dalay finde ich nichts, was mich reizen könnte. Ein paar Läden die Hauptstraße entlang, ein kaputtes Heizwerk. Jurten hinter Bretterverschlägen. Ich brauche keine zehn Minuten vom ersten Haus bis zum letzten Zaun, den Kauf von einigem Proviant inbegriffen. Der Ort wirkt provisorisch, wie ein Eindringling in einer Welt, die Menschen auf Dauer nicht duldet. Der ausgebreitete Müll am Dorfende und die Sandwehen über der Straße sind wie das Versprechen, dass sich die Wüste auch diesen Ort zurückerobern wird.

Stundenlang gehe ich am Nachmittag durch eine helle und leere Stille. Immerzu Steinscherben unter den Füßen. Obwohl diese

Landschaft nichts gemein hat mit der Wildheit des Packeises am
Nordpol oder der Todeszone der Achttausender im Himalaya,
fühle ich mich hier ausgesetzter als dort. Ich gehe durch eine Welt,
die ich nicht begreifen kann. Sie ändert sich in ihren Einzelheiten
mit jedem Schritt, ihr Gesamteindruck aber bleibt sich immer
gleich.

Inzwischen segeln die ersten Wolken über den weiten Himmel
und werfen Schattenflecken auf die heißen Steine schräg vor mir.
Weiter rechts taucht ein Gebirge auf. Schwarz liegt es auf dem
dunklen Grund.

Gelegentlich komme ich an alten Steinwällen vorbei. Einst waren es Zäune. Daneben vollkommen kahle Stellen auf der Erde:
ein Zeichen, dass einmal Jurten dort standen. Die Verödung ist
aber auch hier nicht stehen geblieben. Von einem Brunnen keine
Spur mehr. Es ist nur eine Frage von Jahren und Jahreszeiten, bis
alle menschlichen Spuren hier verschwunden sein werden.

Es ist Abend, als eine Herde vor mir auftaucht: Schafe und Ziegen. Die Tiere sind ständig in Bewegung, sie fressen im Gehen,
hier ein Kraut, ein paar Meter weiter einen Grashalm. Trotzdem
hat diese Herde etwas Beruhigendes, wie sie so gleichmäßig und
selbstverständlich dahinzieht. Als wäre sie Teil dieser Weite, in der
Pflanze zu Tier und Tiere wieder zu Pflanzen werden. Nur welchen Platz habe ich in dieser Weite, in ihren Selbstverständlich-
keiten und Gewissheiten? Und einen Augenblick lang denke ich an
die Welt, aus der ich gerade komme: an die so andere Welt des
Straßburger Parlaments.

Plötzlich sehe ich mich in überfüllten Aufzügen, werde mit anderen ins Plenum gedrängt, wo gerade irgendeine Kommissions-
sitzung zur Erweiterung der EU stattfindet. Ständig summt, klin-
gelt, musiziert irgendwo ein Telefon; dann beim Hinausgehen
Journalisten, eilende Politiker. Rolltreppen zwischen den Etagen.
Hinter riesigen Wänden aus Glas ein Alltag, der mir abhandengekommen ist.

Ich hätte dort bleiben können wie viele andere auch, die nicht eigentlich wissen, was sie mit dem Rest ihres Lebens anfangen sollen. Nur möchte ich vor dem Sterben noch ein paar Ideen in die Tat umsetzen. Im Gegensatz dazu sehen die allermeisten Politiker nicht aus wie Leute, die gewillt sind, ihren eigenen Tod mit zu berücksichtigen.

Meine beiden Brüder, die am Berg verunglückt sind, mussten jung sterben. Einer stürzte in den Dolomiten ab, nachdem ihn der Blitz eines Sommergewitters aus der Wand geschleudert hatte. Er starb wenige Tage später an den Folgen des Schädelbruchs, den er sich beim Aufprall in der Schlucht zwischen den Vajolet-Türmen im Rosengarten zugezogen hatte. Der andere starb nach der Überschreitung des Nanga Parbat im Himalaya, vermutlich unter einer Lawine. Ich war dabei und bin nur deshalb noch am Leben, weil ich ein Stück weit voraus war. Ein Dritter wäre zwischen den auseinanderbrechenden Eisfeldern in der Arktis beinahe erfroren, wenig vor der Küste Sibiriens, als im Nordsturm das Eis brach. Es war im Winter, während der arktischen Nacht. Als wir plötzlich inmitten verheerender Eispressungen steckten, war es zu spät, um Hilfe zu rufen. Hubert fiel ins Wasser und rettete sich nur dank seiner Konstitution und der verzweifelten Gehversuche in seinen eisstarren Kleidern.

Während mich all diese Erinnerungen umfangen, steht plötzlich ein Lager vor mir: zwei Jurten, Pferde, Kamele inmitten der endlosen Einsamkeit. Schafe und Ziegen kommen gerade zurück von der Weide, zwischen ihnen gehen Nomaden. Ob ich bleiben darf? Ich versuche es wieder mit Zeichensprache. Das kleine Globetrotter-Lexikon hole ich erst gar nicht aus dem Rucksack, schon weil ich mich bisher immer auch so verständlich machen konnte. Ja, geben mir meine neuen Gastgeber sofort zu verstehen. Wieder werde ich aufgenommen und bewirtet. Wieder darf ich in der zweiten Jurte, die leer steht, schlafen. Wie rasch ein Gefühl von

Geborgenheit aufkommt, denke ich, wenn man bedingungslos angenommen wird. Sogar in der Abgeschiedenheit der Gobi. Angenommen von Menschen, die selbst Tag für Tag mit dem Überleben beschäftigt sind.

Nach den Nomaden gilt meine Aufmerksamkeit den Pferden:
starke, wüstenerprobte Ponys stehen vor den Jurten. Ob ich zwei
davon haben könnte? Für einen, zwei oder drei Tage nur, um
schneller voranzukommen. Meine Bitte ist nicht verstanden worden, und ich wiederhole sie. Dabei denke ich an Simon. Wäre er
dabei, er würde jetzt die Führung übernehmen. Als glänzenden
Reiter sehe ich ihn schon auf einem dieser kleinen Ponys sitzen.
Vielleicht nähme er das kleinere, das mit dem fuchsroten Schim-
mer im Fell, denke ich.

Am Abend, als ich zu meiner Jurte gehe, ist der Himmel bewölkt. Im Traum ist dann mein Bruder bei mir. Wir reden miteinander und klettern zusammen, wie so oft in den langen Jahren seit
seinem Tod am Nanga Parbat. Ich erzähle ihm von meinen Plänen,
Hoffnungen und von neuen Erfahrungen und erinnere ihn an
gemeinsam Erlebtes. In dieser Nacht ist seine Präsenz besonders
intensiv. Es ist, als wäre er wirklich bei mir. Als ich am Morgen
nach ihm rufe, erschrecke ich selbst. Und mit diesem ersten Laut
ist er verschwunden.

Mit den meisten Problemen in meinem Leben bin ich irgendwann ins Reine gekommen, mit dem Tod meines Bruders nicht.
Wenigstens nie ganz. Schließlich habe ich lernen müssen, auch
mit diesem Verlust zu leben. Wie oft habe ich mich gefragt, wer
von uns beiden das bessere Los gezogen hat? Denn immer mehr
Neid und Animositäten richteten sich gegen mich in Form von
Vorwürfen, für den Tod meines Bruders verantwortlich zu sein.
Zuletzt von jenem Kameraden, den wir in der Rupalwand als
unseren Verbündeten angesehen hatten. Statt alle verfügba-
ren Kräfte an den Fuß der Diamirseite zu dirigieren, ließ er zu,
dass ein Teil der Mannschaft in der Todeszone wartete. Obwohl

er angeblich genau wusste, dass wir dort nicht mehr auftauchen würden. Weder ich noch die anderen haben ihm das je zum Vorwurf gemacht. Wie er umgekehrt zu der Anschuldigung kommt, ich hätte den Bruder vorsätzlich in Gefahr gebracht, bleibt unausgesprochen. Vielleicht nur, weil die Suche nach uns in seinen Augen eine Farce geblieben war, bis zu meinem Wiederauftauchen. Lange wusste ich nicht, wie ich mich gegen gezielten Rufmord wehren sollte. Ich fühlte mich von Kräften verraten, die ich weder respektieren noch kontrollieren konnte. Ich dachte dabei immerzu an meine verzweifelten Versuche, den Bruder zu retten, und meine Hilflosigkeit am Fuße der Diamirwand. Immer öfter aber, wenn ich diesen Verlust beklagte oder eine Ungerechtigkeit zu ertragen hatte, nutzten andere diese Hilflosigkeit aus. Meine Mutter hat mich in solchen Momenten oft getröstet. Sie scherte sich nicht um das Gerede anderer. Sie hat immer ihren Kindern vertraut und unbeirrt an sie geglaubt, und Gerechtigkeit war für sie eine Sache Gottes.

Im leichten Morgenwind werden anderntags zwei Pferde gesattelt, eines für mich, eines für den Besitzer, der drei Tage lang mitreiten will. Ein drittes soll unser Gepäck tragen. Während wir zum Frühstück in die Jurte zurückkehren, sind die Pferde an einem Seil festgebunden, das zwischen zwei in den festen Wüstenboden getriebenen Holzstangen hängt.

Ich trinke Milchtee und esse von dem harten Gebäck, das mir in einer Schüssel angeboten wird. Dazu gibt es gekochtes Schaffleisch. Der Hausherr schneidet zuerst das Fett von den Knochen. Wie er, esse auch ich mit bloßen Händen. Anschließend zerschneidet mein Gastgeber Fleisch und Fett in kleine Würfel, wirft dann die Stücke in den kochend heißen Milchtee und isst das Ganze mit dem Löffel.

Als wir fertig sind und uns verabschieden, zieht der Schatten eines Wolkenbandes über das Land. Die Sicht auf die Sonne ist versperrt, allerdings nur kurz. Als wäre ein Flugungeheuer über uns hinweggezogen.

Als wir aufsteigen, stehen die Frau und ihre Kinder im Jurteneingang. Ich sehe sie an. Keinerlei Angst zeigt sich in ihren Gesichtern, obwohl ihr Mann und der Vater ihrer Kinder für Tage fort sein wird. Es sind die Mütter, die hier das Sagen haben. Frauen mit ihrem Wissen vom Leben und von den Kindern, die sie geboren, gestillt und über die ersten Jahre gebracht haben, auch dem Wissen von den Tieren und Pflanzen. Die Frauen haben offensichtlich keine Mühe, die Familie im Griff zu behalten. Ihre Stärke ist aber nicht nur dieses Wissen und das Vertrauen in den Mann, sie verdankt sie zuallererst dem Umgang mit den Kindern. So wie es den Männern mit ihrer Erfahrung und Kenntnis über jedes einzelne Tier gelingt, die Herden zu kontrollieren, beherrschen die Frauen die jeweils jüngere Generation. Ihr Erfahrungsschatz besteht aus Überlieferung und der lebendigen Erinnerung an Krankheiten, erste Steh- oder Gehversuche, Unfälle und Krisen der Kinder. Wie hier Wind auf Wind trifft, treffen sich die Generationen.

Gleich beim Losreiten bäumt sich mein Pferd auf, und ich habe Mühe, mich im Sattel zu halten. Dann aber, als das Pony meines Führers in einen gleichmäßigen Trott fällt, versucht das meine, es ihm gleichzutun. Das erste Pferd ist jedoch schneller, und der Abstand zwischen uns wird größer und größer.

Das Gelände ist flach und extrem trocken. Trotzdem wachsen in einzelnen Mulden Bäume. Einmal schreckt eine Gazelle vor uns auf, die sofort einen Haken schlägt und in Sätzen, die ein Mehrfaches ihrer Körperlänge ausmachen, nach rechts hin flieht.

Wir kommen gut voran, allerdings nicht so schnell, wie mein mongolischer Führer angenommen hat. Auch sind die Sättel, schmal und aus Holz, so hart, dass mir nach fünf Stunden das Sitzfleisch wehtut. Ich muss absteigen. Der Abstand zum Führer vergrößert sich noch weiter, sodass ich befürchten muss, den Anschluss zu verlieren. Doch beim leichten Gefälle jetzt wartet mein

Führer öfters auf mich, und wir ziehen gemeinsam dem Abend entgegen.

Mehr laufend als reitend erreichen wir knapp vor Sonnenuntergang einen Lagerplatz bei einer Jurte, wo ich mein Zelt aufbaue. Mein Begleiter, der alle Familien der Umgebung kennt, wird in der Jurte schlafen.

Wieder habe ich Probleme mit dem Einschlafen. Vorsichtig schleiche ich aus dem Zelt, vor mir das schlafende Lager. Zuerst höre ich nur das Schnarchen und Niesen der Tiere, sonst ist alles ruhig. Die Stille jetzt ist geradezu unheimlich: Es gibt hier weder Straßen noch Dörfer, keine Vögel, die singen würden, kein Radio oder Fernsehgerät, das plärrt. Die wenigen Geräusche, die ich höre, kommen aus dem Lager und aus der Tiefe der Wüste, wenn der Wind über Steine und Grasbüschel weht. Wahrnehmbar ist in dieser Stille auch meine eigene Atmung, das Rauschen meines Bluts, jenes leise Pulsieren, das aus mir selber kommt, an- oder abschwillt mit dem Wind und unter der Schädeldecke widerhallt. All das klingt in meinen Ohren seltsam vertraut.

Ich schalte meine Lampe an und sehe mich um. Zuerst erschrecke ich über das Glimmen in den Augen der Tiere, die verstreut vor mir liegen. Ein Augenpaar leuchtet rot, ein anderes grün. Aber alles bleibt ruhig. Erst als einer der Hunde zu knurren beginnt, sehe ich mich vor. Aus Angst, angefallen zu werden, krieche ich zurück ins Zelt. Wohl wissend, dass diese Hirtenhunde seit Jahrtausenden dafür gezüchtet sind, zu schützen und zu bewachen.

Hier in der Abgeschiedenheit der Wüste, wo alles Leben gefährdet ist, teilen sich die Hunde die Verantwortung mit ihren Herren. Mensch und Hund, die ein Leben lang zusammen sind, bilden eine symbiotische Einheit. Zusammen betreuen sie die Herden, zusammen ziehen sie weiter. Das Wissen, aufeinander angewiesen zu sein, gehört zu ihren Instinkten.

Die Treue der Hunde, die den Tod voraussehen, und die Augen des Geiers, der ihn verkündet, werden hier von allen verehrt.

Denn in der Wüste ist eine Kultur lebendig geblieben, von der wir in unseren Städten wenig oder gar keine Ahnung haben. Selbst wenn wir wollten, wir können nicht daran teilhaben, denn ein Zurück zu Schamanen, Irrlichtern und Himmelszeichen gibt es für uns nicht. Weil wir ihr Tanzen und Singen nicht deuten können und weil wir den intuitiven Bezug zur Natur verloren haben. So muss uns die Weisheit dieser Wüstenkultur verschlossen bleiben.

Anderntags brechen wir sehr früh auf. Es ist jetzt Anfang Juni, und der Himmel ist grau. Dem Wetter ist offensichtlich nicht zu trauen. Den ganzen gestrigen Tag über ist es sehr heiß gewesen, jetzt jagen Windhosen über die Wüste, und ein starker Nordost drückt mir auf die Schultern. Einen schützenden Bergkamm gibt es nicht, die Höhenzüge im Norden sind zu weit entfernt. Während ich dem Vorausmann im Sattel und unserem Packpferd folge, treibt der Sturm immerzu Staub über die Wüste.

Ich bin der Anstrengung und den Schmerzen des Reitens heute noch weniger gewachsen als am Vortag. Ungeübt, wie ich bin, reite und gehe ich abwechselnd, zum Verdruss meines Begleiters, der ohne mich viel schneller voránkäme.

Die Steinwüste, über die wir ziehen, zeigt wieder deutlichen Steppencharakter. Von hier aus erstreckt sich die Gobi wie ein Trog, der zwischen zwei Gebirgszügen eingebettet ist, noch gute 1000 Kilometer nach Westen, im Süden stehen mehr als 4000 Meter hohe Gipfel, im Norden der halbmondförmige Bogen des Altai-Gebirges mit fast ebenso hohen Bergen. Diese beiden Gebirgszüge schützen das Innere der Wüste vor den schlimmsten Stürmen und halten auch die Wolken von Süden und Norden zurück. Sand und Steinscherben bleiben in ihrem trockenen Bett.

Am Abend, die Sonne ist bereits untergegangen, kann ich kaum noch stehen, so zerschlagen und erschöpft bin ich. Dabei musste ich nicht einmal meinen Rucksack tragen und konnte über weite Strecken reiten.

Wir waren heute 16 Stunden lang unterwegs, mit kurzen Un-
terbrechungen, um zu trinken. Vier Liter Wasser pro Mann. Nun
sitze ich mit wundem Hintern und einem geschundenen Rückgrat
vor meinem Zelt. Auch die Beine schmerzen.

Erst als ich unsere Position nehme, bin ich zufrieden – zufrieden mit mir und dankbar meinem Mongolen, der den ganzen Tag
über zur Eile angetrieben hat. Wir haben gute 80 Kilometer geschafft. Mit diesem Tempo ist auch die schwierigere Hälfte der
Gobi kein Problem, denke ich. Die Pferde aber habe ich nur noch
einen Tag zur Verfügung, dann müssen sie zurück, und ich werde
wieder allein weiterziehen müssen. Während ich die Tagesetappe
in meine Karte eintrage, vergleiche ich die Strecke, die noch vor
mir liegt, mit der, die ich bereits hinter mich gebracht habe. Schon
bin ich mittendrin in der Gobi, und es gibt kein Zurück mehr.

In dieser Nacht schlafe ich wieder schlecht. Ich habe überall
Schmerzen. Dabei registriere ich genau, woher die Schmerzen
kommen, denn unser Körper speichert die Erinnerung an gereizte
Stellen. Spätestens, wenn wir uns im Schlaf entspannen, kommen
ungewohnte Zuckungen dazu, und es durchfährt mich gelegentlich wie mit einem elektrischen Stoß. Nicht Schmerz ist es, der
mich in solchen Momenten aufwachen lässt, sondern die Sorge,
meine Körperfunktionen könnten mich im Stich lassen und alles
geriete aus dem Rhythmus.

Mein Begleiter hat inzwischen aus ein paar Steinen einen
Herd und aus trockenem Mist ein Feuer gemacht, das jetzt lang-
sam in sich zusammenfällt. Wir hocken davor und trinken Tee. Die
Nachtkühle streicht um meine nackten Beine, und ich schiebe sie
näher zum Herd. Bei der kleinsten Bewegung knackt es im rechten
Fuß. Dieses Knacken lässt jedes Mal einen Schauer über meinen
Nacken laufen: Eine Verletzung bedeutet Unsicherheit und im Un-
terbewusstsein Angst. Hier kann ich mir keine Verletzung leisten.

Am meisten Sorgen machen mir die Behinderungen meiner
Füße. Der Verlust einiger Zehen und ein Trümmerbruch des rech-

ten Fersenbeins – beides liegt lange zurück – haben mich zum In-
validen gemacht. Was, wenn mir die Laufwerkzeuge ganz versag-
ten?

Natürlich bin ich bemüht, meine Behinderung zu kaschieren.
Nachts aber und bei Erschöpfung wachen die Ängste auf, und an
Tagen wie diesen hinke ich. Wenn mein rechter Fuß mit den schrägen Knochen, den kompliziert gebauten Knöchelchen und Seh-
nensträngen das Gewicht meines aufrecht stehenden Körpers
nicht mehr trägt, ist es aus mit meinem Marsch durch die Gobi.

Vor vier Jahren kam beim Sprung über eine Gletscherspalte,
wieder rechts, der Bruch des Mittelfußknochens dazu, und weil es
in der Antarktis keine Hubschrauberrettung gibt, lief ich die Tour
mit einem gebrochenen Fuß zu Ende. So ist wohl im Knochen hinter der großen Zehe ein Zwischengelenk entstanden, das hin und
wieder kneift und knackt. Außerdem weiß ich, so viele Möglichkeiten zu fahren oder zu reiten wie bisher wird es in den kommen-
den Wochen nicht mehr geben. Auch kann ich dem linken Fuß
nicht das Gewicht des kranken aufladen wie beim Stehen. Beim
Gehen brauchen wir beide Füße, und es reicht ein maroder, um
fußlahm zu sein.

Welchen Preis wir für unsere Unternehmungen zu zahlen bereit sind, ist immer nur eine hypothetische Frage, denn niemand
nähme Erfrierungen, kaputte Füße oder gar den Tod in Kauf, bloß
um ein Abenteuer zu wagen. Nur lassen sich Absturz, Tod durch
Erfrieren oder Verdursten, schwere Verletzungen oder auch nur
ein Beinbruch nicht immer verhindern, Letzteres nicht einmal zu
Hause. Und nachher ist es fürs Abwägen, Richten und Rechtha-
ben zu spät. Nachher gilt es, mit der Behinderung zu leben und jedes Mal neu zu entscheiden, was zu tun ist.

Am Morgen ist es bewölkt, windstill und recht frisch. Ein guter
Tag zum Marschieren. Also gehe ich unter Schmerzen, und weil
mir die Pferde nur noch einen Tag lang zur Verfügung stehen, so

weit wie möglich. Wieder reitet mein Führer voraus, und ich folge,
so gut ich kann. Er geht dabei Wege, die älter sind als sein Gedächtnis, er weiß die Richtung auch ohne Kompass. Wie die Hirten ihren Herden folgen und diese der Feuchtigkeit und dem Gras,
und die Frauen den Brunnen, folgen hier alle ihrem Instinkt, die
Menschen wie die Tiere.

Trotzdem, wir kommen häufig an Kadavern vorbei: Kamel-
knochen, Pferdegerippen, den Schädeln von Schafböcken. Große
Winterkälte, Trockenheit und Hitze im Sommer dezimieren in
der Gobi die Herden immer wieder, denn für alles Wachstum sind
extreme Temperaturen schädlich. Jetzt am Nachmittag unter wol-
kenlosem Himmel macht die Sonnenglut auch uns zu schaffen,
und den Pferden ebenfalls.

Während ich hinter dem gesenkten Kopf eines dieser zähen
Ponys hocke, zieht links und rechts die Wüste vorbei. Ich bin
nicht nur erschöpft, sondern apathisch. In der gefährlichen Hitze
des sengenden Sommers kostet hier das pure Überleben all meine
Energie. Ich stelle mir vor, was es bedeuten würde, auf den heißen
Steinscherben zurückzubleiben. Der Tod käme rasch, und nach
ein paar Monaten bliebe nur ein Gerippe.

In diesem Moment aber drängen Bilder von meiner Frau und
meinen Kindern in mein Bewusstsein. Ich bin überrascht, wie nah
sie sind. Der Gedanke an sie lässt mich mitten in dieser Einöde neu-
en Mut fassen, als könnte ich allein mit diesen Erinnerungsbildern,
die wie Visionen aus meinem Unterbewusstsein aufsteigen, alle Einsamkeit vertreiben. Und die düsteren Vorstellungen verfliegen.

Meine Frau trägt jetzt die ganze Verantwortung für die Familie.
Während ich meinen egoistischen Träumereien nachgehe, organisiert sie einen großen Haushalt, betreut Freunde und Hof. Sie
kümmert sich um die Kleine und hilft den Größeren bei den
Schulaufgaben. Aber auch wenn ich daheim bin, lastet der Großteil der Verantwortung auf ihr. Ich habe keinen einzigen Eltern-
sprechtag mitgemacht, war nie da, wenn Leistungen zu feiern

oder Probleme zu lösen waren. Ich war nicht einmal bei der Geburt von einem meiner Kinder dabei. Sabine macht mir selten Vorwürfe. Mit den unbekannten Entfernungen, die uns häufig trennen, mag ich eigenwillig und sie einsam geworden sein, aber wir haben es gegenseitig akzeptiert. Ich sei vor meinen Reisen oft unzugänglich, höre ich sie sagen, für keine Kommunikation zu haben, vergesslich und auch den Kindern gegenüber unaufmerksam.

Jetzt, mitten in der Gobi, sehe ich ihre blauen Augen vor mir, wie damals, im Herbst vor genau 20 Jahren, als wir uns zum ersten Mal begegnet sind, zufällig, auf einer Berghütte in den Lienzer Dolomiten.

Auch wir haben uns im Laufe der Jahre immer wieder auseinandergelebt, wenn wir über Monate voneinander getrennt waren, doch beim Wiedersehen kann es dann passieren, dass wir uns wie schüchterne Verliebte begegnen, besonders dann, wenn es keinerlei Kontakt gab oder wir über viele Wochen nur per Telefon miteinander in Verbindung standen.

Es ist sicher leichter, allein durch diese Wüste zu kommen, als zu lernen, mit den jeweils anderen zurechtzukommen. Dabei gilt es, immer wieder jene Nähe zurückzugewinnen, die sich mit Gewohnheit und Dauer so leicht verliert. Dies bleibt eine Herausforderung über alle Wüsten hinaus.

Ein Hauch von Gelb liegt jetzt über all dem Grau der Gobi, in der Ferne ein Streifen Grün, der zu den Bergen hin in ein schmutziges Violett wechselt. Im Dunkel dieser Bergflanken glimmt es, vielleicht vom Widerschein der Sonne, rötlich.

Bei Nomaden, wenige Kilometer vor Khovuun, machen wir halt. Es ist genug, länger hätte ich weder gehen noch reiten können. Ich bezahle für Führung und die drei Pferde, bedanke mich für die Hilfe und sehe meinem Begleiter nach, der am Abend noch zurückreitet. Dann baue ich mein Zelt auf, lege den Schlafsack aus und gehe zur Jurte. Ich bin zu müde, um mich zu waschen oder mir auch nur die Zähne zu putzen.

Inzwischen weiß ich, wie die Nomaden in der Gobi wohnen, essen und schlafen, wie sie mit ihren Tieren umgehen. Sie kennen jedes einzelne Schaf, jede Ziege, deren Kitze, die Kamelstuten und Fohlen, die Pferde. Die Tiere sind ihre Lebensgrundlage, sie sind ihnen heilig. Herden bedeuten Nahrung, Reichtum, Zufriedenheit, Zukunft. Die Menschen gehören zum Tier, heißt es in der Gobi, und das Tier gehört zum Menschen. Die fünf Juwelen der Steppe sind animalische Mitgeschöpfe – Schaf, Ziege, Rind, Pferd und in der Gobi vor allem *femee*, das Trampeltier –, was nicht bedeuten muss, dass sie hier zuerst domestiziert worden wären. Dabei gilt das zweihöckrige Kamel als halb domestiziert. Dementsprechend ist auch die Beziehung des Menschen zu ihm, die sowohl von Respekt als auch dem Willen, es zu beherrschen, bestimmt wird.

Die Gemeinschaft von Tier und Mensch, die in der Jungsteinzeit, vor etwa 5000 Jahren, zusammenfand, ist eine Gemeinschaft auf Gedeih und Verderb. Zusammen nur können Mensch und Kamel die Sandstürme des Frühlings, die 50 Grad Celsius des Wüstensommers und die Winterkälte bis unter 50 Grad unter dem Gefrierpunkt überleben. Wenn die kleinen Kinder vor einer Jurte mit Steinen Kamelstute und Fohlen spielen, ist das ein gutes Zeichen. Doch es gibt auch schlechte: die Skelette zum Beispiel, die überall wie Mahnmale in den Himmel ragen, oder wenn die Trampeltiere zur Ware werden, zu puren Fleischlieferanten. Das Trampeltier ist wie das Yak ein Alleskönner; der *buil*, der Nasenpflock, symbolisiert seine Arbeitstauglichkeit. Der Mensch hat sich dieses Urvieh, das vor etwa zwei Millionen Jahren im Pleistozän über die damals trockene Beringstraße nach Eurasien eingewandert ist, unterworfen. Seine beiden Fett speichernden Buckel erlauben eine Anpassung an extreme Lebensräume. Denn am Rücken werden Energie und Wasser gespeichert. Zwei dichte Wimpernreihen dienen als Sonnendach, das zusätzliche dritte Lid versiegelt bei Sandstürmen das Auge. Das Trampeltier ist wie

das Kamel zu Erstaunlichem fähig: Beide können notfalls von
Holzgestrüpp leben, Körpertemperaturen von 42 Grad ertragen
und bei Kälte ihren Stoffwechsel reduzieren. Die Körpertemperatur sinkt dann auf 34 Grad. Sind die Zweihöcker dem Untergang
geweiht? Jedenfalls würden sie mit den Nomaden verschwinden.

Auf einem Hügel hinter den Jurten steht ein Tschorten. Die
Mongolen umrunden ihn im Uhrzeigersinn. Das ist ihre Art zu
beten und Teil ihrer religiösen Opferrituale. Zu diesen gehört
auch das Anbringen von Gebetsfahnen, deren Botschaften vom
Wind zu den Gottheiten getragen werden. Von Zeit zu Zeit kommen, zu Pferd oder mit dem Motorrad, Gläubige vorbei, andere
Viehzüchter, um eine Pucha abzuhalten. Mit dieser Zeremonie
im Frühsommer sollen die buddhistischen Gottheiten günstig
gestimmt werden. Sogar Regierungsvertreter kommen hierher,
um die Gnade der Götter zu erbitten. Als ob die Welt wieder in
Ordnung käme, wenn ein paar Dutzend Mongolen einen heiligen
Steinhaufen im Uhrzeigersinn umrunden.

Die Abkehr vom Kommunismus brachte in der Gobi ein Wie-
dererstarken des tibetischen Buddhismus mit sich, das viele der
alten Traditionen wiederaufleben lässt.

Nicht nur die Steinhaufen, auch die Tiere, Brunnen, jede Pass-
höhe, ja, alles Land ringsum ist den Nomaden heilig, jeder erhöh-
te Platz ist ihnen bedeutungsvoll. Die Gobi, dieses öde Stück
Erde, das für sie voller Geheimnisse und Geschichten steckt,
ist ihr kostbares Erbe; sie tragen das Wissen und die Erinnerung
von Jahrtausenden in sich und verstehen immer noch, damit umzugehen.

Ich habe beobachtet, wie diese kräftigen, untersetzten Männer Pferde zähmen. Wie die Jungtiere springen die Männer dabei
über die steinbesäte Erde. Ihre Körper wirbeln durch den Staub,
verschwinden darin, scheinen zu fliegen. Und doch stehen am
Ende jeder Aktion, die einem Ritual gleicht, alle fest mit beiden

Beinen auf dem flachen Boden. Da sind stolze Männer und stolze
Pferde. Wenn die Tiere im Herbst von der Weide kommen, oft
erst nach Monaten, gebärden sie sich wie Wildpferde. Das Ringen
der Menschen mit den Pferden gleicht dann mehr einem Spiel als
einem Kampf und ist doch Ausdruck einer Kunst, der hohen
Kunst des Beherrschens.

Ich habe nicht die Kraft, ein Pferd zu bändigen. Ich habe nur
versucht, die Gesten der Pferdedompteure zu entschlüsseln.
Was gäbe ich nicht dafür, die Bedeutung ihrer einzelnen Finger-
bewegungen zu entschlüsseln; ein bestimmtes Zucken im
Mundwinkel als Befehl deuten zu können. Ich habe zwar ihre
Rufe nachgeahmt, aber kein einziges Tier ihrer Herde hat darauf reagiert. Die Männer lächelten nur, und ich habe weiter ihre
Bewegungen verfolgt und ihrem Gemurmel gelauscht. Aber he-
rausbekommen von ihren Tricks, von der Kunst, mit Tieren umzugehen, habe ich nichts. Als könne ein Fremder ihre Sprache
nie verstehen.

Ich weiß natürlich nicht, ob in all ihren Handlungen überhaupt eine Botschaft steckt oder ob ich mir dies nur einbilde. Wie

aber hätten sie überleben können in einer Welt, die karger nicht sein kann, ohne ihre Tiere zu verstehen! Wenn sie sich nicht auf diese besondere Kunst verständen, mit Tieren zu sprechen. Vielleicht ist diese Art der Kommunikation nur ursprünglichen Menschen zugänglich und nicht entschlüsselbar mit den Instrumenten der exakten Wissenschaft. Ich weiß nur eins: Mit den Lebensbedingungen verändert sich auch diese Art Sprache, und wenn das Hirtennomadentum stirbt, verschwindet auch in der Gobi die Kunst des Menschen, mit Tieren zu sprechen.

Einen Augenblick lang denke ich an meinen Begleiter der letzten Tage. Osuchbair, mit dem ich drei Tage lang geritten bin, nickte kurz, bevor er sich auf den Rückweg machte. Seine knappe Kopfbewegung beim Abschied sagte mehr aus als jede förmliche Umarmung. Leider verstand ich sie nicht in ihren feinen Nuancen. Nein, die subtilen Seelenregungen dieser Menschen werde ich ebenso wenig begreifen können wie ihre Verständigung mit den Tieren.

Wir Menschen des Computerzeitalters haben gelernt, über Bildschirme miteinander zu kommunizieren, in einer Sprache, die global verstanden wird. Die Bedeutung von Gesten, Grimassen oder Pfiffen schwindet hingegen mehr und mehr. Auch die Sprachmusik geht damit verloren, die Verständigung zwischen Mensch und Tier vielleicht für immer. Schließlich leben auch die Nomaden irgendwo in der Gobi mit ihren TV-Apparaten und Motorrädern in einer globalisierten Welt. Die Clans sind mit ihren Herden und Hoffnungen, ihrer Verzweiflung und Einsamkeit längst nicht mehr allein.

Am anderen Morgen gehe ich früh los. Wieder marschiere ich an gegen die Monotonie. Ich tue, was ich immer tue, wenn ich mir verloren vorkomme: Ich forciere das Tempo! Dieses Gehen, Immer-Weitergehen, wirkt mit seinem Rhythmus wie ein Mantra. Nach zwei Stunden Fußmarsch bin ich am frühen Vormittag

in Khovuun. Der Himmel ist dicht bewölkt. Der Nordost bläst
Plastik aller Art und Staub durch die Gassen. Am Westrand des
Dorfes stehen ein paar dachlose Stallungen, eine Tankstelle und
nicht weit davon entfernt ein Laden, wo ich eine Dose Bier, ein
Glas Kompott und ein paar Fischkonserven kaufe. Das reicht
vorerst. Ich habe noch Proviant für eine Woche im Rucksack.
Wasser hoffe ich auch weiter im Westen jeden Tag zu finden.
Nachdem ich das Kompott gegessen und mein Bier getrunken
habe, nehme ich vorsichtshalber noch drei Liter Mineralwasser
mit, denn auf Ortschaften treffe ich in den nächsten 500 Kilometern nicht mehr.

Als ich wieder losgehe, sind die Wolken im Süden stahlblau.
Ich frage nach dem Weg, nach einem nächsten Ort. Der Laden-
besitzer weist mit der Hand nach Westen, wo ich in weiter Ferne eine Staubwolke ausmachen kann. Also ist knapp vor mir eine
»Maschine«, wie sie hier zu jedem motorisierten Fahrzeug sagen,
abgefahren. Bin ich zu spät dran? Offensichtlich, ich gehe aber
der Staubfahne nach und hoffe auf eine nächste Fahrgelegenheit.

Die allermeisten dieser Kaffs sind erst kürzlich entstanden
und wirken wie Auffanglager. Es gibt ein paar Läden dort, ein
Postamt, Schule und Kindergarten. Wenn das Heizwerk funktioniert, dann nur im Winter. Alle Gebäude sind einstöckig.
Die Dorfzentren, bestehend aus zwei, drei Dutzend gemauerten Häusern, sind allesamt dem Verfall preisgegeben. Allein die
vielen Jurten, die in Grüppchen um den Ortskern stehen, wirken
belebt. Sie sind mit Bretterverschlägen voneinander abgetrennt.
Zwar haben auch sie etwas Provisorisches, doch sie werden immerhin stehen bleiben, denke ich. Dabei finden die Nomaden,
die aus der Wüste gekommen sind, hier nur eine andere Art Einsamkeit als jene, die draußen geblieben sind. Wie die Hirtennomaden reisen sie nicht durch die Wüste, sie leben in der Gobi.
Wer aber einmal in die Stadt gezogen ist, bleibt meist ein Leben
lang dort. Und es werden immer mehr, auch weil sie bald nicht

mehr wissen, wie sie in der Wüste überleben sollen. Nur wenige schaffen es bis nach Ulan-Bator, in die ferne Hauptstadt, wo die Jungen eine Universität und die Alten ein Krankenhaus finden. Die Einsamkeit ist aber auch dort ihr Begleiter, und viele Mongolen bleiben für immer Fremde in der Stadt.

Gegen Mittag, es regnet immer noch nicht, taucht ein Motorradfahrer auf. Ich halte ihn an. Er versteht mich zwar nicht, nimmt mich aber trotzdem mit. Bis zur nächsten Jurte, denke ich, doch er fährt und fährt, und ich rutsche auf dem Hintersitz hin und her, weil mein Rücken schmerzt und das Sitzfleisch. Auch weil der Rucksack drückt. Die Beine schlafen mir ein, weil die Blutzirkulation unterbrochen ist. Motorradfahren bin ich noch weniger gewohnt als Reiten. Trotzdem will ich nicht um eine Rast bitten, weil jeder Kilometer, den ich schneller nach Westen komme, ein Stück geschenkter Weg ist.

In einer schmalen Fahrspur trägt uns das Motorrad durch breite Trogtäler. Wir überqueren trockene Wasserläufe und kleine Pässe. Gegen Abend landen wir in einem kurzen Seitental, wo versteckt in einer Mulde zwei Jurten stehen. Vorerst ist niemand da, auch kein Vieh. Also versuche ich herauszufinden, ob der Motorradfahrer der Hausherr ist. Aber er scheint mir zu jung dafür. Als er in eine der beiden Jurten geht, um die Bewohner zu wecken, bin ich neugierig. Zuerst höre ich ein Stöhnen und Poltern, dann gelallte Worte.

Zwei betrunkene Männer, beide im mittleren Alter, kommen herausgewankt. Es ist, als ob sie mich erwartet hätten. Sofort bieten sie mir Schnaps an und versuchen, mit mir zu reden. Öfters schon habe ich unterwegs Betrunkene getroffen, meist dort, wo ein paar Männer ohne Frauen lebten. Hier in der Südgobi kommt dies häufiger vor als in anderen Gegenden. Zu müde jetzt, um mich mit Säufern herumzuschlagen, bitte ich um Unterkunft in der Nebenjurte. Allgemeines Einverständnis.

Warum sollen Nomaden auch nicht Wodka trinken? In dieser Abgeschiedenheit ist ja untertags, wenn eine Familie fehlt und die Herde in der Nähe bleibt, nichts zu tun, denke ich beim Einschlafen. Ich verstehe die Säufer, ich könnte von vielen anderen Verzweifelten erzählen, die allein gelassen mit ihrem unvermeidlichen Tod dem Suff verfallen: hoch oben auf einem Einödhof in den Alpen etwa; in einer leeren Baracke im Karakorum; oder in einer windschiefen Hütte irgendwo in Patagonien. Alle ihre Bewohner wissen nicht, wie sie ihrer Einsamkeit entrinnen sollen.

Ich bleibe nur bis zum Morgen.

Wie sehr mich mein Unterwegssein zuweilen ängstigt! Und dies nicht etwa wegen der beiden Besoffenen, oder weil ich Sorge hätte, ausgeraubt oder erschlagen zu werden – nein, Einheimische sind, von Kriegs- oder Krisengebieten abgesehen, nirgends aggressiv –, sondern weil weit weg zu sein von den Menschen, die ich liebe, und einem unsicheren Weg zu folgen, auch für mich bedeutet, allein zu sein und die verschiedensten Arten von Einsamkeit ertragen zu müssen. Ich kenne jene zumeist verschütteten Gefühle, die die einen in den Suff und andere in den Selbstmord treiben, nur zu gut aus eigener Erfahrung.

Ich möchte es meiner Frau und meinen Kindern erklären, was es heißt, Sisyphos zu sein und ein Leben lang nie endenden Träumen zu folgen. Tag für Tag gegen eine Weite anzumarschieren, die immer größere Dimensionen annimmt, einem Horizont entgegenzugehen, der ständig zurückweicht. Was es heißt, wochenlang gegen die eigene Passivität anzukämpfen und nur schwarzes Geröll vor sich zu haben.

Und ich möchte nochmals und wieder beschreiben, wie mir zumute war, als mein jüngerer Bruder plötzlich nicht mehr nachkam. Am Gletscher, am Fuße des Nanga Parbat, unter einer 4000 Meter hohen, lawinenschwangeren Wand. Er war nicht verschollen für mich, er fehlte mir nur, wie ein weggerissenes Stück Bein. Mein Leben ist seit damals wie amputiert.

Wenn ich nachts wach liege und alle meine Knochen spüre, weiß ich auch, dass ich das, was ich immer getan habe, bald nicht mehr tun kann. Ich bin mir meines eigenen Verfalls bewusst und weiß, dass Kraft, Geschicklichkeit und Ausdauer weiter abnehmen werden. Nur diesmal will ich noch durchhalten. Nur dieses eine Mal noch. Ich habe keine Versagensängste, doch die Sorge bleibt ebenso wie die Angst umzukommen, wenn ich mir vorstelle, was in den nächsten zehn Tagen alles passieren kann: Ich könnte ohne Wasser bleiben, mich in der Entfernung täuschen, die Orientierung verlieren. Ich könnte ermattet liegen bleiben oder verrückt werden. Unter dem Einfluss von Hitze ist alles möglich, und Luftspiegelungen narren auch den stärksten Geist.

Am Morgen überprüfe ich wiederholt meinen Weg auf der Karte.

Als ob die Gobi zu Fuß durchquert werden müsse! Nicht nur »Maschinen« russischer Bauart, Lastwagen aus China und Motorräder fahren inzwischen in dieser Wüste herum, auch Geländewagen aus Japan und Korea. Mit einem Konvoi von Spezialfahrzeugen wäre es nicht nur möglich, recht komfortabel durch die Gobi zu reisen; ich könnte mir jede Art von Rekord ausdenken. Dies wäre alles kein Problem, nicht einmal die Längsdurchquerung dieser Wüste. Schließlich ist Sven Hedin schon mit Autos durch die Gobi gefahren! In den Dreißigerjahren im Auftrag der Nazis.

Ich weiß, meine Art zu reisen ist antiquiert und seit Langem überholt. Meine Kinder werden mit dem Abschluss ihres Universitätsstudiums mehr von der Welt gesehen haben, als mir je vergönnt sein mag, selbst wenn ich 80 oder 90 Jahre alt werden sollte. Denn die Menschheit reist immer schneller, wie sie auch schneller

kommuniziert. Zudem wird Reisen immer weniger mit körperli-
cher Bewegung zu tun haben. Heute schon kann man fast jeden
Winkel der Erde besuchen, ohne noch wirklich gehen zu müssen.
Ausgesetztsein, Gefahr und Anstrengung werden also immer stärker gemieden, von fast allen. Auch Eigenverantwortung ist kaum
mehr gefragt, und man kann sich gegen nahezu alles, was sich denken lässt, versichern.

Körperliche Leistung, Schmerzen bei Anstrengung, die Verzweiflung beim Scheitern, das alles wird es bald nur noch beim
Sport geben – beim Golfen, beim Walken mit Kollegen und Kolle-
ginnen oder beim Klettern in der Halle. Erfahrung wird zu einer
sterilen Angelegenheit werden und die Sportschau zuletzt die
Bühne unserer Leistungsbereitschaft.

Am Morgen kommt der junge Motorradfahrer zu mir und bietet
mir seine Dienste an. Er will mich die paar Kilometer nach Urt
fahren, der letzten Siedlung vor dem Herzstück der Wüste. Ist es,
weil er sich für das Verhalten seiner Brüder schämt oder weil er etwas Geld verdienen will? Vielleicht hat er auch nur Mitleid mit
mir. Wie verloren und vereinsamt mag ich hier mitten in der Gobi
auf die Einheimischen wirken?, frage ich mich.

Im Ort kaufe ich wieder ein Bier und trinke die Dose in großen
Schlucken leer. Ich glaube, damit endgültig zu wissen, dass ich nicht
verdursten werde, solange ich weiterhin Siedlungen finde, auch
wenn sie auf keiner Karte eingetragen sind. Dann fülle ich meine
Wasservorräte auf, leiste mir noch einen Plastiksack voll Trocken-
obst und gehe weiter. Aus dem Dorf hinaus, Richtung Westen.

Nach dem Weg fragen kann ich nun nicht mehr. Denn ohne
einen konkreten Ort als Ziel gibt es für die Dorfbewohner keinen
Weg. Also folge ich ab jetzt nur noch der Richtung.

Zwischen schwarzen, gezackten Felsen gehe ich geradewegs
nach Westen. Es regnet inzwischen, und ich gehe durch eine graue
Leere. Der Boden ist weich, in Senken matschig. Mein Rucksack

ist schwer. Allein der darüberliegende Wassersack wiegt mehr als
25 Kilogramm. Mehr könnte ich auch gar nicht schleppen. Weiter
rechts, hinter den ersten Felsen im Nebel, vermute ich höhere
Berge. Über Pässe, auf denen vereinzelt Tschorten stehen, gehe
ich tiefer und tiefer in dieses Gebirge hinein. In den Senken dazwischen, wo ich ein paar Jurten erspähe, ist das Land pastellfar-
ben, bei den Zelten leicht grün. Die Hirtennomaden aber sind so
weit weg, dass ich nicht hingehen mag. Dann wieder mit blauen
Seidenschleifen und Steinbockhörnern verzierte Tschorten.

Während ich zu dem fernsten und einsamsten Stück der
Wüste aufbreche, bewegt mich nur die eine Frage: Werde ich den
Durchbruch schaffen? Es ist wie beim Bergsteigen, beim Aufbruch zu einem hohen Gipfel. Ich hoffe beim Losgehen immer,
dass ich den Aufstieg schaffe – ich will also nicht bloß durchkommen, ich muss den Gipfel erreichen. An das Zurückkommen denke ich vorerst nicht; dabei gibt es keine stärkere Emotion als die,
überlebt zu haben! Alle, die unten, die zurückgeblieben sind, bleiben anschließend auch ausgeschlossen aus dieser Art der Lebenslust. Wird das Vordringen in große Höhen nur wegen der Rückkehr, dieser Art Wiedergeburt zur Sucht?

Es ist sehr spät geworden. Am Abend, nach 60 Kilometer Fußmarsch im Regen, sehe ich endlich wieder eine Jurte. Sie steht neben meinem imaginären Weg. Ich gehe hin, nass wie ich bin, hungrig und fußlahm. Ich finde die herzlichste Aufnahme, die man sich
vorstellen kann. Man gibt mir zu essen, Unmengen von Milchtee
zu trinken und ein Lager. Ich darf neben der Familie – junge Leute, drei Kinder – auf einer Pritsche schlafen, auf der Gästeseite.
Ich deute das alles als gutes Zeichen.

Ohne zu merken, wie die Dämmerung in die Nacht übergegangen ist und die Nacht in Stille, schlafe ich ein.

Das Morgenlicht kommt langsam. Weil ich ahne, dass ich sehr lange allein sein werde, döse ich noch eine Weile. Dann räuspere ich

mich, um zu hören, ob die Jurtenbewohner neben mir wach sind. Wir stehen dann alle auf, gehen ins Freie und ins Zelt zurück. Es ist früher Morgen. Vor dem Losgehen trinke ich nochmals viel Tee, dann Kumis, das Edelste, was sich aus Milch herstellen lässt. Auch esse ich viel, wie auf Vorrat. Die faustgroßen Fettbrocken, die mir meine Gastgeber mit auf den Weg geben, nehme ich mit. Verpackt in einem Plastikbeutel.

Knapp 50 Kilogramm wiegt mein Rucksack damit! Er enthält fast ausschließlich Nahrungsmittel und Trinkwasser. Damit verfüge ich über eine Autonomie von zehn Tagen. Es müsste reichen, denke ich.

In der Ténéré haben wir 400 Kilometer in neun Tagen zurückgelegt. Hier sind es weniger, 300 Kilometer bis zum nächsten Ort. Auch ist das Gelände leichter. Allerdings bin ich jetzt allein. Und ohne die Hilfe der Einheimischen und von Kamelen oder Pferden ist das Unterwegssein in der Wüste eine einzige Plackerei.

Tiere will mir niemand für eine so lange Strecke zur Verfügung stellen, und ein Träger oder auch zwei wären mir keine Hilfe. Weil auch sie nur ihr Wasser und ihren Proviant schleppen könnten. Zudem fürchten alle Nomaden gerade diesen Teil der Gobi, weil hier fast jede Vegetation fehlt. Kein Wasser auf 300 Kilometern.

Während meine Gastgeber abwechselnd draußen sind, um die Ziegen zu melken, lausche ich dem Konzert, das die Herde anstimmt, als sie auf die Weide geht. Wieder frage ich mich, wie die Leute hier im trockensten Teil der Gobi überleben. Mit dem, was ich ihnen beim Abschied für Unterkunft und Verpflegung gebe, können sie vielleicht Mehl kaufen oder Medikamente, aber nichts für die langen Wintermonate.

Sicher, im Herbst werden Tiere verkauft, die Herde wird dezimiert, man zieht weiter nach Osten oder nach Norden, vielleicht in die Nähe einer Ortschaft. Aber auch ein verkleinerter Tierbestand ist bei Temperaturen von 30 bis 40 Grad minus und ohne

Heuvorräte schwierig über den Winter zu bringen. Dazu dieser ständige Wind!

Früher, als die Weiden mehr hergegeben haben, mag das Leben der Hirtennomaden leichter gewesen sein. Die Tiere wurden in den heißen Sommermonaten hochgefüttert und die schwächeren unter ihnen als Fleischvieh verkauft. In dem Maße wie sich die Zahl der Ziegen und Schafe im Frühjahr vergrößerte, wurde sie im Herbst reduziert. So ist es auch heute noch: Vieheinkäufer reisen an, suchen aus und nehmen auf ihren Lastern mit, was Platz findet. Diese Leute kommen zwar von immer weiter her, aber sie zahlen immer weniger.

Die meisten Böcke kommen im Herbst weg, auch Mutterschafe und alles schwache Jungvieh, das für die Weiterzucht untauglich ist. Für den eigenen Fleischbedarf reicht es immer, obwohl Fleisch auch für die Nomadenfamilie ein wertvolles und nicht alltägliches Nahrungsmittel darstellt.

Die Kunst des kollektiven Überlebens besteht für die Hirtennomaden darin, ein Gleichgewicht zwischen Viehbestand und der zur Verfügung stehenden Weidefläche zu erreichen. Weil dies für die gesamte Gobi gilt und Weideflächen nach einem überlieferten Gewohnheitsrecht genutzt werden, viele Familien aber nur an ihren eigenen Tierbestand und nicht an das gemeinsame Ganze denken, kommt es in harten Wintern immer wieder zu Katastrophen. Massensterben von Tieren häufen sich.

In trockenen Zeiten mit harten Wintern wie zuletzt müsste der Tierbestand in der Gobi reduziert und nicht, wie im vergangenen Jahrzehnt geschehen, Jahr für Jahr vergrößert werden.

Ich habe auf meiner Reise zwar keine Hirtennomaden mit 1000 oder mehr Tieren angetroffen, doch soll es diese geben, und zwar in verstärktem Maße.

Am Vormittag, ich bin inzwischen vier Stunden auf den Beinen, reißen die Wolken endgültig auf. Der Regen, der in gleichmäßigen

Schüben über die Wüste niedergegangen ist, hat plötzlich aufgehört. Gegen Mittag ist es sehr hell und letzte Nebel steigen. Das
Wasser, das in Pfützen und Tümpeln stehen geblieben ist, wirkt
nicht brackig oder gar faulig und ist trinkbar. Wenn ich den Grund
der einzelnen Mulden nicht berühre, aus denen ich trinke, ist es
sogar klar. Ich trinke vorsichtig, indem ich das Regenwasser mit
einem eigens dafür mitgebrachten Schlauch aus den Vertiefungen
sauge. Ich trinke in langen Schlucken. So kann ich Wasser sparen,
das Wertvollste, was ich mit mir trage, in einem Kanister mit
hauchdünnen Wänden, den ich eigens habe nähen und verschwei-
ßen lassen.

Als die Nebelbank weit vor mir – sie scheint ein Gebirge
einzuhüllen – gegen Abend ihr schlieriges Grau verliert, werden helle Punkte dort sichtbar. Ich mag es zuerst kaum glauben: Die weißen Punkte bewegen sich. Eine Herde, ich kann
mich nicht getäuscht haben. Also komme ich noch einmal zu
Menschen.

Obwohl ich sehr müde bin, gehe ich jetzt schneller. Bald schon
sind einzelne Tiere zu erkennen, und am Rande des Berghangs aufsteigender Rauch. Hinter den Ziegen oder Schafen geht ein Hirte!
Wirklich, da ist ein Mensch!

Jetzt erst, nachdem es endgültig aufgeklart hat, sehe ich den
blassen Grünton an den von der Mittagssonne abgewandten Hängen. Die Erde riecht nach Kompost.

Die Jurte steht versteckt hinter einem Hügel, rechts vom Berghang in einem riesigen Kessel, der ohne jede Vegetation ist. Die
heimkehrende Herde hat mir also den Weg gewiesen. Ohne sie
hätte ich die Menschen hier nicht gefunden. Meine Freude mag
größer sein als die Überraschung bei der Nomadenfamilie, die
mich kommen sieht. Die Tür der Jurte steht offen. Einzeln kommen die Bewohner heraus, zuerst eine Frau, dann zwei Kinder, zuletzt der Mann, der bei den Tieren gewesen ist. Er hält einen
großen, schwarzen Hund fest, der zu knurren begonnen hat, seit

ich in Sichtweite gekommen bin. Der Hausherr hält ihn zurück: für mich das Zeichen weiterzugehen.

Wieder werde ich mit einer Selbstverständlichkeit aufgenommen, die offen und herzlich ist. Ich bekomme, nachdem ich mit dem Hausherrn die Schnupftabaksdose getauscht habe, zuerst Salztee zu trinken, dann Kumis. Die Hausfrau stellt mir Gebäck hin und bittet mich, davon zu essen. So bescheiden das Innere dieser Jurte auch ist, ich habe sofort ein Gefühl des Dazugehörens. Nicht nur, weil die Jurte mehr Haus als Zelt, mehr Bleibe als Provisorium ist, fühle ich mich sicher. Auch weil die Gastfreundschaft zum Selbstverständnis dieser Nomaden gehört. Und doch ist eine solche Behausung verschiebbar und in wenigen Stunden an einem anderen Ort wieder aufgebaut, als Bleibe für ein paar Wochen oder ein paar Monate.

In dieser Nacht schlafe ich tief, auf meinem Lager am Boden neben den anderen. Im Traum sehe ich mich dabei über die Wüste treiben, auf Wellen aus Steinscherben und Sand, dazwischen runde Inseln aus Filz.

6

Die große Leere

In der Stille des Morgens breche ich auf. Die Kinder schlafen noch, sie schlafen so fest, dass sie mein Geraschel beim Rucksackpacken nicht stört. Auch das Knacken der Verschlüsse weckt sie nicht auf. Ich habe noch einmal alles überprüft: die Schuhsohlen, die Uhr, den winzigen Fotoapparat. Dann wurden die Wasserkanister nachgefüllt und die Position genommen. Das gedörrte Stück Hammelfett, das mir der Hausherr zuletzt zugesteckt hat, ist in den Falten der Liegematte verstaut, die ich hinten auf den Rucksack schnüre.

Überzeugt, den letzten Brunnen hinter mir zu haben, verlasse ich nicht nur den Rand der Zivilisation, sondern auch alle Berechenbarkeit. In acht Tagen spätestens muss ich wieder Wasser finden. Gewiss, ich habe Erfahrung, bin oft tagelang durch Felswände geklettert oder mit schwerem Rucksack und angewiesen auf das, was ich darin mitschleppen konnte an Wasser, Proviant und Gerätschaften, durch die Wildnis marschiert. In den Eisgebirgen oder an den Polkappen waren wir oft sogar Monate lang autark, auch weil wir dort Schnee oder Eis schmelzen konnten. Kocher und Brennstoff waren damals unsere wichtigsten Ausrüstungsgegenstände, denn ohne Wasser sind wir Menschen rasch am Ende.

In der Gobi gehe ich anders vor. Ich habe keinen Kocher dabei. Die Aufgabenstellung ist eine schlichte Rechenaufgabe. Die Kunst besteht hier darin, schnell zu sein und mit dem Vorrat an Wasser, den ich mitschleppen kann, auszukommen. Ich muss täglich Strecke schaffen, so viele Kilometer zurücklegen, dass ich beim nächsten Brunnen ankomme, wenn meine Wasservorräte aufgebraucht sind. Rechnerisch ist das Ganze einfach, doch vor Ort bleibt die praktische Umsetzung immer ein Risiko, denn weder die Wüste noch mein Körper halten sich an Berechnungen. Auch das Wetter nicht. Was ich vorhabe, ist unberechenbar und deshalb in den Augen all jener, die ohne Garantien und Gewissheiten nicht auskommen können, nicht zu verantworten.

Die Sonne, die am Morgen die Wolkenstreifen im Osten violett gefärbt hat, strahlt jetzt gedämpft aus einem Himmel, der an Reispapier erinnert. Mein Schatten ist nur schemenhaft zu sehen. Ich habe gelernt, mich mit ihm zu drehen, sodass ich immer in dieselbe Richtung gehe. Selten nur nehme ich mit dem Kompass eine Peilung, um mich zu vergewissern, dass ich nicht vom kürzesten Weg abgekommen bin. Ich gehe dann auf eine Kante im Gelände zu, die weit voraus liegt. Oft ist es eine winzige Erhebung in der Ebene, weit, weit vorn. Hinter mir das Nichts.

Je mehr Licht durch das dünner werdende Wolkentuch fällt, umso heißer wird es, und mit dem helleren Himmel verwandelt sich das Grau vor mir in ein Schwarz, das Hitze nicht nur anzieht, sondern auch abstrahlt.

Ich bin ruhig und gehe gleichmäßig, ich habe meinen Rhythmus gefunden. Die handtellergroßen Steine liegen fest und flach am Boden, sodass meine Schritte kaum ein Geräusch verursachen. Die Wüste hier ist absolut gleichförmig. Wie mein Atmen. Die Ruhe um mich her scheint endlos zu sein. Sie ist so vollkommen, dass ich erschrecke, wenn ich stehen bleibe, um zu trinken oder auch nur um zu lauschen. Dazu die unfassbare Eintönigkeit dieser Landschaft! Nur weit rechts steht ein schweres Gebirge. Darunter, wie hingehaucht, scheint sich eine Wasserfläche zu spiegeln. Links von mir sind Dunstwellen zu sehen, oder sind es hintereinander gestaffelte Felsrücken? Vor mir eine Folge flacher Trogtäler, durch die ich marschiere. Ich folge ihrer Richtung. Es ist, als ginge ich über die Wogen eines erstarrten Meeres. Nur das Glitzern fehlt. Ein Schweigen herrscht wie das Schweigen nach dem Tod. Stille und Weite dieser Wüste scheinen alle Zeit aufzuheben. Als würde ihre Fläche ewig zwischen den Bergkämmen schweben. Dabei ist überall Bewegung, die ich nicht sehen, nur hören kann. Ich höre den Sand rieseln und, wenn ich stehen bleibe, einen leisen Windhauch zwischen den Steinen.

Ich habe keine bestimmte Vorstellung vom Ende der Reise. Es ist nicht mein Ziel, irgendwo anzukommen, es gilt nur durchzukommen. Deshalb lasse ich mich durch nichts von meinem Weg abbringen, weder von Seen, wirklichen oder nur eingebildeten, noch von angedeuteten Schattenflecken. Trinke ich zu viel? Es ist erst Mittag vorbei, und ich habe schon mehr als einen Liter Wasser verbraucht. Ich weiß: Wenn ich nicht noch einmal auf Nomaden oder einen Brunnen stoße, könnte es zuletzt eng werden. Zu essen habe ich genug, aber meine Wasserreserven sind knapp bemessen.

Weiter im Westen, so hat man mir gesagt, leben keine Nomaden mehr. Wenigstens nicht jetzt im Sommer. Höchstens Wildkamele, ein paar Gobibären, sonst nichts. Trotzdem suche ich die Fläche vor mir nach weißen Punkten ab. Mit meinen Augen überfliege ich das Gelände links und rechts meiner Marschrichtung. Was gäbe ich für eine Jurte! Ich könnte hingehen, essen, trinken,

abwarten, meine Vorräte auffüllen. Keine Strecke wäre mir zu weit
dorthin. Natürlich, irgendwann müsste ich weiter, wollte ich nicht
für immer in der Wüste bleiben wie die Nomaden. Irgendwo und
irgendwann würde auch diese Sicherheit ein Ende haben, und es
gälte, Risiken einzugehen oder zu scheitern.

Ich habe mir oft gewünscht, meine Kinder könnten mich bei meinen Reisen, die ja eine Art Arbeit für mich darstellen, beobachten.
Nicht, indem ich das Ganze filme und das Video daheim dann vor-
spiele. Wie auch? Ich möchte ihnen dieses Unterwegssein in der
Gefahr vermitteln, diese Exposition, die den Zustand des Aben-
teuers heraufbeschwört. Doch dies ist daheim im Wohnzimmer
nicht möglich, dafür müssten sie zusammen mit mir ein Stück
weit in die Wüste hineingehen, auf einen Berg mit mir steigen oder
über unheimliche Gletscherspalten robben.

Sie sollten sehen, wie vorsichtig ich dabei vorgehe, was alles zu
bedenken ist, bevor ich ein Lager aufschlage oder mein Leben
einem Felshaken anvertraue. Sie sollen wissen, dass es nicht so ist,
wie die Nachbarn sagen, dass ich mutwillig mein Leben riskiere.
Wären sie dabei, sie würden spüren, wie sicher und geschickt ich
mit Einheimischen verhandle, sehen, wie ich die Ausrüstung
handhabe. Es kommt dabei viel mehr auf den Instinkt als auf Informationen aus Reiseführern oder GPS-Geräten an, auch auf
Genauigkeit, Disziplin und Ordnung. Die wenigen Sachen, die ich
dabeihabe, müssen immer in Ordnung sein und in eine Ordnung
passen.

Simon hat die Tuareg bewundern gelernt: ihre Genauigkeit bei
der Berechnung der Wasservorräte, ihre Ausdauer, ihre Gastfreundschaft. Er war bei der täglichen Heuausgabe an die Kamele
dabei, hat verstanden, dass alles, was sie abwägen, nicht in Stunden, Kilos oder Graden gemessen wird, sondern nach Intuition,
mit den Sinnen. Was sie mit ihren Augen, Ohren, der Nase und
dem Tastsinn wissen, ist mehr wert als all unsere Berechnungen.

Ich hätte Simon jetzt gerne dabei, denn mit Pferden und Kamelen kann er besser umgehen als ich. Aber er geht noch zur Schule. Auch wären die mir bevorstehenden zehn Tage zu anstrengend für ein Kind. Es ist aber nur eine Frage der Zeit, bis er ausdauernder ist als ich und mehr weiß.

Professionell sein bei unserer Arbeit heißt, bei jedem Wetter, auch nachts, zurechtzukommen und in jeder Situation einen Ausweg zu finden. Gefahren frühzeitig zu erkennen und ihnen auszuweichen, ist die Kunst, die ich auch bei anderen bewundere. Hasardeure haben nie meinen Respekt gefunden. Könner hingegen riskieren nichts und wagen viel.

Ich schlafe im Zelt, mitten in der Wüste. Es ist schwül. Gegen Mitternacht erst frischt ein leichter Nordwind auf. Mein Schlaf bleibt unruhig: Im Traum sehe ich Herden von Hunden und nirgends Jurten, nach denen ich immerzu suche.

Am Morgen ist der Himmel ganz klar und kündigt einen fantastischen Tag an. Während die letzten Sterne verschwinden, beginne ich mein tägliches Ritual: Ich stehe auf, baue das Zelt ab und marschiere, viele Stunden lang, bis es wieder dunkel wird. Zwei, drei Rastpausen dazwischen. Vor dem Schlafengehen trinke und esse ich noch einmal und gehe am nächsten Tag weiter. Dieser Ablauf wird bald zur Gewohnheit.

Die Umrisse des Zeltbodens im Sand sind verwischt, noch ehe ich losgehe. Als hätte ich nie dort gelagert. Der Rucksack ist gepackt. Meine Fußspuren, die auf den Steinscherben kaum zu erkennen sind, verlieren sich ein paar Meter hinter mir, als ob nichts zurückbliebe in dieser Wüste als die Bilder, durch die ich gegangen bin. Es ist, als wäre niemand hier gegangen. Keine Markierung, keine Spur beweist, dass es mich gibt. Ginge ich verloren, man könnte meine Überreste finden, meine Ausrüstung, mein Tagebuch. Aber nie mehr ließe sich mein Weg durch die Wüste verfolgen. Trotzdem habe ich keine Angst weiterzugehen.

In der Ténéré gibt es Karawanenwege, die sich in Kilometer-
breite über den Sand schlängeln. Hier gibt es nicht einmal das,
denn es ziehen keine Karawanen regelmäßig durch die Gobi. Bald
schon beginnen weit vorne und rechts vor mir die flachen Gebirgszüge zu leuchten, zuerst in einem unheimlichen, ja fahlen
Licht, dass es aussieht wie ein Gebirge im Mondlicht. Dann leuchten die Felsen rötlich und entwickeln ein Glühen, das kurz auch
die Wüste vor mir streift.

Der Wüstenboden ist jetzt rissig. Dort, wo vor ein paar Tagen,
während des starken Regens, Wasser gestanden hat, ist er heller als
auf den leichten Hügeln, die ich auf meinem Weg immer wieder
überquere. Nirgendwo Spuren: Hier bleibt nichts zurück.

Eine Kletterroute, die ich mir ausdenke und dann hochsteige,
ist zwar für andere von unten auch nicht sichtbar, aber sie ist nach-
kletterbar, an denselben Griffen und Tritten, wie ich sie benutzt
habe. Der Kletterer in der senkrechten Wand beschreibt eine Linie zwischen Rissen, Wasserflecken und Überhängen, eine zwin-
gende Linie meist, die zuletzt als eine Art Kunstwerk bleibt, nach-
kletterbar und oft sogar eingezeichnet auf Fotos und von unten
sichtbar für das Auge des Kenners.

In dieser Wüste hingegen bleibt nichts, als hätte es nicht einmal den Gedanken gegeben hierherzukommen. Regen und Wind,
Sonne und Zeit schichten Steine und Sand immer wieder neu. Alle
anderen Zeichen kommen und verschwinden wie der Wind.

Wenig nach Mittag steht die Sonne immer noch unverschlei-
ert am Himmel, und die Hitze erreicht ihren Höhepunkt. Dazu
kommt jetzt ein Luftzug aus Süden, der weitere Hitze mitbringt.

Ich hocke mich zu einer ersten Rast hin, trinke und esse. Auch
ziehe ich mir die Schuhe aus und massiere die kleine Zehe am
rechten Fuß, deren Überbein mich schmerzt. Ich spüre, wie mit
dem Druck der Schmerz nachlässt, doch die sengende Hitze
bleibt. Am Boden ist sie besonders schlimm, noch schwerer zu ertragen als im Stehen oder Gehen. Zwischen den Hügeln steht die

Luft. Wenn sie sich in den Trogtälern staut, flimmert es leicht. Sie riecht nach Staub und verwittertem Gestein. Diese Luft macht müde und schlaflos zugleich.

Einige Stunden schleppe ich mich noch vorwärts, langsam, ganz langsam jetzt, um mich nicht allzu sehr zu verausgaben. Um mich herum die endlose graue Fläche, die in der Ferne heller zu werden scheint. Wenn ich aber dort bin, ist da wieder nur dasselbe Grau, über das ich hingehe!

Noch könnte ich aufgeben, zurückgehen: Ich weiß, wo im Osten Nomaden anzutreffen wären. Nur was vor mir ist, weiß ich nicht. Doch es ist eben dieses Unbekannte, was mich reizt und herausfordert; vor allem deshalb aber kann ich nicht aufgeben und ringe heraufdrängende Ängste nieder. Mit schwerem Atem und müden Beinen treibe ich mich weiter und weiter in die Wüste hinein, als hätte ich in meinem Leben nichts gelernt, als mir meinen eigenen Willen aufzuzwingen. Unter der Last des Rucksacks, mit

tief gesenktem Kopf und offenem Mund, gehe ich stur nach Nordwesten. Von links bläst der heiße Südwind. Einen Kugelkompass
müsste ich haben, denke ich, einen Kompass vor der Brust zu tragen, der immerzu mitschwenkt – ein Gerät, wie wir es in Grönland und in der Antarktis hatten, am Nordpol auch. Ich könnte,
ohne Peilungen zu nehmen, mit gesenktem Kopf dahingehen, immer weiter, bis ans westliche Ende der Gobi. Aber ich wollte Gewicht sparen und habe keinen Kugelkompass dabei. Es wäre auch
nicht immerzu diese Leere um mich herum mit einem solchen
Kompass. Wenn ich aufschaute, um mich der Richtung zu vergewissern, stehen bliebe, um mir mit dem Handrücken den Schweiß
von der Stirn zu wischen, oder mich einfach nur umsähe, immer
könnte ich einen Blick auf den Kompass werfen. Ich hätte ein wenig Abwechslung.

   Am späten Nachmittag, als das kleine Zelt aufgebaut ist, lege
ich mich sofort hin. Ich habe es gegen die Sonnenstrahlung vom

Westhimmel mit dem offenen Schlafsack abgedeckt. Ich liege auf
der Isomatte und nehme die Position, Rucksack und Wasserflasche dicht neben mir. Allzu weit bin ich nicht gekommen, denke
ich, nachdem ich meinen von Satelliten abgerufenen Standort in
die Karte eingetragen habe. 35 Kilometer weit vielleicht. Trotzdem, diese Tagesleistung reicht aus, wenn ich sie zehn Tage lang
durchstehe. Ich muss nur rechtzeitig zur nächsten Siedlung kommen. Bevor die Wasserreserven aufgebraucht sind.

Im Dämmerlicht vor Sonnenuntergang muss ich eingeschlafen
sein. Es ist Nacht, als ich fröstelnd erwache. Ich hole den Schlafsack ins Zelt, krieche hinein und schließe den Eingang von innen.

Es ist noch dunkel, als ich aufwache. Ein Albtraum hat mich ge-
plagt: Ich habe darin wieder den Abschied von meiner Familie
durchlebt. Ein und dasselbe Bild geht mir endlos durch den Kopf.
Ich sehe die zweieinhalbjährige Anna mit ihren großen Augen vor
mir. An einem lang zurückliegenden Nachmittag muss das gewesen sein. Die Erinnerungsbilder wiederholen sich in Schleifen, mit
winzigen Varianten nur. Anna scheint zu verstehen, dass ich diesmal weiter fort sein werde, als das Telefon reicht. Sie sagt noch keine fertigen Sätze. Ihr »später« bedeutet »jetzt« und hat auch einen
Beiklang von Sicherheit. Ihr »übermorgen« meint alle Zukunft.
Ich wiederhole die Worte und weiß nicht, ob sie für Anna so zu
verstehen sind, wie ich sie sage. In ihrem kindlichen Hunger nach
Nähe und Familie ist sie immer dann am glücklichsten, wenn »alle
da sind«, wie sie sich ausdrückt. Was auch mich einschließt. Trotzdem bin ich allein weggegangen. In Wirbeln steigen jetzt Selbst-
vorwürfe in mir auf, gespeist von dem schlechten Gewissen eines
Familienvaters, der zu selten daheim ist, um die Erfolgserlebnisse
seiner Kinder mitzufeiern oder ihre Enttäuschungen zu teilen.
Die Einsamkeit, die mich in dieser Leere und Dunkelheit um-
fängt, verstärkt meine schlimmen Gefühle. Und sie bestürmt
mich in immer bedrohlicheren Wegen.

In der Dunkelheit kann ich nicht loslaufen. Um weiterzukönnen, muss ich die Umgebung sehen und einen ungefähren Überblick haben. Also bleibe ich im Zelt, bis es tagt.

Am Morgen, kaum dass alles gepackt ist und ich auf den Beinen bin, breche ich fast fluchtartig auf. Die frische Luft, die flache Kalotte des Firmaments und ausgeruhte Beine scheinen für heute gute Voraussetzungen. Fast übermütig marschiere ich los und finde im Gehen rasch meine Mitte. Vertrauter Boden unter den Füßen, ein klarer Himmel über mir, fühle ich mich im Zentrum eines Kreises, der sich mit mir verschiebt, wohin immer ich gehe. Im Gehen spüre ich, sogar in der Wüste, die Mitte in mir.

Weit rechts vorne sehe ich einen höheren Berg, der auf der Karte verzeichnet ist. Also bin ich richtig, sage ich mir.

Immer noch suche ich die Wüste im Halbkreis vor mir nach Jurten ab. Ich tue es verstohlen, doch mit dem erfahrenen Auge des Halbnomaden. Dabei ist es nicht viel mehr als ein Spiel mit mir selbst: Wetten, dass es keine Hirten hier gibt! Im hellen Licht des Vormittags ist wirklich nichts zu erkennen, auch nicht das geringste Grün. Und wo es keine Vegetation gibt, können keine Herden sein, und ohne Herden keine Menschen – seit der Steinzeit ist das so. Es gibt hier, im Innersten der Wüste, kein menschliches Leben.

Und doch ist da weit vor mir plötzlich ein heller Fleck. Er glänzt manchmal in der Sonne wie Elfenbein und wird größer, während ich näher komme. Ich gebe mir alle Mühe, etwas Eindeutiges zu erkennen, aber es hat keinen Sinn, mit dem bloßen Auge ist für mich nicht zu erkennen, was da leuchtet. Ich sehe auf weite Entfernungen nicht mehr so gut wie früher. Da ist nur diese helle, winzige Erhebung im Grau der Steinscherbenwüste.

Erst als ich mich genähert habe, sehe ich, dass da ein Gerippe liegt. Es sind die trockenen Knochen eines Kamels: Ober- und Unterschenkelknochen, Halswirbel und Schädel. Nur die Rippen, die teilweise noch mit den Wirbeln verbunden sind, liegen etwas

durcheinander. Das eine Auge ist leer und starrt in die Helle des Himmels.

Ich sehe mich um: Weit und breit ist nichts zu erkennen, was lebendig wäre. Es gibt bis zum Horizont nichts außer dem öden Steingrau. Der Schädel vor mir ist blank, wie präpariert für die Anatomie: die Zähne, der Unterkiefer, alles liegt blank. Daneben ein Nasenpflock – kein technisches Wunderwerk, aber hilfreich, um die Tiere zu führen. Nur dieses eine Auge, das mich aus seiner Dunkelheit fortwährend anstarrt, irritiert mich, denn so sieht auch unser Ende aus. Ich mag nicht länger hinsehen.

Die konkrete Erinnerung an Sterben und Tod an einem Ort so vollkommener Verlassenheit versetzt mich in Schrecken. Es ist schlimm genug, denke ich, bis hierher gekommen zu sein, meine Familie allein gelassen und mich selbst betrogen zu haben. Nur rauskommen will ich noch, der Wüste entrinnen, vorwärts oder irgendwie zurück. Jetzt, wo ich in ihrer Mitte stecke, ist es einerlei,

wohin. Die Strecke bis an ihr Ende bleibt sich in allen Richtungen ungefähr gleich.

Ich muss über meine Strategie nachdenken, sage ich mir, und ich sage es laut, um mir selbst Mut zu machen, um diese Leere zu füllen, die mehr ist als die Summe aus Angst und Stille.

Zurückgehen hätte den Vorteil, dass ich wüsste, wohin ich käme. Wenn ich mich aber täuschte und verirrte, was dann? Die Verzweiflung brächte mich schneller um als ein bisschen Hoffnungslosigkeit. Und die Neugierde trägt weiter als das Wissen um den Weg. Wenn ich weitergehe, ist alles offen. Nur wenn ich dabei zu langsam bin, komme ich um. Auf dem Weg voran werden wir bis zuletzt von ein wenig Hoffnung begleitet, während wir beim Rückzug leicht der Panik verfallen. Und Panik ist der Anfang vom Ende.

Ich weiß: Ich darf jetzt keine Zeit verlieren, wenn ich mein Leben nicht verspielen will. Diese Wüste ist ungeheuer groß und doch Schritt für Schritt zu durchqueren, wenn ich mir die Hoffnung nicht nehmen lasse und meinem inneren Wesen bis zuletzt treu bleibe. Der Kamelschädel ist nicht mehr da, wenn ich ihn hinter mir lasse. Ganz gleich, was passiert, sage ich mir, ich will durchkommen. Das Einzige, was ich dazu tun muss, ist gehen und trinken und am Abend etwas essen, damit ich gesund und bei Kräften bleibe.

Ich darf andererseits aber auch meine Leistungsfähigkeit nicht überstrapazieren, darf nichts riskieren. Morgen schon kann ich nicht mehr zurück. Das Wasser muss reichen bis zum nächsten Brunnen. Überzeugt davon, die richtige Entscheidung getroffen zu haben, gehe ich weiter. Stetig. Ich bin nun ganz ruhig und kann mich wieder auf die Veränderung des Wetters konzentrieren: Stahlgrau ist der Himmel jetzt zwischen dem Gewölk, und eine frische Brise weht vom Westen herüber, wohl vom Eisgebirge im Süden der Gobi, das 300 Kilometer weit weg sein mag. Nach einer weiteren Stunde mache ich Rast. Ich setze den Rucksack ab, trinke ordentlich und esse: hartes Brot und russische Sardinen in Öl aus der Dose. Ich esse, ohne einen einzigen Tropfen davon zu verschütten. Auch raste ich ausgiebig.

Wenn ich am Morgen aus dem Zelt krieche, ist mein Rucksack immer schon gepackt. Nur Zelt, Schlafsack und Matte gilt es noch zu verstauen; sie werden zuletzt auf den Rucksack geschnürt.

Beim Abbauen des Zelts lockere ich als Erstes den Skistock, den ich am Abend vorher in den Boden gerammt habe. An ihm hängt das Zelt, damit es vom Wind nicht fortgetragen werden kann, wenn es leer ist. Nur kommt der Wind nicht immer aus derselben Richtung. Wenn er nachts gedreht hat, muss der Eingang am Morgen ins Lee gedreht werden: das Zelt könnte im Nu zu einem unkontrollierbaren Ballon werden und davonfliegen. Dann werden die beiden Gestänge aus Leichtmetall, gespannte Bögen, an denen das Zelttuch hängt, aus den Verankerungen genommen, zusammengelegt und griffbereit gehalten. Als Nächstes falte ich die auf dem Zeltboden liegen gebliebene Hülle so, dass die wasserdichte Plane dieselbe Breite hat wie die auseinandergenommenen Gestänge, und rolle die Zeltplane über den Alurohren auf. Zuletzt stecke ich das Bündel in einen eigens dafür geschneiderten Sack, den ich als Letztes an den Rucksack binde.

Meine Behausung wiegt kaum mehr als ein Kilogramm und nimmt, zusammengelegt, nur sehr wenig Raum ein. Trotzdem schützt sie mich, bei Sturm vor Treibsand und in der Nacht vor Kälte.

Vor jedem Losgehen am Morgen muss der Himmel studiert und das Wetter beobachtet werden.

Die Wolken im Osten liegen jetzt tief und schwer, ohne dass ich ihre Richtung schon lesen könnte. Auch auf der Wüste vor mir lastet ein schwerer Himmel, und Hitze liegt auf dem Gestein. Es ist schwül, aber nicht feucht oder stickig. Braut sich da ein Sturm zusammen? Wenn ich vor dem Wind zu gehen komme, soll es mir recht sein, denn der Wind schiebt mich an. Und mir ist jede Art von Unterstützung willkommen.

Später sehe ich Staubfahnen, so weit mein Auge reicht. Aber nirgendwo Tiere. Also darf ich wieder nicht hoffen, auf Menschen zu stoßen.

Ich habe immerzu Durst jetzt, seit ich mit den Wasservorräten haushalten muss. Doch in ein paar Tagen, spätestens in einer Woche, denke ich, ist auch dieses Stück Wüste geschafft, und ich kann wieder schlafen und essen und trinken. So viel ich will! Hemmungslos viel trinken darf ich dann, und rasten und bleiben, wo es grün ist.

Vorerst jedoch beneide ich die Kamele, die vier oder mehr Wochen lang ohne Grün und Wasser auskommen können. Fressen müssen auch sie und schlafen, aber trinken müssten sie auf dieser Strecke, die für mich tödlich sein kann, nicht. Mit einem halben Dutzend Trampeltieren, beladen mit Wasser und Heu, wäre es keine Kunst, heil durch das gefährlichste Stück der Gobi zu kommen. Auch meinen Rucksack würden sie tragen, und ich könnte zwischendurch auf einem von ihnen reiten.

Vergiss die Kamele, sage ich mir, du hast keine dabei. Und es ist gefährlich, immerzu an etwas zu denken, was man nicht hat. Das verwirrt bloß und macht einen am Ende unfähig, die Übersicht zu bewahren.

Am Nachmittag kommen zum Nordost Wellen von Südwind dazu. Es ist, als begegneten sich zwei Winde aus verschiedenen Richtungen und begännen, miteinander zu tanzen. Dabei entstehen Windhosen, einmal da, einmal dort, immer wieder. Sie bauen sich auf – ganz plötzlich ragt da ein Kreisel aus Staub empor und wirbelt schon davon. Irgendwo, weit weg, verschwindet er oder löst sich wieder auf.

Wollen diese Windwirbel mich narren, oder bin ich es selbst, der verwirrt ist? Weil ich zu alt für diesen Grenzgang bin? Gewiss, es war leichtfertig von mir, in meinem Alter in diese Wüste zu gehen. Jetzt aber bin ich mitten darin, und es ist zu spät, darüber nachzudenken. Ich komme mir selbst ja auch nicht wie ein alter Mann vor. Während ich weiter nach Nordwesten gehe, steigt sogar Übermut in mir auf, denn ich komme jetzt gut voran. Ein Teil meiner Hoffnung ist mir damit zurückgegeben. Natürlich, es bleiben immer noch Sorgen: Ich könnte krank werden, oder das Wasser würde nicht reichen. Jeder Schritt aber bringt mich dem nächsten Brunnen näher.

Worin ich mich auch immer verstrickt habe in meinem Leben, ich habe es aus freien Stücken getan. Ich weiß natürlich, dass auch Hochmut mit dabei ist, wenn ich immer wieder extreme Herausforderungen suche. Warum sonst wage ich etwas, was der Mensch besser bleiben ließe? Vor dem Weggehen daheim aber denke ich über all das nicht weiter nach. Darin liegt die Schizophrenie meines Grenzgängerdaseins.

In einer seichten Senke, mitten im Blaugrau der Wüste, bleibe ich stehen. Hier will ich die Nacht verbringen. Vom Wind abge-

wandt, der am Nachmittag zugenommen hat, baue ich das Zelt
auf. Im Nu sind die Alustangen zusammengesteckt und über die
ausgelegte Zeltplane gespannt. Sämtliche Handgriffe bis zur Ver-
ankerung des Zelts mit einem meiner beiden Skistöcke im Wüstenboden sitzen inzwischen perfekt und sind längst zur Gewohnheit geworden.

Ich lege die Matte ins Zelt, den Wassersack, den Schlafsack.
Zuletzt meinen Rucksack, der alles Übrige enthält, was ich zum
Überleben brauche. Die Frage ist nur, für wie lange es reichen wird.

Im Zelt hockend schneide ich Brot und Schaffett auf, esse und
trinke und lege mich danach zum Schlafen hin. Mit geschlossenen
Augen höre ich noch dem Wind zu – und hoffe auf Regen, den ich
einfangen möchte. Mit ausgebreiteten Armen. So sehe ich mich
im Traum mitten in der Wüste stehen. Und schlafe doch fest dabei.

Wenn es nur nicht so schwierig wäre, Entfernungen abzuschät-
zen, denke ich, während ich am nächsten Morgen losgehe. Im dif-
fusen Licht am Rande meines Sehfelds sind die Nebel zwar leicht,
aber gleichmäßig grau wie Smog. Das Unten ist vom Oben nicht
zu unterscheiden. Auch dort, wo Hügel oder Berge sind, ist keine
Tiefe im Raum: Alle Erhebungen sind konturlos hintereinander
gestaffelt! Wie ein Fächer von Landschaftsbildern, die alle gleich
weit entfernt scheinen. Dabei liegen Meilen zwischen diesem Hügel und den kegelförmigen Bergen dahinter. Immer neue Senken
tun sich beim Gehen vor mir auf. Wieder und wieder.

Beim kurzen Innehalten kann ich manchmal ein fernes Licht
sehen. Oder ist es nur das Aufblitzen von glattem Gestein? Oder
Wasser, das in der Sonne glitzert? Nein, es ist nichts als Einbildung, Wunschdenken, Selbsttäuschung. Auch das erste Stück
Blau am Himmel ist wie ein Spuk. Als dann die Wüstenfläche darunter aufhellt, wirken die Steine dort gläsern. Bald kommt mehr
Licht, und die Wüste krümmt sich dorthin, wo sonst nichts weiter
zu sehen ist als der mit dem Gehen springende Horizont.

Als ich noch ein Kind war, glaubte ich an Irrlichter. Oft genug hatte man uns erzählt, dass es auf Riegl, einem aufgelassenen Hof in unserer Nachbarschaft, spuke. Von unserem Küchenfenster aus war der Hof zu sehen, und ich schaute oft stundenlang hinüber. Aber nichts. Ob alle im Dorf wussten, dass nachts dort manchmal ein Licht zu sehen war? Es springe hin und her in der Nacht, hieß es, und verheiße nichts Gutes. Ich schaute eine Woche lang jeden Abend vor dem Schlafengehen hin, aber ich sah kein Licht.

Ich erinnere mich aber daran, einmal den alten Riegler-Bauern vor dem verlassenen Hof sitzen gesehen zu haben.

Er saß da, die Unterarme auf die Knie gestützt, den Oberkörper weit vorgebeugt, und schaute ins Tal. Die Bank, auf der er saß, rechts der Haustür, war stark verwittert.

»Seid ihr ganz allein gekommen?«, fragte er meinen älteren Bruder und mich, die wir der Mutter etwas voraus waren. Und dann: »Warum habt ihr nicht gesagt, dass ihr kommt?« Wir hatten gar keine Gelegenheit, uns zu erschrecken, so sicher und ruhig wirkte der alte Mann. Er saß nur da, als hätte er immer schon dort gesessen. In seinen Augen war ein Licht wie aus einer anderen Zeit. Ich weiß auch nicht, ob wir den Alten gleich erkannt haben, doch mit der silbernen Uhrkette quer über der Weste und dem grauen Haar konnte es nur der Riegler-Bauer sein. Wir blieben nicht lange bei ihm. Helmut und ich sahen uns vorsichtig auf dem Hof um, gingen zum Stall, der bis auf die Grundmauern abgerissen worden war, dann zum Brunnen hinterm Haus, der noch tropfte. Wir schauten in die Stube, wo alles dunkel war, weil die Fenster mit Brettern vernagelt waren. Zwischendurch hörten wir die ruhige Stimme des Bauern, wie er sich mit unserer Mutter unterhielt. Ich wagte später meine Mutter nicht einmal zu fragen, ob er es war, der nachts manchmal irrlichterte, was immer das bedeuten mochte. Ich konnte mir aber gut vorstellen, dass der alte Riegler noch immer da war. Unvergesslich blieb mir nur, wie er mit seinen lichthellen Augen ins Tal gestarrt hatte!

Standen Zeit und Leben einst nicht auch bei uns mit einer ma-
gischen Wirklichkeit in Verbindung wie hier in der Wüste bei den
Nomaden, wo Stille, Dunkelheit und Leere von Geistwesen belebt bleiben? Wer Wasser aus dem Brunnen schöpft, schaut zum
Himmel; die erste Kelle wird weggekippt als Tribut an die höheren
Mächte. Wer einen Pass überschreitet, errichtet ein Steinmal. Wer
am Abend vor dem Zelt sitzt, schaut in die Ferne.

Vier Stunden später marschiere ich immer noch. Mit dunklen
Schweißrändern unter den Rucksackriemen und jenem Druck
über der Stirn, der von Überanstrengung herrührt und von zu viel
Schmutz. Was ich an Wasser zu wenig habe, wird mir an Schmutz
jetzt zu viel. Doch das Wasser ist hier zu kostbar, um es zum Waschen zu verschwenden. Es bleibt strikt rationiert. Denn es gibt
sonst kein Leben hier. Diese Abwesenheit vom Leben konnte
mich umbringen. Denn auch ich kann es auf Dauer nicht aushalten, mit mir allein zu sein. Ich verbiete mir, weiter darüber nachzudenken. Es gibt nur zwei Lebensaufgaben jetzt: Tag für Tag eine
so große Strecke als möglich zurückzulegen und dabei so wenig als
möglich zu trinken. Im Mund immerzu diesen süßlichen Schleim,
den Kopf manchmal taub vor Hitze – nur bei Windstille kann ich
einen Hut tragen –, zwinge ich mich zum Weitergehen.

Mein helles Hemd strahlt die schlimmste Hitze zwar ab, trotzdem klebt jetzt alles an mir: die schmutzsteifen Hosenbeine, der
Staub im Gesicht, der Schweiß an den Händen.

Später stelle ich den Rucksack ab, bekomme die Wasserflasche
zu fassen und trinke einen Schluck. Und noch einen. Ich habe
Durst, Durst. Mein Bruder Hubert hat mir Tabletten mitgegeben,
Magnesium und Zink. So ist der Wassermangel besser zu ertragen.
Ich bekomme kaum Krämpfe, auch keine Furunkel. Es gilt nur,
das Wasser richtig einzuteilen und weiter durchzuhalten, nur
durchzuhalten.

Wenn ich bloß schneller weiterkäme, denke ich. Trotzdem
ruhe ich mich eine Weile aus. Ich hocke da, an den Rucksack ge-

lehnt, und versuche, nicht weiter nachzudenken. Ich spüre, wie der Schweiß auf dem Hemd trocknet. Dann trinke ich wieder einen Schluck aus der Flasche, nur einen. Zwischendurch schlafe ich ein.

Als ich aufwache und um mich blicke, sehe ich zuerst nur ein Meer von Licht, als wäre die Wüste darin verschwunden. Ich blicke auf die Uhr, es bleiben noch zwei Stunden bis Sonnenuntergang. Also weiter! Gegen Abend geht es am besten, obwohl mir die Sonne dann direkt ins Gesicht scheint.

In dieser Nacht schlafe ich tief. Auf dem Bauch liegend wache ich am Morgen auf, so wie ich mich am Abend hingelegt habe, als hätte ich meine Lage über Nacht nie verändert, ganze acht Stunden lang nicht. Es ist jetzt kühl. Der Schweiß ist getrocknet, an Armen, Beinen und am Rücken ist jetzt nichts Klebriges mehr.

Mein Problem ist das Tempo. Ich kann nicht so schnell gehen wie noch vor wenigen Tagen. Dazu bin ich Invalide, meine Füße sind kaputt. Meine Beine sind zwar ausgeruht, aber Füße und Rücken schmerzen – speziell das Fersenbein rechts. Ich darf es trotz der Spezialschuhe nicht allzu sehr strapazieren. Nach sechs oder acht Stunden Marsch schon bin ich erschöpft. Ich muss dann den Rucksack absetzen und längere Zeit rasten.

Anders als damals am Makalu, als ich in einem 24-Stunden-Marsch acht Tagesetappen zurücklegte. Ohne längere Rast.

Am Abend waren Doug Scott und ich von dem Siebentausender Cham Lang zurückgekommen. Am anderen Morgen brachte mir der Postläufer die Nachricht von der Geburt meines ersten Kindes. Das Mädchen war offenbar zu früh zur Welt gekommen – in Kathmandu und nicht, wie geplant, in München. Also packte ich meinen Rucksack, bat meine beiden Sherpas Nawang Tensing und Ang Dorje mitzukommen, und zu dritt brachen wir nach Tumlingtar auf. Ich wollte unbedingt die nächste Maschine nach Kathmandu erwischen.

Es tat mir zwar leid für Doug Scott, mit dem ich eine Überschreitung des fünfthöchsten Berges der Erde geplant hatte, aber
er würde gewiss verstehen, dass das Kind vorginge. Das Kind war
jetzt wichtiger als jeder Berg.

Wir marschierten den ganzen Tag durch, ohne zu rasten, bis
spät in die Nacht. Unterdessen hatten wir mehrere Pässe überquert, immer wieder Gegenanstiege genommen, nie unser Tempo
vermindert. Als Nawang nicht mehr mithalten konnte, ließen wir
ihn in einem Rasthaus zurück. Ang Dorje und ich gingen weiter,
bis weit nach Mitternacht. Jetzt konnte auch Ang Dorje nicht
mehr. Mein treuer Ang Dorje! Wir rasteten eine Weile und tran-
ken bei einem Bauern Milchtee, aßen Kartoffeln, Reis und Dal,
aber Ang Dorje wollte nicht wieder aufstehen. Also lief ich alleine
weiter. Der Weg – immer über Bergrücken – war nicht zu verfeh-
len. Ich kam nach Tumlingtar, wo ich noch am selben Vormittag
eine Twin Otter nach Kathmandu bestieg: Es war die einzige Maschine in dieser Woche.

Damals war die übliche Ausrüstung doppelt so schwer wie
heute, allein die Taschenlampe mit Zubehör und Batterien wog
ein halbes Kilo. Heute wiegt das entsprechende Gerät ein paar
Gramm. Ich weiß den Vorteil zu schätzen. Multifunktions-
kleidung, High-Tech-Geräte und vor allem eine ausgeklügel-
te Verpflegung helfen Gewicht sparen. In der Wüste aber fehlt
das Wasser, und Wasservorräte lassen sich durch nichts ersetzen.
Man kann sie auch weder komprimieren noch reduzieren. Wer
in die Wüste geht, muss Wasser mitschleppen, und wer zu wenig davon dabeihat, ist verloren. Es hängt hier also alles von den
Wasserreserven sowie der Geschwindigkeit des Vorankommens
ab. Ich aber werde nicht schneller, obwohl mein Rucksack mit
jedem Tag leichter wird.

Beim Packen für die Gobi war Sabine nur einmal dabei.

»Das ist zu viel«, antwortete sie, als ich sie beim Rucksackwie-
gen um ihren Rat bat.

»Ich bin sechs bis acht Wochen unterwegs!«, konterte ich.

»Meine Idee war es nicht«, sagte sie nur und ließ mich mit meinen Fragen allein.

Vier Tage reicht mein Wasservorrat noch. Doch jetzt kommt alles Rechnen zu spät. Er steckt also in der Klemme, der selbst ernannte Halbnomade und Narr!, so denke ich von mir selbst. Und tröste mich im selben Moment wieder: Ich werde schon Einheimische finden. Als ob das Glück mich schon retten würde, wieder einmal, doch lässt sich Glück hier weder finden noch anschaffen und schon gar nicht erzwingen. Auch wenn ich noch so weise Sätze über die Wüste gelesen habe – in der Gobi wird mir nichts geschenkt. Einer dieser Sätze beschrieb die Wüste als eine Welt, bevor der Mensch sie betreten habe oder nachdem er wieder von ihr verschwunden sei – eine in meinen Augen beklemmende Vorstellung, denn eine Welt ohne das eigene Ich ist nicht unsere Welt, oder ist es nicht mehr. Ich habe Kinder daheim und eine Frau. Aufgaben, Freunde. Und hoffentlich noch etliche Jahre vor mir.

Ich werde bis zum Abend weitergehen und weniger trinken, sage ich mir und fühle mich sofort besser. Der Himmel ist wieder bewölkt, vielleicht gibt es Regen. Ich greife nach meinem Hut. Er sitzt gut. Wenn es regnet, kann ich Wasser damit auffangen. Wie auch mit dem Zelt. Wenn es nur regnen würde, denke ich laut. Und dann: Nur noch zwei, drei Tage, dann bin ich draußen.

Gegen Mittag lichten sich die Nebel, Wind kommt auf. Ständig jetzt diese heiße Luft im Gesicht. Sie trocknet mich aus und macht mir mehr und mehr zu schaffen. Vielleicht sollte ich weiter im Norden nach Westen gehen. Aber auch dort ist kein Wasser. Nichts als Wüste, Leere, so weit ich sehe.

Ich komme nur schleppend voran, Meter für Meter über die Steinscherbenwüste. Längst habe ich aufgehört, die Tage zu zählen. Ich habe mich wiederholt selbst verflucht und mir vorzustel-

len versucht, wie es wäre, nach Hause zu kommen. In den Alpen
ist es jetzt grün. Der Gedanke, jetzt, in diesem Moment, am Frühstückstisch zu sitzen und aus dem Fenster zu schauen, scheint geradezu absurd.

Während die ewig gleichen Bergketten links oder rechts von
mir aus dem Nebel treten, fühle ich mich wie gelähmt. Als träte
ich immerzu auf derselben Stelle. Komme ich denn überhaupt
noch vorwärts, bewege ich mich noch? Die Einsamkeit und eine
bleierne Müdigkeit – im Kopf, in den Beinen, im ganzen Orga-
nismus – rauben mir jede Zuversicht. Es ist also endgültig aus
mit dem Übermut des Alleingehens. Zwischen fernen Kegeln
aus Schutt sehe ich jetzt etwas: ab und zu ein Flimmern – kleine
Seen? Es ist, als würde dort Wasser in die Wüste fließen. Nichts
als Luftspiegelungen, denke ich zuerst. Oder beginne ich, verrückt zu werden? Ich glaube auch, Stimmen in großer Ferne zu
hören, das Weinen von Kamelen, meckernde Ziegen. Gibt es
verwilderte Tiere hier? Vielleicht im Nationalpark zwischen mir
und der chinesischen Grenze? Dann müsste es auch Wasser dort
geben, Grün, vielleicht sogar Nomaden. Aber ich sehe nichts als
immerzu dieselbe Steinscherbenwüste. Von Lavendel bis Stahlgrau gefärbt, wirkt sie je nach Sonnenstand einladend oder abweisend.

Quälend das Gefühl, durch den Gegenwind und dazu die
Strahlung aus den sich hebenden Nebeln ausgedörrt zu werden.
Ich mache früh halt. Zuerst trinke ich einige Schlucke. Dann esse
ich wieder rohes Fett. Noch nie habe ich so viel Fett gegessen wie
in der Gobi. Wieder trinke ich und lege mich dann auf die Matte.
Vielleicht ist getrocknetes Fett wirklich das Beste, was man in der
Wüste essen kann, die Nomaden essen es auch. Aber es macht
durstig und schwer. Es macht mich auch träge. In dieser Nacht
schießen wiederholt Bilder von verendeten Kamelen in mein Bewusstsein. Ich verspüre Angst. Es ist, als würde mir der letzte Rest
Hoffnung genommen.

Am Morgen bleibe ich zuerst liegen. Ich will nicht aufstehen, fühle mich schwindlig und krank. Aus den nächtlichen Träumen klingt noch die Erinnerung an Kinderstimmen nach, an grüne Berge und Täler. Während der Nacht habe ich wohl Fieber gehabt. Ich bin noch ganz zerschlagen, aber ich weiß, dass es wieder nur den einen Ausweg gibt: die Flucht nach vorn.

Im Schlafsack liegend döse ich noch eine Weile. Ich spüre dabei die wohlige Wärme der Traumbilder, die aus der Nacht herüberscheinen, und versuche, sie festzuhalten. Aber sie bringen keinen weiteren Schlaf. Ich starre nur auf die Zeltwand und weiß, dass sich dahinter bloß Wüste ausbreitet, bloß unbeschreibliche Leere, und nicht jene wunderbare, ganz andere Welt, die Traum und Erinnerung eben noch dort hingezaubert haben.

Als der Wind nachlässt, bin ich auf den Beinen. Ich baue das flatternde Zelt ab und habe Mühe, den aufgeblasenen Ballon zu bändigen und die Hülle faustweise in den Zeltsack zu schieben. Die Wirklichkeit hat die Traumbilder verscheucht.

Die Wüste um mich herum ist zerfurcht wie das Meer, als hätte die Verwitterung in Jahrmillionen Schollen aufgeworfen und Geröll zerstampft, Berge abgetragen und Täler ausgefräst. Der Himmel öffnet sich jetzt mit einem hellen Kranz um die Sonne, die sich langsam verschiebt. Das klare, heiße Wetter hält also an.

Langsam beginne ich mein Tagwerk. Unter den Schuhsohlen klacken Steine, der Marsch hat begonnen. Die Skistöcke in den Händen gehe ich durch eine öde Welt, die immer größer zu werden scheint, je mehr ich mich bemühe, aus ihr herauszukommen. Sie liegt jenseits meines Vorstellungsvermögens.

Manchmal ist es schwer, beim Gehen den Rhythmus zu finden. Heute gehe ich leicht, weil ich nicht an den Weg denke, der noch vor mir liegt. Ich gehe einfach einen Schritt nach dem anderen, stetig, jedoch nie schnell, und versuche, mich auf die Stimme des Windes zu konzentrieren. Sie kann dabei helfen, sich nicht an die Zeitlosigkeit ringsum zu verlieren.

Seit einer Woche gehe ich jetzt durch eine Wüste ohne Ende. Auch durch das Niemandsland in mir. Sollte ich durchkommen, ich könnte das Erleben wohl nicht beschreiben. Denn genauso wie sich diese Wüste dem Leben entzieht, entzieht die Seele sich meiner Wahrnehmung. Nur Emotionen, die in ihr ausgelöst werden, kann ich in Erinnerung behalten: eine besondere Lichtstimmung; meine Zweifel beim Blick über die nächsten Bergkämme hinweg; meine Einsamkeit beim Rasten.

Natürlich hätte ich Parlamentarier bleiben können. Es hat mir schließlich niemand verboten, mein Leben als Politiker weiterzuführen. Zwischen Schnellimbiss und Aufzug, zwischen Hotelbett und Sitzungssaal. Als Volksvertreter hätte ich ein gutes Auskommen gehabt, hätte eine Fülle von Aufgaben, wäre allgemein anerkannt und nach zwei Legislaturperioden ausgestattet mit einer stattlichen Pension. Wie aber hätte ich dabei das Altern lernen sollen? Ohne endgültig Abschied zu nehmen vom Krüppelholz am Rande der Kare? Ohne auf leuchtende Oasen zuzumarschieren, mitten in meiner inneren Wüste?

Vielleicht hätte ich einmal eine politische Delegation geführt oder wäre von irgendeiner Unterkommission sogar zum Präsidenten gewählt worden. Meine Kinder hätten sich nie wieder Ausreden ausdenken müssen für einen Vater, der einer Leidenschaft nachgeht, aber keinem ordentlichen Beruf. Andererseits könnte es sein, dass man mit 60 bereits zu alt ist für die Politik, tröste ich mich. Noch weniger allerdings taugte man dann für die Wüste.

Unterdessen gehe ich weiter durch die Gobi – ziemlich schlecht in Form und manchmal verärgert über mich selbst, weil ich nicht wirklich trainiert habe. Saunabäder allein bringen eben nichts, jedenfalls nicht viel für die Kondition, und noch weniger für den Wasserhaushalt, denke ich.

Und was nützt mir heute die Ausdauer, die ich mit 35 hatte? Eine Ausdauer, die andere »sagenhaft« fanden. Was bringt die Geschicklichkeit noch, die mich mit 25 die schwierigsten Fels-

und Eiswände hat hochsteigen lassen, allein, und trotzdem ohne Angst? Oft auch ohne Seil? Nichts ist sie heute wert, so wenig wie all die anderen Erfolge, an denen meine Biografie reich ist. All diese Grenzgänge sind nur noch Erinnerung, nicht mehr als Namen und Zahlen. Natürlich, sie bedeuten auch Erfahrung, aber keinen Kilometer weit komme ich heute damit. Auch wenn ich einst den höchsten Berg der Welt ohne Maske bestiegen oder noch vor vier Jahren Südgeorgien überquert habe – mit einem gebrochenen Fuß. Wenn ich jetzt noch weitergehe, dann nur, weil ich nicht zurückkann. Der Kopf muss durchhalten, sage ich mir. Die Beine können, solange der Kopf will. Das weiß ich aus eigener Erfahrung, und dieses Wissen setze ich jetzt ein. Mit Lamentieren ist gar nichts gewonnen. Ich spreche diese Gedanken zwar nicht mehr halblaut nach, aber ich halte mich an ihnen fest. Mein Mund ist trocken. Trinken aber will ich erst gegen Mittag. Dann am Abend wieder. Diese Wüste ist nicht zu bezwingen, denke ich. Sie ist schon tot. Wenn ich überleben will, muss ich es aushalten, gegen den Tod anzudenken.

Immerhin: Theoretisch gibt es die Möglichkeit, dieser Wüste zu entkommen, vielleicht irgendwo weiter im Westen. Mir selbst aber entkomme ich nie und nirgendwo. Ich denke wieder an daheim. Für Magdalena und Simon beginnen in diesen Tagen die Sommerferien. Anna ist jetzt zweieinhalb Jahre alt.

Nein, mein Tagebuch wird nicht mit dem 12. Juni enden, denke ich trotzig. Denn es ist unerträglich, mir vorzustellen, die Kleine könnte sich später an ihren Vater nicht erinnern. Soll sie irgendwann etwa erfahren, es sei außer einem von der Sonne ausgebleichten Skelett sonst nichts von ihrem Vater in der Gobi gefunden worden? Nein, ich muss mich zwingen weiterzugehen und muss daran denken, was Bestand hat neben dieser Leere um mich herum und der Leere in mir.

Am Abend habe ich Mühe, mein Zelt aufzubauen, so heftig zerrt der Wind an dem halb fertigen Iglu. Ich drehe dem aufkommenden Sturm den Rücken zu und schaue nach Norden. Der Himmel ist dort wie Stahl.

Der Wind wird sich hoffentlich am Morgen wieder legen, denke ich. Dann greife ich nach einem handtellergroßen Stein, der vollkommen glatt geschliffen ist. Der Stein ist grün, mit weißen Adern durchzogen. War es der Wind oder das Wasser, was ihn poliert hat? Oder schleift ihn der Sand, der seit Jahrtausenden mit den Wellen des Windes darüber hinfährt? Ich halte den Stein in der Hand, wäge ihn ab und lasse ihn dann mit einem Schwung aus der rechten Hand über den Wüstenboden klicken. So wie wir es als Jungen getan haben, wenn wir flache Steine über glattes Seewasser springen ließen. Ein vertrautes Geräusch, denke ich und lege mich schlafen.

Am nächsten Morgen bin ich früh wach. Der Wind hat sich tatsächlich gelegt. Der Himmel ist klar, azur bis zum Horizont. Nachdem ich ein paar Schlucke getrunken habe, sehe ich in den Spiegel des Kompasses. Sind Zweifel in meinem Gesicht zu lesen? Während ich mir Nase und Lippen mit Sonnenschutzcreme einschmiere, sieht mich mein faltiges Gesicht an. Aber da ist schon keine Verzweiflung mehr.

Ich brauche keinen Kompass, um zu wissen, wo Nordwesten ist. Ich sehe auf meinen Schatten, der vor mir auf dem Boden liegt, und halte mich knapp rechts davon. Auch gehe ich möglichst geradeaus.

Ich habe noch gut vier Liter Wasser im Kanister und den vollen Gürtelsack dazu, als Reserve. Also nehme ich nach dem Frühstück noch ein paar Schlucke und tröste mich damit, dass ich spätestens morgen genug trinken kann. Khumys, Salztee und Wasser – bis der Brunnen leer ist. Ich werde zu Nomaden kommen, sage ich mir, und ich weiß auch, dass ich nicht träume. Alles um mich herum ist wirklich: Und da sind sie wieder, die Haufenwölkchen, die mir den Weg nach Hause zeigen.

Heute wird das Europäische Parlament gewählt. Ich erinnere
mich an die Wahl vor fünf Jahren. Wie an ein früheres Leben. Alles
ist so weit weg, als ginge es mich nichts mehr an. Allein die Art und
Weise, wie gewählt wird, ist eine Farce. Jedes Land setzt dabei auf
seine eigenen Wahlgesetze, Wahlkreise. Heraus kommt nicht viel
mehr als ein Jahrmarkt der Partikularinteressen. Dabei wäre
nichts dringender als ein stärkeres Europabewusstsein in den
Köpfen der Bürger. Ein solches ist jedoch nur zu schaffen, wenn
sich die Volksvertreter als Botschafter für das gemeinsame Ganze
verstehen und nicht als Lobbyisten ihres Landes, ihrer Region
oder ihres Wahlkreises. Lobbyisten gibt es ohnehin schon genug
in Brüssel: Ganze Bürohäuser sind gefüllt mit erfahrenen Leuten,
die ausschließlich die Interessen von Ländern, Gruppen oder
Großkonzernen wahrnehmen, auf deren Gehaltsliste diese Inter-
essenvertreter stehen. Nahezu jedes Dritte-Welt-Land hält seine
Leute in Brüssel, auch wenn daheim die Kinder Hungers sterben.

Vielleicht war es doch ein Fehler, nicht mehr zu kandidieren,
denke ich; auf Büro, Spesen und Assistenten zu verzichten, auf
meinen treuen Max Rizzo, der jetzt in Brüssel einen neuen Job
sucht. In den vergangenen Tagen habe ich es öfters bereut, immer
wenn ich das Gefühl hatte, zu langsam zu sein. Auch kam ich mir
so verloren vor, alt und müde. Als es dann wieder besser ging und
der Himmel voller Wolken hing, die den Tag darunter kühlten,
kam ich mir wie befreit vor und verstand nicht einmal mehr, warum ich 1999 überhaupt ein Mandat übernommen hatte. Wie konnte ich es fünf Jahre lang in Straßburg und Brüssel aushalten? Nun
ja, ich musste glücklicherweise nicht ständig vor Ort sein. Auch ist
nicht zu leugnen, dass Politik, obwohl sie völlig konträr zu meiner
Lebensform steht, auch ihren Reiz hat, wenn es darum geht, Visionen zu entwickeln, für deren Umsetzung zu kämpfen und Verantwortung für sie zu übernehmen. Doch nur zu sehen, wie die
Welt hinter den Kulissen funktioniert, macht sie nicht besser, al-
lenfalls ein wenig interessanter. Anders diese Wüste um mich her-

um. Sie ist kein Experimentierfeld. Sie ist nur da und hat ihre eigenen unverrückbaren Gesetze. Und meine Wasserreserven gehen zu Ende, hier und jetzt. Ich weiß: Wenn ich keine Nomaden finde, werde ich sterben. Alles ist kurierbar, nur das Sterben nicht. Die Wüste macht alle Politik und jeden Gedanken daran zunichte. Was sollte in einer menschenleeren Welt auch geregelt werden? Alles, was ich jetzt noch tun kann, ist weitergehen.

Inzwischen ist es Mittag und noch immer keine Jurte in Sicht. Am Himmel verlieren sich die Zirren, Kumuluswolken treiben heran. Sie kommen aus den Bergen im Süden. Weiße Haufen wie Wattebäusche am azurblauen Himmel.

Es vergehen weitere zwei oder drei Stunden. Ich habe eine gute Strecke geschafft, als mir wieder Wind ins Gesicht bläst: Westwind! Ich marschiere entschlossen gegen ihn an, obwohl ich weiß, dass dieser Gegenwind bis in die Nacht hinein anhält. Er bremst mich, trocknet mich aus. Er bringt mich vielleicht um, wenn ich zu langsam bin. Doch es gibt nichts, was ich jetzt tun kann, außer gehen. Ich muss gehen, denke ich, nur immerzu weitergehen. Angehen gegen den Wind, gegen alle Müdigkeit, auch gegen meine eigene Hoffnungslosigkeit. Natürlich könnte ich jetzt auch abwarten, auf die Nacht warten und hoffen, dass der Gegenwind abflaut. Aber nachts sind Jurten aus der Ferne nicht auszumachen. Ich liefe womöglich am Leben vorbei.

»Du darfst nicht aufgeben«, sage ich laut zu mir selbst und stemme mich gegen den starken Weststurm. Tief gebeugt unter dem Rucksack, schiebe ich meinen Körper voran. Das Gesicht zwischendurch nach Süden hin abgewandt. Einmal glaube ich, Kamele fliehen zu sehen. Dann bewegt sich etwas wie ein Reiter am Horizont. Als ich näher komme, ist da nichts als das Hitzeflimmern über der Steinscherbenfläche.

Ich habe aufgehört, Selbstgespräche zu führen. Auch still zu pfeifen oder zu singen. Sogar die Melodien, die beim immer gleichen Ausschreiten oft wie in einer Endlosschleife mitklingen, sind mir abhandengekommen. Ich bringe auch kein Wort mehr heraus, so ungelenk und dick ist meine Zunge. Auch meine Gedanken sind träge geworden. Immer, wenn ich raste und dann wieder vom Boden aufsehe, liegt nur Wüste vor mir. Sie ist so leer wie meine Seele. Bleiern grau jetzt ihr Rand, der Himmel darüber mit schweren dicken Wolken behangen. Ein erbarmungsloser Himmel. Eine Erde ohne Ende.

Ich weiß nicht, was leerer ist: diese Wüste um mich herum oder ich, der einzige Mensch unter diesem Himmel. Seit ich keine Wahl mehr habe, was zu tun ist, kann ich auch nicht mehr denken. Es bleibt nichts weiter, als zu gehen. Die Wüste ist sozusagen geschrumpft auf eine Richtung. Ich habe keinen freien Willen mehr. Obwohl mein Rucksack jetzt leicht ist, bleiben die Beine schwer. Ob ich morgen noch weiterkann? Ich habe schon Irrlichter gesehen und allerlei Erscheinungen am Horizont: kahle Bäume, Wasserläufe, wandernde Tiere. Närrische Formen schweben durch die Luft, durchscheinend und wie in weiter Ferne. Dann wieder schießen helle Flecken aus dem Sand. Jurten, denke ich. Bei längerem Hinsehen scheinen sie herumzuwandern. Oder sie verschwinden wieder.

Dabei gibt es hier keine Bäume, keinen Strauch, keine größeren Felsen. Nur Bergzüge oder Steinscherben, sonst ist alles leer und kahl. Wie das Menschsein in mir.

Im Zelt dann, nachdem ich so wenig wie möglich getrunken und gegessen habe, merke ich, wie der Sturm abflaut. Es wird ganz still. Auch mein Puls beruhigt sich. Als wäre sogar die Angst an mir vorbeigezogen.

In der Nacht kommen die Ängste wieder. In Wellen heben mich Durst und Sorgen aus dem Schlaf. Jedes Aufwachen ist wie das Überrolltwerden von einer neuen Woge der Angst. Diese Angst aber, die sich unaufhörlich weiter ausbreitet, steckt nur in mir. Ich werde ihr bis zuletzt nicht entkommen.

Obwohl mich am anderen Morgen weder Wind noch Sonne aus-
trocknen, komme ich nur mühsam voran. Ich habe kaum noch
Energie. Zu ausgedörrt, um nochmals einen solchen Gewalt-
marsch wie am Vortag zu schaffen, stolpere ich dahin. Wie weit
denn noch? Wann finde ich endlich Wasser? Wo? Ich weiß nur,
dass es im Nationalpark zwischen mir und der chinesischen Grenze Wildkamele gibt. Nur dank der Wild Camel Protection Found-
ation, die ihren Sitz in Kent in England hat, konnten sie überleben. Ob diese Stiftung auch meine Rettung ist? Vielleicht, denke
ich, wenn Wildhüter unterwegs sind, die mich mitnehmen könnten.

So vergeht der Vormittag. Meine Beine sind bleiern schwer.
Mein Atem ist lauter als sonst. Ich röchle – zudem habe ich eine
Eiterbeule in der Nase. Immer noch gehe ich durch eine Wüste
voller Dämonen, denn mit jedem Geräusch wird mir ein Fahrzeug,
hinter jedem Höcker eine Jurte vorgegaukelt. In fernen Grasbü-
scheln sehe ich Herden. Als ob die Wüste plötzlich voller Leben
wäre. Auch höre ich ständig Stimmen. Sie kommen nicht mehr aus
mir selbst, sondern dringen von außen auf mich ein.

Ich wäre an den Entfernungen längst schon verzweifelt, wenn
es nicht diesen doppelhöckrigen Berg vor mir gäbe. An ihm, den
ich jetzt ansteuere, führt eine Straße vorbei. Nein, keine asphal-
tierte Landstraße, eine Schotterpiste bloß, auf die ich unbedingt
stoßen muss. Der Berg ist meine Orientierungshilfe jetzt. Ich
weiß: Wenn ich mich links dieses Kyaykhan Uul halte und bis zur
Piste dort komme, bin ich gerettet. Ich kann die Bergspitzen nicht
immer sehen, manchmal tauchen sie ab, wie ein Schiff auf dem
Ozean, das in ein Wellental fällt. Die beiden Gipfel verschwinden
kurz und tauchen dann wieder auf, als würden sie hochgehoben.
Während ich näher komme, tauchen sie wieder ab.

Was habe ich Simon nicht alles vorgefaselt über die Gobi! Dass
es überall Trampeltiere dort gäbe. Mindestens jeden dritten, vier-
ten Tag würde ich auf Hirtennomaden stoßen. Und mit Einheimi-

schen wüsste ich umzugehen. Was nützt mir das jetzt? Nichts. Ich Narr, der ich mich mit vagen Informationen und leeren Hoffnungen selbst zum Narren hielt! Warum bin ich nicht zurückgegangen, als es noch möglich war? Aus Stolz vielleicht?

Ein Zurück gibt es schon lange nicht mehr. Und vorwärts komme ich kaum noch, jedenfalls nicht mehr weit. Meine rechte Ferse ist marode. Der Schmerz ist dumpf wie die Müdigkeit. Die Überbeanspruchung hat den Fuß unförmig anschwellen lassen. Er wird nur noch nachgezogen.

Ich habe keine Kraft mehr. Was nützt mir jetzt alles andere, was ich dabeihabe: Geld in mehreren Währungen – Dollars, Euros, Tugrik –, genug Geld, dazu ein paar Feuerzeuge, ein Taschenmesser, sogar eine Uhr, um sie im Notfall gegen Essen oder Dienstleistungen einzutauschen. Aber weder Geld noch Tauschwaren bringen mich jetzt weiter. Es zählt nur noch die eigene Kraft. Ich gebe die letzte Energie für das eigene Leben.

In einem Land, in dem es keine Menschen gibt, hören auch die Gegenleistungen auf. Es ist nichts zu bekommen, für nichts auf der Welt. Ausgerechnet ich, der ich es gewohnt bin zu investieren, Erwerbungen und Anschaffungen zu machen, der ich vorgebe, mein eigener Herr zu sein, laufe jetzt als mein einziger Untertan durch die Leere, in einer Wüste, in der ich mich nicht einmal zum Sterben verkriechen könnte.

Nein, ich laufe nicht mehr. Ich schleppe mich vorwärts, schwer atmend, mit schleimigem Mund – und nun auch immer öfter gepeinigt von Wadenkrämpfen, vor allem wenn ich mich zur Rast hinhocke. Und immerzu diese dunklen Flecken, die vor meinem rechten Auge kreisen. Was unterscheidet mich noch von dem Staub um mich herum? Ich bin nur noch Erschöpfung, Schwindel, Ohrensausen und das Gespött des Windes, den ich schon als etwas Fremdes wahrnehme. Ein gleichmäßiges Geräusch? Ja, da ist ein fremdes Geräusch! Wie von einem Motor oder von einer »Maschine«, wie die Einheimischen hier jede Art Gefährt nennen. Ich fahre hoch, sehe mich um. Und wirklich, da ist eine Staubwolke! Und sie kommt näher, wie das Motorengeräusch auch. »Ein Jeep!«, schreie ich. Als müsste ich es auch der Leere mitteilen, der Leere um mich herum, aus der ich komme.

Das Fahrzeug, militärgrün, nähert sich von Süden und fährt in meine Richtung. Zuerst winke ich nur. Dann laufe ich ein Stück weit, um es abzufangen. Wo nehme ich bloß die Kraft dazu her? Ich darf die Maschine nicht verpassen! Vielleicht ist sie die letzte Gelegenheit nach Hause. Also bin ich noch einmal zu allem fähig.

Und diesmal habe ich nicht nur Glück. Der russische Jeep hält an, bevor ich auf seiner Bahn bin. Ich hätte mich auf die Fahrspur gestellt. Mit ausgebreiteten Armen. Ich hätte mich vor die Räder geworfen, um das Fahrzeug aufzuhalten. Es ist nicht notwendig.

Der kleine kompakte Jeep steht also vor mir, noch eingehüllt von einer Staubwolke. Niemand steigt aus. Ich warte erst einen Moment und gehe dann mit weit geöffneten Armen und lachendem Gesicht auf die Tür des Beifahrers zu. Zuerst erkenne ich nur die Uniformen von Soldaten. Also die Grenzpolizei, denke ich.

Drei Soldaten und ein Offizier, offenbar höherer Dienstgrad, sitzen im Fahrzeug. Sie reden miteinander und zeigen auf mich. Ich verstehe nur »Passport«, entschuldige mich und hole den Rucksack von den Schultern. Alles übertrieben gestenreich. Nachdem ich meinen Pass aus der Deckeltasche gekramt und vorgezeigt habe, höre ich etwas von »Permit« und kann wieder nicht antworten.

Der Offizier heißt mich einsteigen. Seine Anweisung ist kurz und höflich. Ich kann zwar seinen Dienstgrad nicht entschlüsseln – für Militär habe ich mich nie interessiert –, aber ich folge seinem Befehl. Dabei merke ich, wie die Soldaten – ein Fahrer und zwei auf dem Rücksitz – über mich lachen. Ob sie Witze über mich machen? Ganz selbstverständlich steige ich ein, danke und werde

nach Norden geschaukelt. Ich bin zufrieden. Anderes, als vor dem
Tod gerettet zu werden, habe ich nicht erwartet.

Der Fahrweg ist schlecht und staubig. Nach kurzer Zeit schon
halten wir an. Ich weiß zuerst nicht, warum. Die Sonne brennt auf
die olivgrüne Motorhaube. Die Soldaten füllen Wasser nach, sie
lassen mich nicht aussteigen. Ich soll auf dem Rücksitz hocken
bleiben, so glaube ich ihre Anweisung zu verstehen. Warum? Ich
will und könnte gar nicht fliehen. Wohin auch?

Offensichtlich ist das Kühlwasser zu heiß. Der Stopp ist auch
eine Gelegenheit zu trinken. Man bietet auch mir Getränke an:
Saft und Wasser. Obwohl ich so tue, als ob auch ich genug davon
im Rucksack hätte, nehme ich das Angebot an. Ich trinke mit langen, tiefen Schlucken. Wie ein Tier, das lange ohne Wasser war.
Den Soldaten scheint mein Durst zu gefallen, denn sie machen
weiter Witze über mich. Vielleicht auch wegen meines Aussehens.
Sie halten mich wohl für einen Irren. Und sie bieten mir weiter zu
trinken an.

Also nicht nur die Nomaden, auch Soldaten sind großzügig
und gastfreundlich in der Gobi, denke ich. In der Mongolei sind
wohl alle hilfsbereiter als irgendwo sonst auf der Welt.

Wir fahren weiter nach Norden. Und nach Westen. Nach weiteren zwei Stunden erreichen wir die Fahrstraße südlich des Kyaykhan Uul, dem doppelgipfligen Berg, an dem sich offensichtlich
auch das Militär orientiert.

»Gerettet«, denke ich und bitte anzuhalten. Meine Gastgeber
wollen nach Norden, zu ihrem Camp, ich nach Westen, nach Ba-
yan Alan, Altä genannt. Erst nachdem man mir klargemacht hat,
dass kaum andere Fahrzeuge hier vorbeikommen, willige ich ein,
mit den Militärs mitzukommen. Ins Gefängnis werden sie mich
schon nicht stecken, denke ich mir und überlasse mich dösend
meiner Erschöpfung.

In dieser Nacht überfallen mich wieder Träume von Seen, Bergen und grünen Tälern. Auch weckt mich mehrmals großer Durst

und zwingt mich zu trinken. Aber obwohl ich öfter aufwache, vergeht die Nacht schnell.

Durch die Wüste Gobi – Bildreportage

Die Idee, die Wüste Gobi zu durchqueren, kam mir erstmals nach dem Alleingang am Mount Everest. Höher konnte ich nicht mehr steigen. Also dachte ich an die Weite. Mit einem Rucksack losziehen und immer weitergehen wollte ich. In der Leere dem Nichts entfliehen.

Zuerst aber galt es, einige letzte Herausforderungen an den Achttausendern anzunehmen.

Unmittelbar nach der Besteigung meines letzten Achttausenders marschierte ich dann durch den Osten von Tibet: meine erste Expedition in der Horizontalen. Dann folgte ich Shackletons Plan durch die Antarktis. In Grönland, in der Taklamakan, am Nordpol fand ich neue Ziele. Oder ich erfand sie.

Der Plan der Gobi-Durchquerung wurde aufgeschoben. Immer wieder, ein Vierteljahrhundert lang. 2004 endlich wagte ich einen letzten

Grenzgang, einen Trip, der mich noch einmal an die Grenzen meiner Leistungs- und Leidensfähigkeit brachte, und dies nicht zuletzt, weil ich älter geworden war, auch langsamer und unsicherer.

Die Längsdurchquerung der Gobi ist gelungen. Sie hat mich allerdings weder weise noch müde gemacht – sie hat mich nur alt aussehen lassen. Vor mir selbst. Nein, ich will nicht lamentieren. Auch die Kunst, mit dem eigenen Altern zurechtzukommen, will geübt sein: die einzige Herausforderung, die mir noch bleibt. Denn alle anderen meiner Träume habe ich verwirklicht, indem ich sie mir selbst erfüllt habe. Die Gobi war also nicht meine letzte große Unternehmung.

Ob es nicht langweilig sei, immerzu durch ähnliche Landschaften zu marschieren, werde ich oft gefragt. Ja, die Welt, durch die ich in der Wüste gehe, ist eintönig. Wie die immer gleichen Abläufe, das tägliche Losgehen am Morgen oder das Gefühl der Leere in mir selbst. Die Gleichförmigkeit lässt unser Dasein jedoch nicht banal erscheinen, sondern absurd, dazu ausgesetzt und endlich. Das Leben gleicht in gewisser Weise der Wüste.

Es könnte nun so aussehen, als versuchte ich, andere davon abzubringen, nach neuen Herausforderungen zu suchen. Aber nein, es gibt noch unendlich viel zu tun. Einige meiner Expeditionen führten fast in die Katastrophe. Zwei Tage verbrachte ich auf dem unheimlichen Packeis vor Sibirien – dem Tod näher als dem Leben. Mein Bruder Hubert und ich bekamen unglaubliche Massen von geborstenem Eis zu sehen – in einer Bruchzone von der Größe Österreichs. Und doch sahen wir nichts, verglichen mit dem, was man noch hätte finden können.

Die Erde bietet mehr Abenteuermöglichkeiten, als alle Grenzgänger zusammen sich ausdenken können: Wände und Wüsten, die alle darauf warten, von einem wagemutigen Menschen durchmessen zu werden. Den Großteil von Granit und Quarzit – ob nun als Fels oder Sand – habe ich nicht mit eigenen Augen gesehen, weshalb ich auch weiterhin unterwegs sein werde. In kleinerem Maßstab allerdings. Ich weiß, meine Zeit ist bemessen. Da gibt es Afrika. Der ganze Kontinent ist übersät mit Quarzit-

sand und Felsen, von den eindrucksvollsten Bouldern, die ich je gesehen habe, bis hin zu fantastischen überhängenden Wänden und den größten Wüsten. Ebenso Asien. Das Problem ist eher, wo man aufhört, nicht, wo man anfängt. Es ist eigenartig, vor einer 100 Quadratkilometer großen Felsarena zu stehen und in der Ferne eine noch höhere aufragen zu sehen. Aber warum überhaupt hinausziehen, wenn man daheim Felsen für ein Bergsteigerleben von 100 Jahren gefunden hat? Was das Abenteuer anbelangt, weiß ich heute, dass die Dolomitenfelsen, durch die ich vor 40 Jahren in Südtirol geklettert bin, genauso gut oder besser sind als irgendwelche anderen, die ich rund um die Welt gesehen habe. Also hätte ich einfach zu Hause bleiben können? So mag man es sehen, aber ich werde trotzdem immer wieder aufbrechen; werde Fotos von Wüsten und Wänden in Grönland, Bolivien oder Mali sammeln; werde weiterhin Karten von der Antarktis, von Kamtschatka, Baffin Island, Äthiopien, Tibet und Argentinien studieren. Denn dieses Träumen brauche ich – wie den Schlaf. In regelmäßigen Abständen muss ich mich mit dem Unmöglichen beschäftigen können. Die Suche nach neuen Zielen – und dann im Traum klettern, gehen, steigen – ist wie eine Manie. Wichtiger als das Tun selbst? Jedenfalls wichtig für mein Leben. Ich sammle auch Geschichten: Tausende von Büchern, Artikeln, Berichten befinden sich in meiner Bibliothek: Einzelerfahrungen aus vertikalen und horizontalen Wüsten; dazu Kletterutensilien, Aquarelle, Luftaufnahmen von Gletschern. Ich horte sie, studiere sie. Dabei stoße ich auf so viele verlockende Aufgaben – unmöglich, sie alle in Angriff zu nehmen, geschweige denn, sie zu bewältigen.

Im Laufe von 50 Jahren des Suchens habe ich fantastische Ziele gefunden, rund um die Welt – Edelsteinen gleich: Wände und Wüsten, die den spähenden Augen der unerschrockensten Nomaden entgangen sind. Aber auch mir sind unendlich viele Möglichkeiten wieder abhandengekommen. Weil ich zu unsicher war, sie zu wagen, oder zu versunken in die Suche nach anderen geheimen Herausforderungen. Trotzdem, ich bin wenigen begegnet, die mehr wissen über die Möglichkeiten zum Abenteuer auf der Welt als ich. Vielleicht haben sie mehr Fotos von bizarr gestalteten Felstürmen, von unbekannten Winkeln oder entlegenen Canyons aufgetan als ich. Ob sie aber so viele Reliquien gefunden haben, bezweifle ich. Und doch bin ich bei meiner lebenslangen Suche nie auf eine intensivere Natur- und Expeditionsdarstellung gestoßen als bei Christoph Ransmayr. Es geht dabei um das Fiasko der Tegetthoff-Expedition 1872 bis 1874 auf dem Weg zum Nordpol. Ich habe viele Bücher über die Arktis durchforstet, aber keines hat mich derart schaudern lassen wie sein Roman »Die Schrecken des Eises und der Finsternis«. Dabei lag die beschriebene Expedition mehr als 100 Jahre zurück, und der Autor hatte das Polarmeer nie zuvor mit eigenen Augen gesehen. Also muss man nicht selbst überall gewesen sein, sage ich mir. Oft genügt die Reise im Kopf. Die Wahrheit lässt sich allerdings nicht erfinden, nur erfahren. Der Dichter findet die treffenden Bilder dafür.

Ich habe die Gobi erlebt und hatte das Glück, einigen ihrer Bewohner zu begegnen. Die Gobi wird mich nicht loslassen. Eines Tages werde ich bestimmt wieder auf einer staubigen Piste am Rande der Gobi stehen oder vom Cerro Torre hinab in meine eigene Seele schauen.

Nein, ich denke dabei nicht in erster Linie über die großen kosmischen Geheimnisse nach. Mein Schicksal erfüllt sich, indem ich weitergehe: im Irak, in Nordkorea oder Burma. Auch wenn ich weiß, dass ich nie wieder einen 3000 Meter hohen Berg finden werde wie den, den ich als ersten bestiegen habe, damals, 1949, von der Gschmagenhart-Alm aus? Es wird immer ein letztes Abenteuer geben – in einem Canyon oder in der Wüste, durch die der Sand vom Himalaya zum Meer gespült wird. Auf dem langen Weg dorthin vergehen Millionen von Jahren.

Zum Jahreswechsel 2003/04 durchquerte ich mit meinem Sohn Simon die Sahara von Agadez nach Bilma. Der Erg de Bilma liegt zwischen dem Aïr-Gebirge und dem Tibesti-Gebirge und umfasst eine Fläche von 350 000 Quadratmetern. Sein Nordwestteil ist der Erg du Ténéré, den wir liefen.

*Zehn Tage lang erlebten
wir das Unterwegssein
in der Sahara als ein
Auf-uns-selbst-gestellt-
Sein. Diese exponierten
Abenteuer zwingen dazu.*

Die Sahara ist eine heiße Wüste, in der es jedoch nachts sehr kalt werden kann. Dann stabilisieren sich die unteren, abgekühlten Luftschichten, was die Ursache für die Windstille vieler Sahara-Nächte und das meist gute Wetter dort ist.

Nächste Doppelseite: Neben Simon im Sattel. Kamele sind die reinsten Wundertiere, die Simon von klein auf begeistert haben.

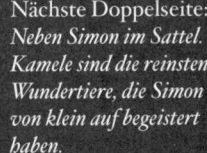

Die Mitte der Sahara ist eine Treibsandwüste. Sie erstreckt sich über knapp ein Dutzend Staaten im Norden Afrikas: Marokko, Westsahara, Mauretanien, Mali, Algerien, Tunesien. Libyen, Tschad, Sudan, Ägypten und den Niger, wo wir unterwegs waren (Vorhergehende Doppelseite).

Die Gobi ist eine Steppenzone, die den Süden der Mongolei und den Nordwesten Chinas umfasst. Auch hier vermied ich es, die Grenze zu queren, und blieb im mongolischen Teil der Wüste. Antike und moderne Symbole mongolischen Eroberungshungers finden sich überall in der Mongolei.

Die Gobi liegt nörd-
licher als die Sahara,
und die Winter dort
sind extrem kalt. Die
Sommertemperaturen
erreichen bei starken
tageszeitlichen-
Schwankungen nicht
mittlere Maxima von
45 Grad wie in der
Sahara. Da aber Bevöl-
kerung und Vegetation
über weite Strecken fast
ganz fehlen, kommt es
in beiden Wüsten zu
extremer nächtlicher
Abkühlung. Die
Temperaturunters-
chiede können an einem
Tag mehr als 50 Grad
ausmachen. Die Tem-
peraturentwicklung in
der Gobi ist überdies
starken jahreszeitlichen
Schwankungen unter-
worfen. Im Winter
sinken die Temperaturen
in der zentralen Gobi
auf minus 50 Grad.

Im Gegensatz zur Gobi,
wo Stürme, Schneefall
und Regen keine Selten-
heit sind, ist der Himmel
über der Sahara meist
wolkenlos. Die Sonnen-
scheindauer beträgt dort
4000 Stunden jährlich.
Der hohe Sonnenstand,
die geringe relative Luft-
feuchtigkeit und fehlende
Vegetation machen die
Sahara zum heißesten
Gebiet größeren
Umfangs der Erde.

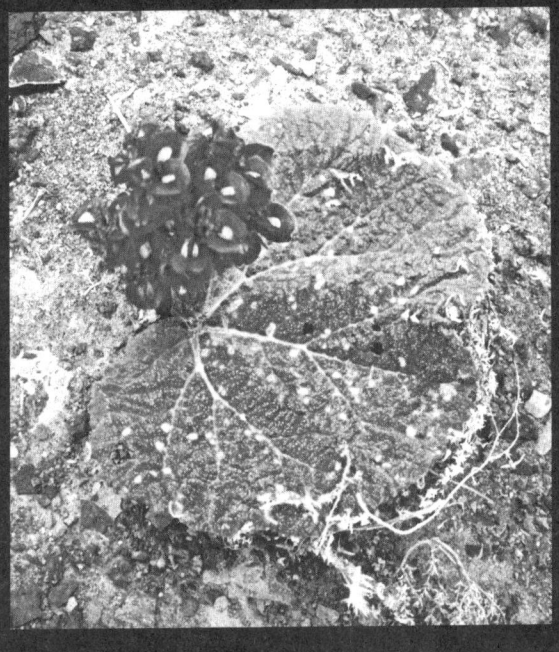

Die Landschaft der Gobi
ist oft unvergleichlich
schön: Selbst in steinigen
Gebirgstälern über
3000 Meter Höhe wo
kein Baum mehr wächst
und kaum noch ein
Grashalm gedeiht, zeigt
die Gobi den ganzen
Farbenzauber des Regen-
bogens. Zwergwüchsige
Blumen, vor allem aber
Flechten und Minera-
lien im Geröll täuschen
buntes Leben vor.

In der Gobi folgt auf einen Dürresommer häufig ein extrem kalter Winter.
Die Mongolen nennen die Kälte »Zud«. Hohe Verluste bei den Pferde-, Schaf-
und Kamelherden sind die Folge. Unzählige Tierkadaver liegen in der Wüste.

Ob Kamel- oder
Motorrad-
Nomaden, die
Gobi-Mongolen
sind überall
gastfreundlich. Nie
haben sie mir ihre
Hunde nachgejagt,
überall fand ich
Aufnahme und in
ihren Rundzelten
eine vorzügliche
Bewirtung. Ihre
Jurten bergen
allen Hausrat, den
Hirtennomaden
zu ihrem Glück
brauchen.

Der Jurte ist die Antwort der Mongolen auf die harten Lebensbedingungen in der Gobi. In ihr lassen sich Kälte, Hitze und die schlimmsten Stürme überstehen. In ihr ist die Gastfreundschaft so selbstverständlich, als sei sie ein Naturgesetz. Wer in der Gobi seinen Lagerplatz verlegt oder als Reisender weiterzieht, findet bei allen Wüstenbewohnern Unterkunft, Nahrung und Wasser.

*Die Gobi ist eine Wüstensteppe, keine echte Sandwüste. Nur wenige, räumlich scharf
abgegrenzte Dünengebiete – in der Mongolei »Els« genannt – geben Teilen der Gobi
wüstenhaften Charakter. Diese Treibsandwüsten machen aber nur drei Prozent der Fläche
aus. Im Gegensatz zur Taklamakan im Südwesten der Gobi sind Dünen eine Seltenheit.*

Auch in der Gobi galt es zunächst, sich den Lebensbedingungen anzupassen und mit den Hirtennomaden zurechtzukommen. Ich nahm dabei alle Hilfen in Anspruch, die man mir bot. Die meiste Zeit aber war ich zu Fuß unterwegs und meiner Einsamkeit, der Hoffnungslosigkeit, manchmal der Sprach- und Wortlosigkeit ausgeliefert.

Gobi bedeutet im chinesisch-mongolischen Raum »Steinscherbenwüste«. »Gobi« ist also keine Regionalbezeichnung, der Begriff beschreibt vielmehr die Landschaftsform der für Zentralasien typischen Fels- und Geröllwüsten. Eine Sandwüste nennt man dort »Shamo«. Typische Wüstenbilder: Sanddünen (vorhergehende Doppelseite unten); Baum vor dem Altai-Gebirge; Wildkamel; Tschorten und der doppelgipflige Berg, der mir in Notzeiten den Weg wies. Wochenlang waren solche Bilder meine einzigen Anhaltspunkte. Bis ich wieder zu Siedlungen kam.

Im letzten Drittel der Gobi schlug ich mich von Wüstendorf zu Wüstendorf durch. Dabei kam ich häufig an Kamelherden, Jurten und Gerippen von verendeten Tieren vorbei. In den Siedlungen, die von Jurtenansammlungen umstellt sind, war alles zu bekommen, was ich zum Überleben brauchte, sogar Bier. (Vorhergehende Doppelseite)

Im Frühsommer verlieren die Trampeltiere ihr Winterfell. Im Winter viele von ihnen das Leben. Die Gerippe verwittern rasch. Weiße Knochenhügel wiesen mir oft den Weg zu einer Jurtensiedlung.

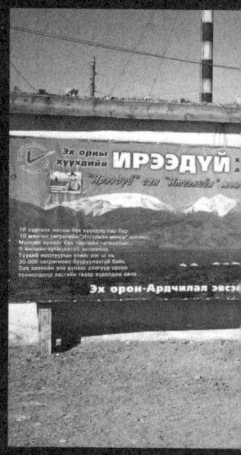

Beide, das Altai und die Gobi, steppenartige Gebiete im Süden der Volksrepublik Mongolei, sind äußerst dünn besiedelt. Nur Hirtennomaden leben hier, ähnlich wie in der zu China gehörenden Autonomen Provinz Innere Mongolei. Die Menschen hier und dort leben wenigstens zum Teil als nomadisierende Selbstversorger. Sie ziehen bis zu dreißigmal im Jahr um (Vorhergehende Doppelseite).

Im Gebirge halten die Nomaden neben Trampeltieren, Schafen, Ziegen und Pferden auch Yaks, tibetische Hochlandrinder (nächste Doppelseite). *Als Behausung dient überall die Jurte, ein stabiles Rundzelt, das so gut isoliert ist, dass auch Temperaturen bis minus 50 Grad bewältigt werden können. Vereinzelt fahren Lastwagen. Schafe und Ziegen werden nachts in Kogen gehalten, und Sieglungen entstehen.*

Wahlkampf in der Gobi: (vorhergehende Doppelseite:) *Die Wahlwerber tragen ihre Botschaft auch dorthin, wo die allermeisten Mongolen weder lesen noch schreiben können. Das Hirtennomadentum allerdings ist nicht mit bunten Prospekten zu retten, sondern nur mit Märkten, die für Fleisch, Kaschmirwolle und Pferde gerechte Preise garantieren.*

Im Altai leben die reich-
sten Hirtennomaden.
Ihre Kunst besteht darin,
die Tiere im Sommer
stark werden zu lassen,
sodass diese die harten
Winter am Rande der
Gobi leichter überleben.
Im Herbst kehren sie in
die kleinen Siedlungen
mit Schule, Verwaltung
und Krankenhaus
zurück.

Endlich über dem Berg! Zuletzt, nach einem Marsch von 2000 Kilometer in der Gobi, galt es den Kamm des Altai-Gebirge zu überqueren, um zurück in die Zivilisation zu kommen.

7

Westgobi

In dieser Nacht, nachdem mich die Soldaten aufgegriffen haben, träume ich, der Himmel habe sich geöffnet, und ich tränke Regenwasser. Erneut in tiefen Schlaf gesunken, komme ich erst wieder zu mir, als bereits später Vormittag ist. Die Nomaden, die neben mir in der Jurte geschlafen haben, sind draußen bei den Tieren. Ich kann ihre Rufe hören, ihr helles Singen und den Gesang der Tiere.

Bis spät in die Nacht habe ich den Einheimischen von meiner Reise erzählt. In Zeichensprache, zwischendurch ins Deutsche fallend, und sie haben mongolisch geantwortet. Wir haben uns gut verstanden.

Sie haben mir Airag zu trinken gegeben, vergorene Stutenmilch, ein Getränk, das den Durst stillt und kräftigt zugleich. Ich habe Unmengen von ihrem Airag getrunken. Dazu Nudelsuppe gegessen,

auf der eine dicke Schicht Fett schwamm. Auch von dem Gebäck, das immer in einer Schüssel auf den Boden gestellt wird, wenn Gäste kommen, habe ich gegessen. Die Herzlichkeit der Nomaden hat mich beschämt. Nirgendwo bin ich gastfreundlicheren Menschen begegnet als am Rande der Gobi, und nie großzügigeren.

Beim Aufstehen fühle ich mich etwas benommen – trotzdem übermütig, wie jemand, der überlebt hat. Es gibt auch weiter nichts zu befürchten. Die Soldaten sind weg, und ich bin ein freier Mann. Das nächste Wegstück, bis Bayanaban, ist befahrbar. Die Einheimischen nennen den Ort Altà.

Jetzt erinnere ich mich wieder. Man hat mich zu dieser kleinen Jurten-Siedlung gebracht, weil hier eine Polizeistation ist. Auch Wildkamele sollen in der Nähe sein.

Vielleicht haben die Soldaten, denen ich von der Suche nach Wildkamelen erzählt habe, um von meinem Gobi-Trip abzu-

lenken, mir alles geglaubt, was ich ihnen erzählt habe. An der
chinesischen Grenze entlang leben ja tatsächlich Wildkamele.
Ob man mich so verstanden hat, dass ich Wildkamele fotogra-
fieren wollte? Hatte ich auf der gemeinsamen Fahrt doch öfters
auf Kamele aufmerksam gemacht, die auf der Weide standen.
Ich habe anhalten lassen, um aussteigen zu können, und habe
die Tiere fotografiert. Auch habe ich immer wieder betont, dass
dort, wohin ich will, große Kamele leben. Völlig ohne Obhut
von Menschen.

Nachdem ich aus der Jurte getreten bin, kommt plötzlich ein
Junge angerannt. Er ist etwa in Simons Alter, aber kleiner. Aufgeregt zeigt er auf die Berge. Wirklich, da kommt ein Kamel, größer,
als ich sie kenne. Breitbeinig stolziert es den Hang herab. Es trägt
den Kopf hoch erhoben und schnaubt wie ein Ungeheuer. Eine
Stute, bedeutet mir der Junge. Sie will zu ihrem Fohlen, das drei
Steinwürfe weiter bei den Jurten angebunden ist.

Ich laufe dem Jungen hinterher, der zum Fohlen rennt. Es ruft wie ein Kind. Ich weiche aber sofort wieder zurück, als seine Mutter kommt, so imposant ist ihre Gestalt, so bedrohlich tritt sie auf. Ein grünes Band mit einer Kapsel hängt ihr um den Hals. Vielleicht ein Sender, denke ich. Das Tier ist so wütend, dass es weder ihr Fohlen noch Menschen in seiner Nähe duldet. Schnaubend geht es im Kreis und schaut sich unruhig um, wie Wildtiere es tun. Mehrfach ruft die Stute nach dem Fohlen, das antwortet.

Das Jungtier ist schlanker und hochbeiniger als normalerweise Kamelfohlen gleichen Alters. Aber es trägt weniger Pelz. Die Mutter, die ihr Winterfell zum großen Teil schon verloren hat, trägt einen feinen Flaum am Hals und hat sehr lange Barthaare, die in der Sonne glänzen.

Offensichtlich bin ich in einem Versuchsgelände. Im Eej-Khayrkhan-Naturreservat experimentiert man offensichtlich mit Wildkamelen. Ich bin jedenfalls beeindruckt von diesem Schauspiel, weiß allerdings nicht, wem ich danken soll: den Soldaten oder den Betreuern? Dabei ist allein ein Missverständnis der Grund für mein Glück.

Wäre Simon bei mir, er würde die Tiere miteinander vergleichen, denke ich. Die Größe ihrer Nüstern, die Hufe, die Höcker. Vor allem würde er sich über eines Gedanken machen: Wie haben die Menschen diese Kamele einst gezähmt? Denn Simon ist in seiner Begeisterung für Kamele nicht bloß daran interessiert, sie zu reiten. Er will alles über ihr Verhalten, ihr Aussehen, ihre Gewohnheiten wissen, um sie zuletzt zu beherrschen. Sie sich gefügig zu machen, ist sein wichtigstes Anliegen. Es steckt in ihm wie ein Instinkt. Ein Wildkamel wäre für ihn die größte Herausforderung.

So wie ich immer Wert darauf gelegt habe, hoch oben zu wohnen, will er die Hoheit über Kamele haben. Schon mein erstes Haus baute ich hoch oben am Berg, auf einem waldfreien Hügel. Es war eine kleine Blockhütte, die ich mit Freunden und Handwerkern aus meinem Tal selbst gezimmert hatte. Die Leute im

Dorf verstanden das nicht. Sie glaubten wohl, dass ich dem Berg, den Felsen näher sein sollte, weil ich Kletterer war. Später dann stand auch mein zweites Haus auf einem Hügel hoch oben über dem Tal. Jetzt glaubten die Leute, dass meine Halsstarrigkeit der Grund dafür war und ich unerreichbar sein wollte. Womit sie teilweise recht hatten. Ich suche immer die Möglichkeit, potenzielle Störenfriede zu sehen, bevor sie mich sehen. Aber unnahbar wollte ich dabei nie sein, ich suchte nur starke Plätze zum Bleiben, zum Wohnen. Die Aussicht war nicht das Entscheidende.

Starke Plätze liegen immer oben. Das sagt mir mein Instinkt. Heute wohne ich in einer Burg, hoch über dem Vinschgau in Südtirol. Sie steht auf einem Gneisfelsen und ist schwer zu erreichen. Vor einem halben Jahrtausend war sie so gut wie uneinnehmbar.

Nicht etwa, weil ich allein sein will, wohne ich dort oben. Ich fühle mich dort wohl, das ist alles. Ich kann von Juval aus auf die Ötztaler Alpen und die Ortlergruppe schauen. Mehr wert aber ist das Gefühl, am richtigen Ort zu sein.

Vielleicht beruht meine These vom erhöhten Platz zum Wohnen und zum Beherrschen von Tieren bei mir und Simon auf purer Einbildung. Simon weiß ja nicht, warum er unbedingt Tiere zähmen möchte. Würde ich aber auch nur eine kleine Kamelkarawane beherrschen, ich hätte keinerlei Probleme, durch die Gobi zu kommen.

Um die Mittagszeit fährt ein Truck vorbei. Er ist mit der Habe einer Nomadenfamilie beladen. Die Hirten wollen nach Westen, in die Nähe der Bogd-Berge, wo mehr Weidegrund zu finden sei. So jedenfalls glaube ich sie zu verstehen. Ich könne mitkommen, sagen sie. Warum nicht, denke ich, liegt ihr Ziel doch in meiner Richtung. Schlecht gefahren ist immer besser als gut gelaufen. Auch kann ich mich auf dem Truck weiter ausruhen. Wie viel ich für die Passage bezahlen will? Je nachdem, wie weit ich dabei komme, sage ich. Es beginnt ein nicht enden wollendes Palaver. Der Fahrer versteht mein Angebot nicht. Ich

wiederum weiß nicht, wo er mich absetzen will. Wir reden aneinander vorbei, ich englisch, er mongolisch, beide überzeugt, redlich zu sein. Dabei geht ein Großteil des Gesprochenen irgendwo im Niemandsland des Nichtverstehens verloren. Wir reden so lange weiter, bis sich ein Gefühl des Vertrauens zwischen uns einstellt.

Ich steige also hinten auf den Wagen. Ein Mann schiebt mir den Rucksack nach. Nachdem ich eine Kuhle zwischen Filzplanen, Gestänge und allerlei Tüchern gefunden habe, lege ich mich auf den Rücken und schaue mit weit geöffneten Augen in die Wolken. Als sich der Wagen endlich bewegt, zurückstößt, um nach Süden einzuschwenken, fühle ich mich wie ein König. Ja, ich bin jetzt der König über die Gobi.

Ich weiß, ich bin nicht nur durchgekommen, noch einmal davongekommen – ich bin zurück. Bald schon werde ich wieder in der Zivilisation sein. Die Wüste ist jetzt weder um mich noch in

mir, die Wüste liegt weit zurück. Ich bin ihr entronnen, denke ich. Über mir ein mit Schleiern überzogener Himmel.

Wie sich die Wolken verformen! Auch die Berge wechseln dabei ihre Gestalt. Jeder Hügel wird zur Skulptur. Von Frost, Wind und Wasser geglättet, sind Felsen auch Spielformen des Lichts. Der Eej Khairkhan Uul, an dem ich mich schon gestern orientiert habe, dreht sich jetzt links von mir. Aus den Augenwinkeln schiele ich hinüber zu ihm, bemüht, die Wolkenbilder dabei nicht aus den Augen zu verlieren.

Wir Menschen haben uns immer schon an den Bergen orientiert, denke ich, und natürlich an der Sonne, nachts an den Sternen. Der Stand der Sonne, die Schatten einzelner Berge, jeder nur sich selbst ähnlich, reichen aus, Zeit und Raum zu bestimmen.

Ich habe Sven Hedins Gobi-Bücher absichtlich nicht gelesen, also suche ich jetzt nicht nach seinen Bildern, sondern lasse mich von denen überraschen, die mir zufliegen. Völlig zufrieden

liege ich, das Gesicht dem Himmel zugewandt, auf einem Lastwagen und schaukle einem Shangri-La entgegen, das ich noch vor
24 Stunden verloren glaubte. Bald döse ich, dann wieder suche
ich nach Wolkenbildern.

Es ist später Nachmittag, als der Wagen anhält. Beim Aufstehen sehe ich zuerst nur einen aus gebleichtem Dürrholz gezim-
merten Kogen. Weiter links stehen zwei Jurten und zahlreiche
Tiere: Ziegen, Schafe, Kamele, Pferde. Wir sind also da, denke ich.
Ich strecke mich und werfe meinen Rucksack ab. In diesem
Augenblick sehe ich Schneeberge über den Wolken, weit im Süden. Ja, hinter und über der Wüste ist ein Eisgebirge! So hoch wie
die Wolken! Wie weit ist es wohl bis zum nächsten Ort?

Es sind nur zehn Kilometer bis Altá, jenem Shangri-La in der
Westgobi, von dem ich seit Tagen alle Einheimischen schwärmen
höre. Meine Neugierde ist so groß, dass ich nicht über Nacht bleiben kann.

Ich stapfe zügig der Dämmerung entgegen. Gegen den Westwind und neben der Fahrspur. Als der Wind nachlässt, ordnen sich
die Wolken am Himmel. Sie leuchten jetzt violett. Plötzlich aber
schwindet das Licht, und die Welt vor mir erscheint in Schwarz-
Weiß.

Es ist fast dunkel, als ich die ersten Gebäude erkenne: zwei hell
glänzende Container. Offenbar ein Treibstofflager. In erster Linie
wohl für das Militär. Dahinter, als heller Strich, das Dorf. Ich bleibe stehen, schaue. Dann lausche ich nach einzelnen Geräuschen.
Nichts. Hinter der Nacht und dem abgeklungenen Westwind
steht nur eine große Stille. Ich weiß, dass ich in Shangri-La angekommen bin. Aber da sind keine Lichter, keine Hochbauten. Nur
zwei Kamine, die schwarz gegen den dunklen Nachthimmel aufragen.

Plötzlich taucht am Ostrand von Altá ein Funken Licht auf. Es
bleibt aber stehen und hängt unbeweglich in der Luft. Ich gehe ge-

radewegs auf das Licht zu, das ich immer wieder verliere, wenn ich
eine Senke durchschreite. Plötzlich ist es wieder da, ganz nah
jetzt, und ich erkenne eine alte, ziemlich dicke Frau, die dort vor
ihrer Jurte steht. Sie hält eine Kerze in der Hand, ganz so, als wolle sie mir in der Dunkelheit den Weg weisen. Ihre Jurte steht im
Windschatten eines einstöckigen Hauses.

Nach Wochen im Zelt oder im Freien endlich ein Hotel, denke ich. Ja, ich könne hier schlafen, bedeutet mir die Frau. Sie
zeigt auf eine Tür. Dahinter versteckt sich alle angestaute Erwartung eines Wüstenwanderers: nach vier Wochen Fußmarsch
sind schon ein Bett und eine Waschgelegenheit höchste Köst-
lichkeiten. Am Ende der Wüste ist schließlich jedes Ankommen
ein Fest.

Die Legende von Shangri-La hat ebenso wenig zu tun mit einem
realen Ort wie meine Vorstellungen vom ersten Bett oder Dorf.
Welche großartigen Erwartungen verbinden wir mit diesen
Fluchtpunkten unserer Hoffnungen Wochen, Monate, oft Jahre,
bevor wir sie erreichen? Im ersten Augenblick mögen sie sogar unsere Vorstellungen übertreffen, denn wir kommen aus dem arktischen Eis, aus den windgepeitschten Hochebenen des Changtang
im Norden von Tibet oder aus dem Inneren der Gobi.

Nach einer ersten Nacht in Altà erwache ich in einem winzigen Zimmerchen. Ich frage mich, was mich am Vorabend so begeistert hat an dieser Herberge. Da ist keine Toilette, kein Bad,
nicht einmal ein Wasserhahn. Nur ein Bett, ein Hocker und eine
Schüssel mit Wasser. Dazu ein Brett an der Wand, auf das ich meine Habseligkeiten gelegt habe.

Die Toilette finde ich im Hof. Es ist ein aus Altblech und Holz-
balken grob gezimmerter Kasten, so groß wie eine Telefonzelle.
Im Boden ist ein Loch ausgespart. Ich schrecke Schwärme von
Fliegen auf und bin einem derartigen Gestank ausgeliefert, dass
ich den windschiefen Verschlag sofort wieder verlasse.

Über Sand und Müll gehe ich dann auf den Rand des Dorfes zu.
Der Wüste entgegen, die gleich hinter eingezäunten Jurten, ein
paar Hütten aus Blech und den wenigen gemauerten Häuschen
beginnt. Plötzlich schießt ein Hund auf mich zu. Er ist so groß wie
ein Kalb, langzottelig und schwarz. Mit aufgerissenem Maul greift
er mich an. Ich kann gerade noch zurückweichen, ehe er mich
schnappen kann. Zum Glück hängt er an der Kette, an der er jetzt
zerrt. Das ausfallende Winterhaar hängt in Büscheln aus seinem
dunklen Fell. Ich fixiere ihn und gehe rückwärts. Bis zur Toilette,
die ich kurz vorher fluchtartig verlassen habe.

Wenig später stehe ich, ungewaschen und mit staubigen Stiefeln,
im Zentrum von Altà. Ich fühle mich ziemlich verloren, wie an den
Tagen vorher. Ich bin zudem fußlahm, steif und immer noch leicht
benommen – gezeichnet von den harten Marschtagen in der Wüste. So gehe ich durchs Dorf und komme nochmals an einer Außen-
siedlung mit Hütten, Jurten und vielen Hunden vorbei. Nur Kat-
zen sehe ich nirgendwo.

Zurück im Zentrum sind da ein paar Straßenläden, eine Schule, ein Hospital und der Kindergarten. Das Elektrizitäts- und
Heizwerk ist eine Ruine. Später erfahre ich, dass am Westrand des
Dorfes ein neues Kraftwerk gebaut wird. Dort endlich finde ich,
was ich suche: eine Quelle. Daneben ein grüner Fleck Wiese mit
einem Tümpel. Viele Kinder spielen und baden dort in der Nach-
mittagssonne.

Immerzu rasen Jeeps und Lastwagen über eine staubige Fahrspur, die quer durch das Dorf führt. Doch alle fahren nur von einer
Ecke des Ortes in die andere, auch die Motorräder, deren Sitz
meist mit einem Teppich belegt ist, der in der Jurte jetzt fehlt. Es
muss für ehemalige Nomaden eine Strafe sein, in so einer Siedlung
zu hausen, denke ich. Noch dazu bei diesem Lärm! Geräusche so
laut wie von einem Hubschrauber. Wollen diese Männer nur ange-
ben oder versuchen sie, der Sinnlosigkeit davonzufahren, die mit

dem Ansässigwerden in schäbigen Jurtendörfern einhergeht?
Richtige Straßen gibt es hier nicht. Niemand scheint das Dorf zu
verlassen. Richtung und Zielpunkte des Verkehrs sind nur am
Lärm und an den Staubfahnen zu erkennen, die über den flachen
Häusern zusammenschlagen. Als ob all die Trostlosigkeit hier mit
Lärm und Staub zugedeckt werden müsste.

Zuerst sehe ich dem Treiben mit Neugierde zu. Ich weiß ja,
dass das Wüstenleben in der Gobi im Umbruch begriffen ist. Hier
ist die Zukunft auf dem Vormarsch, finanziert von der Zentral-
regierung in Ulan-Bator, die in den Dörfern Radarstationen und
Militär hält, und dies nicht nur, um die Grenze zu China zu si-
chern. Die Mineure – Öl- und Glücksucher – sind die neuen Herren der Wüste. Sie bauen sich ihre Siedlungen selbst. Irgendwo
mitten in der Weite. Und je nachdem, woher sie kommen, werden
ihre Zelt- und Containerdörfer russischen, amerikanischen oder
chinesischen Charakter haben. Trotzdem stehen immer auch ein
paar Jurten dabei, denn nur sie bieten in der Gobi größtmöglichen
Wohnkomfort. Weil die Filzzelte praktisch sind, gehören sie dazu
und nehmen sich doch aus wie die Erinnerung an eine vergangene
Zeit.

In den Läden finde ich alles, was es zum Überleben braucht:
Mineralwasser und Fischkonserven, Wurst und Brot; sogar Coca-
Cola, Säfte und Bier; Kompott und jede Art Toilettenartikel, auch
Kleider, das allermeiste »Made in China«; dazu die übliche Ware
aus Plastik. Die Globalisierung hat also auch die Gobi schon erreicht, wie vor allem am Müll zu erkennen ist. Überall am Dorf-
rand lagert er in Mulden.

Mit einer Selbstverständlichkeit, als wäre ich ein Einheimi-
scher, kaufe ich ein. Die Preise lasse ich mir dabei auf Zettel
schreiben, wie zuletzt auch die Endsumme. Ich bezahle in ortsüb-
licher Währung, verstehe aber wenig von dem, was sie sagen. Meist
errate ich, was sie meinen. Trotzdem habe ich am Ende alles, was
ich zum Weiterreisen brauche. Es ist nicht allzu viel, denn das

letzte Stück meiner 2000 Kilometer weiten Gobi-Reise ist nicht sonderlich schwierig. Zuletzt muss ich nur noch über die Altai-Berge und weiter nach Norden. Ich mache mir weiter keine Sorgen, was sollte mich jetzt noch aufhalten? Der Abschluss meiner Unternehmung scheint nur noch eine Frage von Zeit zu sein. Wieder einmal soll mir ein Trip gelingen, denn im Vergleich zu der Strecke, die hinter mir liegt, ist jene, die mir bevorsteht, ziemlich einfach, weil ich größtenteils erkennbaren Wegen folgen kann. Auch habe ich nicht vor, Rekorde zu brechen oder unerforschtes Land zu betreten. Ich will nichts weiter, als die Gobi der Länge nach zu durchqueren, allein und mit allen zur Verfügung stehenden Hilfen, die ich vor Ort finden kann.

Auch mit der Geografie habe ich inzwischen Erfahrung genug und keine Probleme mehr. Abschnitt für Abschnitt lasse ich mir von den Einheimischen die Namen jener Orte, die an meiner Strecke liegen, nennen und übernehme ihre Aussprache. Dann schlage

ich mich von Ort zu Ort durch. Allzu viel Interesse darf ich den Dorfbewohnern allerdings nicht bezeugen, sonst komme ich aus ihren Hütten nicht mehr weg.

Am Dorfplatz gibt es sogar eine Art Restaurant. Nein, es stehen keine Tische und Stühle vor der Tür, und die Bude ist leer, aber es gibt Momo zu essen, und ich trinke mein Bier dazu.

Dann lasse ich den Platz mit den Läden hinter mir und gehe eine Fahrspur entlang, zurück zu meiner Unterkunft. Ich nehme eine Abzweigung dieses Pfades, die zu einem Felshügel und einem Punkt hinführt, der von unten wie eine Aussichtskanzel wirkt. Am Ende des Weges, der sich bergauf windet, erhebt sich ein Monument mit Resten einer Inschrift und einem aufgeschichteten Steinhaufen, verziert mit Glücksschleifen aus blauer Seide. Ich hocke mich hin und schaue nach Westen, wo dichte Dunstschleier über der Wüste liegen, in der ich mich schon morgen wieder verlieren werde. Damit lasse ich den Geruch von Rauch und gekochtem Essen hinter mir.

Es ist nicht festzustellen, wo die Fahrspuren enden. Nirgendwo sind Staubfahnen auszumachen. Außerhalb des Ortes fährt
hier offenbar niemand. Im Süden stehen nach einem kurzen Regen zwei Bergketten, Eisgebirge. Wüsste ich nicht, dass es Berge
sind, ich würde sie mit Wolkenbarrieren verwechseln.

Der Abstieg führt über einen verschlungenen Pfad um die Aus-
sichtsklippe herum. Dabei rutschen meine staubig vernarbten
Schuhe öfters im Schotter aus, und meine rechte kleine Zehe
drückt gegen das harte Leder. Die Füße schmerzen mehr als die
Tage zuvor in der Wüste. Oder habe ich in der Weite der Gobi das
Steigen verlernt?

Zurück in meiner Unterkunft ist da nichts mehr von der freu-
digen Erwartungshaltung des Vorabends. Ich weiß nicht recht,
was tun. Die Hütte ist fleckig und grau, das Blechdach verwittert. Die Tür hängt schräg im Rahmen. Die kaputten Fensterscheiben sind mit Klebeband notdürftig geflickt. Alles ist schä-
big und schief. Vor der Tür liegt ein modriges Lammfell, daneben
Müll und Mist zum Feuern. Vom Vorhängeschloss bröselt Rost,
als ich aufsperre. Beim Eintreten kommt ein Fliegenschwarm
mit.

Im Morgengrauen stehe ich auf, packe meinen Rucksack und trete ins Freie. Es ist frisch draußen. Der Tag verspricht, schön zu
werden, obwohl über den Ausläufern des Ai Bogd Uul noch dunkle Wolken hängen.

Während ich ein letztes Mal durch das Dorf gehe, wird es
hell. Nirgends aufsteigender Rauch; kein Mensch auf der Straße. Es ist diese unheimliche Stille, die auch mich ausfüllt, welche hier alles verwandelt hat. Wie ein Mantel liegt die ersten
Morgenstunde über Altà. Als wären alle Bewohner weggezogen.
Werden sie je wieder zurück zu ihren Herden am Rande der
Wüste finden? Oder werden sie für immer von hier verschwinden?

Nachdem ich aus dem Ort heraus bin, steuere ich auf einen
Trampelpfad zu. Immer westwärts. Ich ahne, dass die Qual noch
nicht zu Ende ist. Es wird wieder ein harter Tag werden.

In der morgendlichen Wüste riecht es ganz anders als zwischen den Jurten und Häusern, wo bei Sonnenaufgang das Leben
beginnt. Hier riecht es nach Verwitterung, den Steinen, über die
ich gehe, nach Eis und Dornen. Ich habe einen Geschmack im
Mund, den der Fallwind aus den nahen Gebirgen in die Ebene
trägt.

Hinter mir das Leuchten der Wolken, die vor der Sonne stehen, vor mir ein fernes Jurtenpaar, gehe ich in die Wüste davon, in
eine Leere, die ich jetzt als weit und schön empfinde, als wäre
nichts von ihrer Grausamkeit in meiner Erinnerung übrig geblieben.

Mit dem Gehen aber wird diese Wüste immer noch weiter, womit sie aufhört, Ziel zu sein. Anders als Berge, die Gipfel haben, ist
sie nur offen und liegt da wie die Erwartung des Jenseits in mir.
Also passt auch keine Ortsbezeichnung zu ihr. Und keine zielge-
richtete Begeisterung. Da ist auch keine Form. Die Wüste lässt
sich nur als Ganzes erfahren oder meiden.

Im Norden habe ich jetzt immer die Berge im Blick, ebenso
wie weit im Süden. Wäre da nicht dieser Dunst, der Wüstensand
müsste sich dagegen abheben wie ein Band. Nur vor mir schiebt
sich die Tiefe der Wüste in ein imaginäres Nichts. Immer weiter
nach Westen, dorthin, wohin ich will. Wälle von Grau und Dunst
verbinden sich zu einer Undurchdringlichkeit, sodass mir jedes
Maß für Entfernungen abhandenkommt.

Als ich nach einigen Stunden Marsch zwei Jurten erreiche, ist dort
ein einziges Blöken, Wiehern, Meckern und Rufen, dazu das be-
kannte Geplärr zwischen Kamelfohlen und ihren Müttern. Nomaden sind bei der Arbeit. Mit dem erhobenen rechten Arm grüßend, gehe ich auf das morgendliche Durcheinander zu. Plötzlich

und für mich völlig überraschend kommt ein großer Hund auf mich zugeschossen. Das Tier ist zornig, ja wild. Davonlaufen kann ich nicht, auch sehe ich keinen großen Ast in meiner Nähe, den ich zu meiner Verteidigung aufnehmen könnte. In meiner Angst rufe ich nach den Hirten. Sie pfeifen ihren Bewacher und Beschützer im allerletzten Moment zurück. Erleichtert gehe ich weiter, auf das Lager der Hirtennomaden zu.

Hunde schrecken mich normalerweise nicht, im Gegenteil: Ich liebe Hunde – seit Fricka, wie der erste Hund hieß, den wir daheim hatten. Fricka war ein langzotteliger ungarischer Hirtenhund. Als kleines, verspieltes Wollknäuel war er zu uns gekommen, und wir Kinder durften mit ihm herumtollen und spielen. Bis er starb. Nachbarn, denen er nachts wohl zu laut gewesen war, hatten die Hündin vergiftet. Sie war nur kurze Zeit bei uns gewesen! In meiner Erinnerung aber ist es eine Ewigkeit.

Wir Kinder waren damals untröstlich und begruben Fricka am Rande eines Ackers. Auf unser Drängen hin kaufte Vater nochmals einen Hund. Diesmal war es ein Rüde, ein Deutscher Schäferhund. Er war schon größer, und als mein älterer Bruder und ich ihn in Klausen abholten, waren wir begeistert, hatten aber Mühe, ihn die zwölf Kilometer weit nach Hause zu führen, ohne dass er uns entwischte, so stark und geschickt war er. Unser Rolf ist nicht nur größer und stärker geworden als Fricka, sondern auch schärfer. Er nahm die Schutzaufgaben so ernst, dass sich fremde Leute bald nicht mehr in die Nähe unserer Hühnerställe trauten. Einmal biss er einen Buben, der ihn gereizt hatte, woraufhin die Schulkinder einen großen Bogen um unser Haus machten.

Wir aber liebten unseren Hund. Ich spielte viel mit ihm. Im Winter spannte ich ihn oft vor den Schlitten und ließ mich von ihm bis zu den Großeltern ziehen, die höher oben im Tal wohnten. Rolfs glänzendes Fell war am Rücken dunkler, flauschig und goldbraun an Brust und Bauch. Wenn er mit seinen festen Pfoten durch den Schnee jagte, dass die Schlittenkufen quietschten, kam

ich mir vor wie ein Polarfahrer. Amundsen mochte sich so gefühlt
haben, als er den Südpol erreichte.

Rolf war immer draußen, auch im Winter. Er sprang an mir
hoch, wenn ich von der Schule nach Hause kam, und warf mich
mit seinen großen hellen Pfoten dabei fast um. Nur Fremden gegenüber wurde er immer angriffslustiger und misstrauischer, nachdem man wiederholt versucht hatte, auch ihn zu vergiften. Die
Mutter rettete ihm zweimal das Leben, indem sie ihm viel frische
Milch zu trinken gab. Wir hatten ihn danach nur um so lieber. Wir
glaubten jetzt, den stärksten und schönsten Schäferhund der Welt
zu besitzen. Nur wurde es zunehmend schwieriger, ihn vor einen
Schlitten oder Karren zu spannen, denn da er einige Leute im
Dorf gar nicht mochte, bestand immer Gefahr, dass er ausbrechen
und Unheil anrichten könnte. Wenn wir einem unserer Nachbarn
begegneten, den er als seinen Feind ansah, konnte ich den Hund
allein nicht halten.

Also zogen wir die Einkäufe aus dem Dorfladen und das Holz
aus dem Wald wieder selbst nach Hause, ohne Hilfe des Hundes.
Nur spielen konnten wir noch mit ihm, zu seiner und unserer
Freude. Seit damals weiß ich: Ein großer, starker Hund kann einen
Menschen umbringen. Im Übrigen hätte in der Wüste eine tiefe
Bisswunde genügt, um mich für ein paar Wochen außer Gefecht
zu setzen. Also galt es, vorsichtig und wachsam zu sein, denn nur
die Einheimischen konnten mich vor Schäden bewahren.

Der Tibetmastiff bei den Jurten ist ein gutes Stück größer, als
unser Schäferhund es war. Hätte er mich angefallen, meine Erinnerung an Hunde wäre wohl für alle Zeiten getrübt gewesen.

Die Nomaden laden mich mit einer Geste zum Tee in eine ihrer Jurten ein. Es gibt wieder Schmalzgebäck dazu, auch gekochtes
Fleisch. Auf die Frage, wohin ich wolle, nenne ich einen Ort: Bar
Utai, wieder Altà genannt. Alle in der Jurte sehen mich erstaunt
an, weniger vielleicht, weil es bis dorthin an die 300 Kilometer
sind, als vielmehr, weil es weiter im Westen keine Jurten mehr gibt.

»Maschine«, sagt später einer der Männer im Raum und weist in jene Richtung vor den Zelten, wo im Freien ein russischer Jeep steht. »Ja«, sage ich und zeige ihm ein Bündel Geldscheine. Wir sind uns schnell handelseinig. Allzu weit allerdings kann er mich nicht fahren, denn er ist knapp an Treibstoff und muss unbedingt am selben Tag zu seinen Leuten zurückkehren. Draußen vor der Jurte ist es brütend heiß, im Fahrtwind dann allerdings erträglich. Wir kommen nicht besonders weit: Bei einer Polizeistation, keine 20 Kilometer von der chinesischen Grenze entfernt, werde ich wieder angehalten. Ich soll auf ein Permit warten. Darüber wird es Abend. Die Wüste bleibt ruhig, nirgendwo sind Windfahnen zu sehen. Ich bin's zufrieden: Solange sich die Polizei um mich kümmert, kann ich nicht verloren gehen.

Im Dunkel der Nacht beginnt wieder der Fallwind zu heulen. In der Jurte, in der ich schlafe und wo es vorher so ruhig gewesen ist, dass man das Gefühl haben konnte, die Nomaden hätten aufgehört zu atmen, beginnt ein Rascheln und Husten. Dann ein Stöhnen und Räuspern, das mit dem Quietschen der Jurtestäbe und dem Schlagen der Stoffplanen zunimmt. Als wären alle zugleich wach geworden.

Ich spüre den Druck des Sturms, der bergseitig auf die Jurte drückt. Sie hält stand, doch das Holz ächzt und etwas kratzt an der Außenwand. Auch der Türstock scheint zwischendurch nachzugeben. Ein quietschendes Geräusch ist zu hören, und irgendwo schlägt ein Stück Seil, das nicht festgemacht ist, gegen die Planen. Mit dem Gewicht einer riesigen Walze gehen die Naturgewalten über die Gobi und die Jurte hinweg. Wieder und wieder.

Zwischen den einzelnen Böen ist es unnatürlich ruhig und still, so als sammelte der Sturm nur die Kraft, um uns mit dem nächsten, noch stärkeren Windstoß davonzutragen. Unwillkürlich werde ich unruhig.

Die Hirtennomaden und ihre Kinder aber, die auf Bettgestellen und am Boden schlafen, atmen nur bei Sturmböen laut auf. Ansonsten bleiben sie völlig gelassen, sie sind das alles gewohnt. Seit Jahrtausenden fällt der Sturm sie an, oder die Dürre und im Winter der Frost. Sie haben damit zu leben gelernt. Und wenn das Donnern draußen stärker wird, kriechen sie nur tiefer unter die Felldecken. In jedem Winkel der Jurte ist diese Art Gewissheit wie ein Vertrauen in uralte Ordnungen zu spüren.

Und draußen wacht der Hund.

Der Hund ist hier kein Haustier. Hunde sind die treuesten Begleiter einer Familie, eines Clans. Hund und Sippe sind immer zusammen, auf engstem Raum. Nur so können sie sich gegenseitig schützen, nachts im Umkreis der Jurte, tagsüber auf Rufweite. Hund und Mensch bilden hier eine Überlebensgemeinschaft, in der sich jeder für jeden verantwortlich fühlt.

Als ich am Morgen wieder in die nahe Kontrollstation komme, entschuldigt sich der diensthabende Offizier. Ob er sich meines Falles nun annehmen wolle? Am Abend vorher hatte er mich loshaben wollen und mich zu den Nomaden geschickt, wo ich nächtigen sollte. Er muss wohl so betrunken gewesen sein, dass er ein Dokument weder lesen noch ausfüllen konnte.

Ja, der kleine Mann mittleren Alters mit dem vernarbten Gesicht meint es gut mit mir. Er hockt an seinem Holztisch und schreibt, wobei er immer wieder mit demselben Satz beginnt. Wiederholt versucht er, eine Durchreisegenehmigung für mich aufzusetzen. Vergeblich. Er bricht seine Amtshandlung ebenso oft wieder ab, wie er sie beginnt. Und versteht dabei nicht, dass ich es eilig habe. Also lege ich ein paar Geldscheine auf den Tisch: für Schnaps. Schreiben lernt auch ein Offizier damit nicht. Zuletzt gibt er das Papier an einen Adjutanten weiter, der offensichtlich besser schreiben kann als sein Chef.

Die Soldaten vor ihrer Baracke schütteln nur den Kopf, als sie mich allein in die Wüste aufbrechen sehen. Ich jedoch weiß, dass

gute 40 Kilometer weiter die nächste Kontrollstation ist. Die
Form der Wolken über den Bergen bedeutet gutes Wetter, und ich
habe ein Permit in der Tasche. Auch habe ich genügend Wasser
und Proviant dabei. Warum also soll ich mir Sorgen machen? Und
wenn ich unterwegs nicht auf Nomaden stoßen sollte, wäre dies
auch nicht schlimm: Bis zum Abend ließe sich sicher ein Lager finden. Ich bin also recht zuversichtlich.

Mittags tauchen rechts von mir, wo die Ausläufer des Altai stehen, aus einem Tal plötzlich Reiter auf. Drei Männer auf Pferden
treiben eine kleine Kamelkarawane vor sich her. Die Pferde sind
klein, aber schnell und wendig. Immer, wenn die Kamele auszu-
brechen versuchen, treibt sie einer der Reiter aus der Flanke in die
richtige Bahn zurück. Es ist eine fliehende Kraft in diesen Pferden, und ich bin voller Bewunderung für die Reiter. Ich sehe dem
Schauspiel zu, solange ich in dieselbe Richtung gehe, parallel zur
gedachten Marschrichtung der Nomaden. Bald aber kann ich
nicht mehr auf ihrer Höhe bleiben, und als mich die Karawane zu
überholen scheint, bleibe ich stehen. Ich rufe zuerst und winke,
beobachte dann, wie der letzte Reiter, jener, der die kleine Gruppe
anzuführen scheint, in schnellem Tölt auf mich zukommt. Es ist
eine Lust, Pferd und Reiter in perfekter Harmonie zu sehen. Ich
kann meine Augen nicht von diesem Bild abwenden.

Die anderen – drei Kamele im Winterfell, zwei Reiter – ziehen
inzwischen weiter, am Saum der Berge entlang. Als plötzlich die
Sonne fehlt, kann ich sie im Schatten einer Wolke nur noch als Bewegung wahrnehmen. Das Bild verliert sich in der fahl aufflak-
kernden Landschaft.

Pferde haben nichts Mythisches für mich. Ich halte seit Jahren
Pferde und bin früher selbst geritten – miserabel, wie ich zugeben
muss, weil wir nicht wesensverwandt sind: Pferde sind Flucht-
tiere, ich gehe eher auf Konfrontation. Auch bin ich Fußgänger
geblieben. Einen Tag lang auszuschreiten, bedeutet mir mehr, als
auszureiten. Noch immer.

Der Mann auf seinem Schimmel ist groß gewachsen und lächelt, als das Pferd vor mir zum Stehen kommt. Er trägt einen Umhang, der um die Taille mit einem Tuch zusammengehalten wird. Das Pferd sieht mich aus großen, ängstlichen Augen an, während es mit Zitterbewegungen der Haut sein glattes Fell von Bremsen freihält.

Der Mongole tätschelt sein Pferd am Hals. Dann bietet er mir mit einer einfachen Geste den Hengst zum Reiten an. Ich bin zuerst unsicher, weil ich nicht weiß, wohin mit meinem Rucksack. Will er ihn mir abnehmen? Meine Beine, die steif sind vom vielen Gehen, wollen plötzlich nicht mehr. Soll ich es doch noch einmal versuchen?

Der Reiter ist inzwischen abgestiegen. Er hält seinen Hengst am Riemen und fordert mich erneut auf, sein Pferd zu reiten. Das Fell schimmert jetzt silbrig in der Sonne. Nur an den Rändern des Sattels sind Schweißflecken zu erkennen.

Ich will es wagen. Der Mann nimmt mir den Rucksack ab, lächelt mir zu und hält sein Pferd, bis ich aufgestiegen bin. Als ich die Zügel in die rechte Hand genommen habe, übergibt er mir den Riemen. Ich brauche das Pferd nicht anzutreiben. Es geht sehr rasch los, als wolle es die Karawane einholen, zu der es gehört. Erst als der Hengst in einen schnellen Galopp fällt, versuche ich, ihn zurückzuhalten. Schon habe ich Mühe, im Sattel zu bleiben. Alles geht so geschwind, und ich kann das Pferd, das schneller und schneller wird, nicht mehr bremsen. Der Hengst, der über die Wüste jagt, über Gräben springt, als sei er wild geworden, ist eine ernste Gefahr für mich geworden.

Es ist weder Angst noch Panik, was mich an die Steigbügel denken lässt. Ich muss da raus! Es ist der pure Überlebensinstinkt. Als ich mich in hohem Bogen nach rechts vorne aus dem Sattel werfe, höre ich den Hufschlag neben mir, dann ein Wiehern. Ich komme wieder auf die Beine und sehe, wie das Pferd mit hoch erhobenem Kopf zu seinem Besitzer trabt.

Noch benommen, während ich mir den Staub aus den Kleidern schlage, sehe ich an mir hinunter. Ich beobachte, wie der
Schimmel, der bei meinem Sturz in Panik geraten ist, bei seinem
Reiter stehen bleibt. Ein Pferd zu beherrschen, ist offensichtlich
schwieriger, als sich selbst zu beherrschen, denke ich. Auch wenn
das Reiten bei den Hirten noch so einfach aussieht, ich beherr-
sche diese Tiere nicht und verweigere ab jetzt das Reiten. Ein
ernster Unfall wäre hier in der Wüste fatal, die Folgen nicht auszu-
denken.

Blut tropft mir von der Nase. Trotzdem, das Pferd wäre eine
große Hilfe, sage ich mir, wenn es nur nicht so schnell wäre. Ich
habe ein paar Schrammen davongetragen, aber sonst fehlt mir
nichts. Trotzdem habe ich Angst, nochmals aufzusteigen. Nicht,
dass ich eine Abneigung gegen das Pferd gefasst hätte, aber mein
Sturz hat mich beschämt. Es ist allein meine Schuld, wenn ich mit
dem Hengst nicht zurechtkomme. Für Reue allerdings ist es zu
spät. Man hat mir den Rucksack abgenommen, allein das ist schon
eine große Entlastung. Ohne Rucksack geht es sich leichter.

Ich bleibe also der Karawane angeschlossen. Sie will wie ich zu
einer Oase am Fuße der Berge, wo die nächste Kontrollstation ist.

Die Sonne scheint jetzt, und ich spüre sie heiß im Nacken. Ich
spüre den Schweiß, der den Rücken hinunterläuft und durch das
Hemd sickert. Rechts hinter einer Hügelkette kann ich später das
Grün einer Oase ahnen, man kann es zwar nicht sehen, aber
schmecken. Felsen verdecken die Oase, und ein violetter Hang
ragt dahinter auf. Aber ich weiß, dass da Wasser ist. Als ob Luft
und Wolken, die jetzt wie Schneeberge über den Ausläufern des
Altai stehen, es ankündigten. Der Rest der Landschaft ist unter
der tief stehenden Sonne verschwunden. Wie aufgezehrt von der
Hitze.

In der Jurte des Hengstbesitzers darf ich bleiben. Es gibt zuerst Kaffee und süßes Schmalzgebäck, dann Kefir im Überfluss,

und immer wieder reicht mir der Gastgeber eine Schale mit Salztee. Später darf ich mir sogar die Füße waschen. Wir lachen jetzt gemeinsam über meinen Sturz, und während der Mann den anderen davon erzählt, küsst er wieder und wieder seine kleine Tochter. Er ist fünf Tage durch die Altai-Berge geritten, um seine Kamele zu holen. Später lädt er mich ein, länger zu bleiben, ein paar Tage vielleicht. Aber ich lehne ab, weil auch ich nach Hause zu meiner kleinen Tochter will. Am anderen Morgen schon will ich weiter. Anna ist ebenso alt wie das kleine Mädchen meiner Nomadenfamilie. Ich aber bin nicht fünf Tage, sondern bald 50 Tage von zu Hause fort.

Heute sind es vier Wochen, dass ich in der Wüste unterwegs bin. Ich sollte mich nicht so lange aufhalten, sondern die relativ kühlen Tage nutzen, um schneller voranzukommen.

Am Morgen hocke ich mich im Schlafsack auf, ganz still, und ziehe mich an. Vorsichtig trete ich aus der Nomadenjurte, in der noch alles schläft. Draußen ist es hell. Ich will mich davonschleichen, denn ich möchte nicht riskieren, dass mir die Grenzbehörde die Weiterreise verweigert. Am Abend zuvor haben die Nomaden bis spät in die Nacht Lieder gesungen. Ein alter Mann,  der mit seinem schütteren Schnauzbart aussah wie ein Tibeter, war dazugekommen und hatte die Pferdegeige gespielt. Das Instrument, einer primitiven Geige ähnlich, klang weinerlich. Die Saiten, aus langen Rossschwanzhaaren gedreht, waren ganz weich. Die Lieder klangen melancholisch.

Mein Großvater hat auch so gesungen, denke ich und sehe in der Erinnerung den alten Franz Troi vor mir. Auch er trug einen

Schnauzbart. Wenn er mir als Kind Lieder in Fodom, einem ladinischen Dialekt, vorsang, verstand ich ihn immer, ohne ein einziges Wort davon zu verstehen.

Nomaden singen oft gemeinsam. Sie singen, wenn sie die Jurte aufbauen, und sie singen, während sie dem Vieh nachgehen. Sie singen beim Melken und beim Kochen. Ihre Liedtexte klingen anders als ihre Sprache, weicher als ihre gesprochenen Worte. Manchmal singt einer einen Teil des Liedes allein, dann wieder singen alle mit. Manche Lieder dauern so lange, bis zwei oder drei Schalen heißen Milchtees geleert sind, und klingen weit wie die Wüste. Andere wiederum scheinen nur aus einigen Sätzen zu bestehen und wiederholen litaneiartig immerzu dieselben Worte.

An windstillen Tagen, wenn ich mich einer Jurte näherte, konnte ich zwischen den Stimmen der Tiere oft das Singen der Hirtennomaden hören. Als wäre der Gesang ihre eigentliche Sprache.

Unwillkürlich muss ich dann an meinen Großvater denken.

Der Vater meiner Mutter, ein kleiner Mann mit einem großen Herzen, hatte auch diese Art Singsang geliebt. Er hatte ihn wohl von seiner Reise in die große weite Welt mitgebracht. Uns Enkelkindern hat er nie von seinen Heldentagen erzählt, nur Lieder aus dieser Zeit hat er gesummt. Lieder von einer Welt, die hinter nebelverhangenen Bergen für immer untergegangen war. In der Sprache seiner Eltern und Großeltern, die wir nicht verstanden, hat er uns davon vorgesungen, das war seine Art des Erzählens.

Wie oft habe ich auf seinen Knien gesessen und andächtig seinem Singsang gelauscht!

Während ich eine schier endlose Schlucht entlanggehe, blicke ich immer wieder besorgt zum Himmel, zu den Wolkenbändern, die immer düsterer daherkommen. Ich warte auf die ersten Regentropfen. Die Felswände über mir sind rötlich und vollkommen kahl. Wind treibt Sand hoch und lässt ihn auf meinen Rucksack prasseln.

Dann zuckt der erste Blitz. Ich sehe mich um, und genau in diesem Augenblick kommt ein Militärjeep. Er fährt schnell, in meine Richtung. Die werden mich doch nicht zurückholen?, denke ich, als das Fahrzeug neben mir hält. Nein, denn es ist ein junger Offizier dabei, der am Abend zuvor lange bei uns in der Jurte gesessen und mitgesungen hat. Er lässt mich einsteigen, und wir fahren nach Westen weiter. Zuerst durch gebirgiges Gelände, dann durch eine Ebene. Über flugfeldebene Flächen. Und weiter in die Abendsonne hinein. Nirgendwo sind Nomaden zu entdecken. Es ist nichts zu sehen als trockenes Grasland zwischen Bergketten links und rechts. Als wäre der Korridor nur nach vorne hin offen. Und dorthin muss ich.

An einer Kreuzung schickt man mich zu Fuß weiter. Nachdem ich ausgestiegen bin und mich bedankt habe, bleibe ich unschlüssig stehen. Ich soll mich rechts halten und würde morgen in Altá sein, hatte es geheißen. Der Jeep holpert die linke Fahrspur davon und verschwindet bald mit seiner Staubfahne.

Ein Stück weit gehe ich noch, dann baue ich das Zelt auf. Obwohl es keinen Grund gibt, dass ich mir selbst Trost spenden müsste – schließlich komme ich seit Tagen gut voran –, rede ich mir gut zu. Solche Selbstgespräche sind wohl dem Singen verwandt, mit dem Mütter ihre kleinen Kinder beruhigen und trösten oder diese sich selbst, wenn sie sich fürchten. Ich erinnere mich plötzlich an meine vor sich hin singende Mutter. Als ich klein war, habe ich zusammen mit ihr gesungen. Später auch beim Gehen im Wald, wenn ich allein war. Oder ich habe gepfiffen. Auch jetzt führe ich Selbstgespräche, weil ich allein bin. »Man würde mich für meine Selbstgespräche für verrückt halten«, sage ich laut. »Aber ich bin nicht verrückt. Es geht mir im Augenblick sogar sehr gut.«

In der Sahara habe ich mit Simon vor allem dann geredet, wenn es nicht glattlief. Sonst sprachen wir wenig miteinander, nicht mehr als notwendig. Wir unterhielten uns kurz im Zelt. Dann, als

er krank war, etwas mehr. Das ist immer so auf Expedition. Redselige Partner sind mir auf Reisen ein Gräuel.

Es gilt beim Unterwegssein als Tugend, nicht überflüssigerweise zu reden. Der Junge weiß das. Er hat sich immer ruhig verhalten, ganz so, wie ich es erwartet hatte. Nie habe ich ihn anweisen müssen, still zu sein.

Jetzt ist niemand da, den ich mit meinen laut ausgesprochenen Gedanken stören könnte. Auch niemand, dem ich etwas mitzuteilen hätte. Trotzdem ist es gut auszusprechen, was ich denke. Noch besser zu tun, was ich mir rate.

Andere, die mich dafür auslachen, mögen besser informiert sein als ich. Sie lesen die Zeitung und verbringen lange Stunden vor dem Fernsehapparat und am Radio. Da bekommen sie Unmengen an Nachrichten und erfahren so viele Neuigkeiten, dass ihnen von sich selbst gar nichts mehr zu erzählen bleibt. Im Gegensatz dazu brauche ich ab und zu Stille und das Versiegen des In-

formationsstroms. Auch deshalb habe ich kein Telefon bei mir. Wofür bin ich schließlich aufgebrochen?

Am Morgen bugsiere ich den Rucksack auf die Schultern. Er ist nicht mehr schwer. Seit ich aus dem Herzstück der Wüste heraus bin, trage ich nur noch das Allernötigste an Vorräten mit. Trotzdem gehe ich mit steifen Schritten. Dabei beuge ich mich etwas vornüber, damit das Gepäck auf dem Rücken bequem sitzt und nicht allzu stark auf die Schultern drückt. Das tue ich unwillkürlich. Alles ist Reflex, Instinkt, Routine, nur noch Gewohnheit. Ich weiß, dass ich nun fast täglich auf ein Dorf oder wenigstens auf Nomaden stoßen werde. Untertags komme ich mit zwei, maximal drei Litern Wasser aus, und zum Essen brauche ich nicht viel: das Frühstück, fette Nomadenkost, hält bis zum Abend vor.

Mein rechter Fuß, der immer heftiger schmerzt, ist jetzt mein Problem. Ich kann nicht mehr viel mit ihm anfangen. Um ihn zu

kurieren, müsste ich rasten und das Bein eine Woche lang ruhig-
stellen. Daran ist aber gar nicht zu denken, solange ich Tag für Tag
weitermuss. Und von dem eiskalten Wasser, in das ich den Fuß legen sollte, kann ich nur träume. Das Einzige, was ich tun kann, ist,
ihn am Abend zu massieren. Untertags wäre es schon riskant, ihn
kreiseln zu lassen.

Meine Lage ist dennoch halbwegs erträglich. Selten nur bleibe
ich stehen, um meinen Kurs zu kontrollieren oder zu trinken.
Noch seltener, um zu urinieren. Es ist, als hätte sich mein Körper
den Gewohnheiten der Kamele angenähert. Leider komme ich
nicht wie sie wochenlang ohne Wasser aus. Zu Zeiten Dschingis
Khans mögen die Mongolen unter schlechteren Bedingungen ge-
reist sein, tröste ich mich. Trotzdem, auch ich habe mittlerweile
genug von Dürre, Durst und Dreck und diesem ewigen Wind, der
mich austrocknet. Ich reflektiere kaum noch, was ich tue. Ich
gehe einfach mechanisch weiter und denke dabei an zu Hause.

Ich bin mir der Schizophrenie meines Tuns durchaus bewusst. Der
eigentliche Grund meiner Reise liegt in dem Wunsch, der Zivilisation den Rücken zu kehren, und nun will ich schnellstmöglich
dorthin zurück und finde mich dabei nicht einmal lächerlich. Mit
der Dialektik zwischen Weggehen und Heimkommen verhält es
sich umgekehrt wie mit dem Zuhausesein und dem Unterwegssein. Und all das wiederholt sich bei jeder Reise sowie in unseren
Träumen. Und es ereignet sich seit Jahrtausenden zwischen Nomaden und Sesshaften.

Die wahre Kunst des Reisens besteht weniger darin, irgendwelche Technologien zu beherrschen oder 24 Stunden lang non-
stop laufen zu können. Hochleistungsathleten können das Herzstück der Gobi viel schneller durchqueren als ich. Vielleicht
sogar, ohne zu rasten. Wenn ein Ärzteteam ihre Körper vorher
präpariert und ihre Betreuer sie am Ende auffangen. Mir aber
geht es um etwas ganz anderes. Mich reizt der Wechsel zwischen

Stadtkultur und Wildnis. Ich ändere einfach mein Verhalten, um
hier und dort zurechtzukommen. Ich lebe einmal in der Zivilisation, dann wieder wie die Nomaden, wobei ich mich von Stamm
zu Stamm durchschlage und mich mit dem begnüge, was ich finden kann. Nein, ich verzichte nicht freiwillig auf allen Komfort,
auf Annehmlichkeiten und Hilfsmittel, doch ist bei meiner Art
zu reisen Besitz lästig. Alles, was ich mitführe, muss ich ja selber tragen. Komfort ist also eine Belastung, und nichts ist für
den Fußgänger hinderlicher als eine Last, die geschleppt werden
muss.

So gerne ich in Mitteleuropa lebe, die Sucht nach weiten Hori-
zonten habe ich nie verloren, auch nach meinem Mauersturz
daheim auf Juval nicht. Ich gebe meinem Wandertrieb also nach.
Dabei bin ich mit meinen Reisen weder erfahren noch weise geworden und mit meinem vielen Unterwegssein am Ende nur älter
und steifer. Bald werde ich daheimbleiben müssen, denke ich, und
mir eine andere Beschäftigung suchen müssen, schon um meiner
Nutzlosigkeit zu entkommen. Meine Zukunftsvorstellungen sind
also vage, selbst wenn ich immer weiß, wo ich hingehöre. Ich wäre
sicherlich keine 60 geworden, wenn ich nicht Kinder hätte, ein
Zuhause, meine Familie und Freunde, die da sind, zu denen ich zurückkehren kann. Und ich ahne: Niemand sollte im Alter allein
sein.

Der Besitz aber, den ich im Laufe der Jahrzehnte angehäuft
habe, erscheint mir mehr und mehr als Belastung, vor allem, wenn
ich zu Hause bin. Bin ich jedoch unterwegs, weit weg, lässt sich ge-
staltend etwas mit ihm anfangen. Verkehrte Welt!

Durch weite Trogtäler, vorbei an einem ausgedehnten Sumpf-
gebiet, das völlig ausgedörrt ist, gehe ich in Richtung des Dorfes
Bor Uzaur. Ich gehe gleichmäßig und ruhig, komme aber immer
langsamer voran. Die Schmerzen im rechten Fuß bleiben. Es lässt
sich nichts daran ändern.

Am Abend liegt ein Band lichtgrauer Nebel vor mir. Das Dorf kann nicht mehr weit sein, denke ich. Am nordwestlichen Horizont wird es gleich auftauchen, sage ich mir. Doch so oft ich Ausschau halte, ich kann nichts entdecken und bleibe stehen. Dann fokussiere ich den Blick mit den Händen und starre ins abendliche Sonnenlicht: wieder nichts, also weiter. Eine nervöse Stimmung treibt mich jetzt an. Obwohl auch die Koordination im Bildschirm meiner Uhr die unmittelbare Nähe zum Dorf anzeigt, kommen Zweifel auf. Stimmt meine Richtung? Aber plötzlich ist da ein schwarzer Strich. Oder bilde ich es mir nur ein? Wie ein Leuchtturm ragt etwas Dunkles in das Hell des abendlichen Dunstes, der sich schwach vom diesigen Himmel abhebt.

Das muss der Kamin vom Heizwerk sein, denke ich, und schon beginne ich wieder, laut mit mir selbst zu sprechen. Mit jedem Kilometer, den ich näher komme, werden die Konturen des Schornsteins schärfer. Nur größer wird er nicht.

Dann aber verschwindet die Erscheinung und taucht erst in Sichtweite der Siedlung wieder auf. Dort ist also das Dorf, denke ich. Es wird schon dunkel sein, wenn ich ankomme. Ob ich wohl ein Bett zum Schlafen finde? Es dauert noch eine Stunde, bis ich da bin.

Zuerst spüre ich ein leichtes Zupfen in den Sehnen am rechten Knie, gelegentlich ein Reißen, schließlich Krämpfe im rechten Bein. Ich massiere die Wade und gehe anschließend möglichst ruhig weiter. Sonst geschieht nichts. »Geht schon wieder«, sage ich laut.

Meine Skistöcke leicht zwischen Daumen, Mittel- und Zeigefinger wiegend, gehe ich einer Siedlung, einer Bleibe, dem vorläufigen Ende einer langen Wüstenreise entgegen. Aber da ist kein Ort. Er ist weg, wie vom Erdboden verschluckt. Ist da vor mir eine Kuppe, die das Dorf versteckt? Im Halbdunkel ist nichts zu erkennen. Gehe ich durch eine Senke? Ich fühle nichts als Müdigkeit. »Dieses Stück schaffst du auch noch«, rede ich mir gut zu. Vielleicht sind es noch zwei oder drei Mulden, durch die ich hindurch-muss. Dann bin ich da, denke ich.

Trotzdem bin ich erleichtert, als die Spitze des Kamins wieder auftaucht. Wie ein Seefahrer, der den Hafen eben noch vor Aus-brechen des Sturms erreicht. Ich atme tief durch. Da ist auch ein Licht, und alle Schwere weicht aus meinen Beinen. Ich bin durch meine Müdigkeit hindurch, wie in Trance gehe ich weiter.

Bald werde ich da sein und ein Zimmer finden, denke ich. Ich sage es nicht laut, ich denke es nur, ohne dass ich es ernstlich zu hoffen wage. Denn ich weiß, dass Wunsch und Realität oft weit auseinanderklaffen. Meistens, wenn ich etwas Angenehmes sehn-lich erhoffe, trifft es nicht ein. Nur das weiß ich, dass ich nach Hause, zu meiner Familie zurückfinden werde. Im Geiste sehe ich mich heimkehren. Endlich! Hinter dicken Mauern, die im Som-mer die Kühle abgeben, wie sie im Herbst die Wärme speichern, befindet sich mein Nest.

Plötzlich stehe ich, wie von unsichtbarer Hand geführt, vor einem hell gestrichenen Haus. Im Innenhof, in dem zwei mit Fähnchen beflaggte Jeeps stehen, rufe ich in das Dunkel. Wenig später öffnet eine Frau die Tür. Bis sie versteht, was ich möchte, sind zwei weitere Frauen da. Alle reden durcheinander. Ohne dass ich auch nur ein Wort verstehen kann, deute ich an, dass ich ein Bett brauche, vielleicht auch etwas zu essen und, wenn vorhan-den, ein Bier. Ein Lächeln geht über die Gesichter der Frauen. Ohne dass ich sagen könnte, wie es gemeint ist. Ihre Kleidung ist wie überall in diesen Wüstendörfern schmutzig: Trainingshosen, löchrige Jeans, schlabbrige Pullover. Aber ich selbst sehe noch ab-gerissener aus, außerdem bin ich völlig verschwitzt. Trotzdem bit-ten mich die Frauen ins Haus. Man weist mir ein Zimmer zu, gießt mit einer Literkanne Wasser in einen Speicher, der oberhalb einer Waschschüssel hängt, und bringt mir eine Schale mit Nudelsuppe, in der fingerdicke Schaffettstücke schwimmen. Es sind die Reste, die vom Abend übrig geblieben sind. Meinen Löffel habe ich zum

Glück selbst dabei, und ich beginne sofort zu löffeln. Ich verbren-
ne mir fast die Zunge, denn die Suppe ist kochend heiß. Ich lasse
sie etwas auskühlen und esse dann mit großem Appetit. Sie
schmeckt gut. Nochmals frage ich nach einem Bier, und man
bringt mir eine große Flasche davon. Alle drei Frauen sehen mir
zu, wie ich den Kronenkorken mit meinem Schweizer Messer
weghebe. Mit einem Griff.

Mein Zimmer – eine Art Gang – misst ungefähr vier auf zwei
Meter. Neben der schmalen Bettstatt hat gerade noch ein Stuhl
Platz, den ich als Unterlage für meinen Rucksack nutze. An den
langen Wänden hängt je ein Poster: ein blondes Liebespaar beim
Austausch der Verlobungsringe und, gegenüber, ein gedeckter
Frühstückstisch. Das zweite Bild ist mir aus der Hotelwerbung be-
kannt. Ich kann mir die dargestellte Situation allerdings nirgend-
wo in der Mongolei vorstellen.

Ich suche nach einer Möglichkeit, die Tür zu verriegeln, und
finde eine Kerze in einer Nische daneben. Da ist auch eine Vor-
richtung, um Kleider aufzuhängen, und rechts über der Waschschüssel ein Spiegel. Ich sehe mir selbst in die Augen, nur kurz,
und muss lachen.

Die Abende in diesen winzigen mongolischen Dörfern verlaufen immer gleich. Erst gilt es, eine Bleibe zu suchen, etwas zu essen aufzutreiben, womöglich ein Bier. Dann krieche ich in den
Schlafsack und finde eine Position auf der Pritsche, die es mir erlaubt einzuschlafen.

Als ich am Morgen aufwache, bin ich zuerst nur benommen. Jemand hat an mein Zimmerfenster geklopft. Ich habe mich noch
nicht von meinem Marsch erholt. In der Küche nebenan höre ich
jetzt Töpfe klappern. Holzscheite fallen vom Rost. Ich höre den
Wind im Kamin und weiß, dass es der einsetzende Sturm ist. Er
wird mich aufhalten, denke ich. Aber was macht das jetzt noch?
Die Wüste liegt hinter mir, und über die Altai-Berge werde ich

schon kommen. Noch gute 200 Kilometer liegen vor mir. Ich wollte ohnehin einen Tag bleiben, rasten, mich umsehen. Auch muss ich später Socken und Unterwäsche waschen, doch noch bin ich zu schläfrig dazu.

Inzwischen sind auch Stimmen zu hören, dunkle Männerstimmen. Es klingt mehr nach einem Bellen als einem Sprechen. Die Männer, die in ihrer schwerfälligen und für mich ungewohnten Sprache miteinander zu streiten scheinen, sitzen im Nebenraum. Ihre lautstarke Auseinandersetzung erinnert an den Beginn einer Gasthausschlägerei irgendwo in einem bayrischen Bierlokal. Die ungleichen Stimmen werden lauter, bis ich mit der Faust gegen die Tür schlage. Jetzt erhebt sich das Geschrei zu einem drohenden Tumult. Dann Türenschlagen. Ich bleibe still in meinem Bett liegen, bis der Lärm nachlässt und nur noch wenige Stimmen zu hören sind. Eine hellere jetzt, die die lautere beherrscht. Und währenddessen heult ein ständiger Wind im Kamin, der jetzt als Fallwind vom Altai herunterkommt.

Als ich wenig später in den Gastraum trete, fühle ich mich zuerst fremd. Die Situation in dem Raum, der etwa so groß ist wie unsere Wohnküche daheim, erinnert mich an die Nachkriegszeit. Etwa 20 Erwachsene sind hier versammelt, aber nur an einem der drei Tische sitzen Leute. Vier Männer. Die anderen hocken auf Bänken. Oder sie stehen, halb angezogen, an der Theke herum. Eine Uhr hängt an der Wand, und ich vergleiche meine Zeit mit der an der Wanduhr. Nur 15 Minuten Unterschied. Wenig, denke ich, angesichts der Tatsache, dass wir hier so gut wie aus der Welt sind. Nachdem ich gegrüßt habe, setze ich mich an einen leeren Tisch. Ob es Kaffee gibt, frage ich. Eine Frau schüttelt den Kopf. Sie geht dann an den Herd und bringt in einer Thermoskanne heißen Milchtee. Sie schenkt mir eine Schale voll ein und schlurft zurück zur Kochecke. Während ich in kleinen Schlucken trinke, erinnere ich mich an das Durcheinander in unserer Wohnküche daheim, zu meiner Kindheit. Dort herrschte eine ähnliche Ordnung und eine ähnliche Stimmung. Ich beobachte jetzt, wie eins nach dem anderen die kleinen Kinder herbeikommen. Verschämt gehen sie in einem Bogen um mich herum und dann gleich wieder zurück zu ihren Müttern.

Inzwischen wird die Mahlzeit ausgeteilt. Alle essen Nudeln mit Fleisch. Eine junge Frau schminkt sich derweil das Gesicht, während neben ihr gelöffelt, gerotzt und geschnauft wird. Es ist jetzt eine Stimmung im Raum, die Erwachsene wie Kleinkinder gleichermaßen beruhigt.

Nur die vier Männer am Tisch, offensichtlich Alkoholiker, hocken völlig teilnahmslos da. Sie scheinen nicht zum Clan zu gehören. Wie ich auch, der ich Milchtee schlürfend allein am Tisch in der Ecke hocke, dem Herd gegenüber. Einer der Säufer, ein älterer, ausgemergelter Mann, ruft plötzlich etwas in den Raum. Er schaut dabei nach oben, zu einer Frau, die ihn sofort zurechtweist. Das blinde Weiß seines Augapfels wird sichtbar. Einen Augenblick lang ist alles still, dann schnitzt der Mann weiter das Fett von einem Knochen, mechanisch und ins Leere starrend, ohne dass ihn die anderen noch weiter beachteten. Die Männer am Tisch sind inzwischen aufgestanden und hinausgegangen. Nur eine unbeschreibliche Verzweiflung ist zurückgeblieben.

Später gehe ich durch die Ortschaft und begegne dem Alten auf der Staubstraße noch einmal. Ich schaue auf Augen, die sich in ihren Höhlen drehen. Ich sehe die vor Schmutz dunkle Haut in einem Gesicht, das jünger ist als das meine. Als er sprechen will, höre ich nur wie seine Zunge sich bewegt, ohne jedoch einen verständlichen Laut hervorzubringen. Auch ich fühle mich einsam, aber dieser Fremde neben mir wirft mich ganz aus der Zeit. Dabei sieht er mich nicht einmal an. Seine Augen schauen nach innen, als glotzten sie ins Schwarz seines Schädels.

Vielleicht habe ich die Gesellschaft der Hirtennomaden idealisiert, denke ich. Wie schnell sind doch Wüstenbewohner zu mythischen Figuren verklärt! In der Gobi aber gibt es keine einzelnen

Nomaden, auch keine Gesellschaft, nur Familien, Stämme und Dorfgemeinschaften. Diese Art der Gemeinschaft funktioniert nur so lange, wie die einzelnen Familien intakt sind. Wer ohne Familie oder Clan bleibt, ist draußen verloren. Oder er säuft sich frühzeitig in den Tod.

Am späten Vormittag klart es auf, gegen Nachmittag hört der Wind fast ganz auf. Der Himmel ist offen, nur an seinem Saum hängen ein paar schmale Wolkenstreifen. Die Berge darunter glänzen in einem ockerroten Ton wie Ziegeldächer. In den Mulden etwas Grünspan und auf flachen Kuppen wieder ein Hauch Violett.

Ich gehe an der Schule vorbei: ein verwahrlostes Gebäude mit eingeschlagenen Fensterscheiben. Ich komme zur Post, zum Krankenhaus und zum Heizwerk. Alle Bauten sehen aus wie in den Siedlungskernen vorher, als hätten die Sowjets einst in jedem Kaff die gleiche Infrastruktur hingestellt. Nur ärmer und kleiner sind die Überbleibsel aus dem Kommunismus hier. Die Stimmung könnte hoffnungsloser nicht sein. Die Läden scheinen alle geschlossen zu haben, im Dorf ist niemand zu sehen. Ein paar Hunde streunen umher, ein paar Kinder auch, die nicht zu wissen scheinen, was sie mit ihren Ferien anfangen sollen. Nur ein einziger Platz scheint sich zu beleben: Aus einem Lautsprecher ist Musik zu hören, dazu eine krächzende Männerstimme.

Also gehe auch ich dorthin. Wirklich, da versammeln sich Leute. Auf einer Freitreppe werden von einem dicken Mann Zettel verteilt. Wahlwerbung. Dazu bunte Plakate und Zeitungen, die feiste Gesichter mit Hüten und Brille zeigen, die wohl Intellektualität vortäuschen soll. All das ist umsonst zu haben.

Als man mich in den Raum bittet, aus dem die Musik kommt, werde ich aufgeklärt: Es herrscht Wahlkampf. In einer Woche wird in der Mongolei das nationale Parlament gewählt.

Es fällt mir jetzt schwer zu glauben, dass ich mich am Rande
der Wüste Gobi befinde, mehr als 10 000 Kilometer von Europa
entfernt. Nicht nur die Gebärden der Wahlkämpfer, auch die Auf-
machung ihrer Werbeschriften unterscheidet sich in nichts von
denen ihrer Kollegen im Westen. Von ihren Aussagen und Texten
verstehe ich zwar kein Wort, was aber in Zeichnungen und Sym-
bolen versprochen wird, kann nie und nimmer in die Wirklichkeit
umgesetzt werden. So wenig wie bei uns. Und was allein in diesen
wenigen Wochen vor der Wahl an Geld hier ausgegeben wird, wird
in den nächsten fünf Jahren nicht mehr in diese Dörfer fließen.
Dabei müsste das Schulgebäude dringend repariert, die Wasser-
pumpe saniert und die Krankenstation erweitert werden.

In dem kleinen Raum, den ich nur kurz betrete, warten, am
Boden sitzend oder in kleinen Gruppen stehend, Mädchen und
kleine Buben auf ihren Auftritt. Offensichtlich ist das Lokal für
die Wochen vor der Wahl von einer politischen Partei angemietet
worden. In ihrer Tracht sehen die Kleinen putzig aus, wie wohlhabende Nomadenkinder. Früher, denke ich, muss es an Festtagen
manchmal so zugegangen sein.

So saubere Kinder habe ich allerdings nirgendwo in der Gobi
gesehen. Deshalb glaube ich nicht, dass die Partei die Zukunft der
Menschen hier im Auge hat. Ich zweifle auch an einem politischen
System, das an Sowjetzeiten erinnert: Jede Parteiendemokratie,
der nicht das Überleben der Menschen vor Ort, sondern vor allem
das Überleben der Partei heilig ist, bleibt mir suspekt. Wieder einmal sind mir die Armut am Rande der Wüste und eine Hoffnungslosigkeit, die stumm bleibt, nahezu unbegreiflich.

Die Wahlwerber – was weiß ich, von welcher Partei – fahren
am Nachmittag in ihrem Konvoi Richtung Chowd. Sie wollen
mich ein Stück weit mitnehmen, obwohl ich keine einzige Stimme
wert bin. Dort, wo ihre Straße nach Norden abbiegt, soll ich aussteigen, denn von dort kann ich in zwei Tagen bis nach Tsetek
kommen, erklären sie. Über die Berge führt nur ein Steig.

Was ich von der Gobi wusste, bevor ich hierherkam, war wenig. Und es ist nicht viel mehr, was ich nun von ihr weiß. Ich verlasse die Wüste nach Norden, in Richtung der Altai-Berge, die ich noch zu überqueren habe, um nach Altay zu gelangen, von wo aus ich zurück nach Ulan-Bator fliegen kann.

Über eine weite Ebene nähern wir uns am Nachmittag den Bergen. Eine Herde Pferde jagt davon, als unsere Fahrzeuge über einer Kuppe auftauchen. Die Jeeps fahren sofort den Pferden hinterher, bis wir drei Reiter einholen, die die Pferde beaufsichtigen. Nach einem Begrüßungszeremoniell bekommen die Reiter Werbematerial zugesteckt: Gedrucktes auf Hochglanz-papier. Sie lachen. In der Wüste ist nichts damit anzufangen. Trotzdem halten sie die Plakate vor meine Kamera. Nicht ohne Stolz. Dann rollen sie das Papier ein und reiten im Galopp davon.

In Uyench stehen nur noch ein paar Ruinen. Am Boden ausgebreitet die Überreste einer Jurte, von der ich nicht sagen kann, ob sie repariert werden soll oder aufgegeben worden ist. Fetzen davon liegen verstreut neben dem Weg.

Wir fahren weiter: In einem schmalen, ansteigenden Tal müssen wir an einer Karawane vorbei. Aber wie sollen wir sie überholen? Wir brauchen mehr als eine Stunde dafür. Es sind umsiedelnde Nomaden, offensichtlich Vater, Mutter und die Kinder, dazu ein paar Hirten. Voraus ziehen die schwer beladenen Kamele, angeführt von einem Mann, der das Leitkamel führt. Alle gehen in der gleichen Geschwindigkeit. Sie tragen die gesamte Habe des Clans. Ihnen folgt ein Mann auf einem schwarzen Pferd, der einen Säugling im rechten Arm hält, dahinter ein braunes Pferd, von einer jungen Frau geritten. Ein etwa Achtjähriger hockt hinter ihr im Sattel.

In einigem Abstand folgt die Herde, an die 100 Schafe und Ziegen, auch Kamele sind dabei. Die Hirten gehen zu Fuß. Ehe wir an
der Kolonne vorüber sind, ist es Mittag.

Bald nach dieser Begegnung hoch oben in den Bergen steige
ich aus. Ich werde angewiesen, einem Seitental zu folgen und mich
dann beim weiteren Anstieg immer rechts zu halten. Zuerst gehe
ich, meinen Rucksack geschultert, steil bergan. Während die beiden Jeeps lärmend weiterfahren, folge ich dem Bachbett weiter hinein in die Berge. Die Sonne brennt heiß auf mich nieder, obwohl
der Wind von vorne auffrischt.

Zuerst komme ich gut voran, mit der gleichen Energie und Ziel-
strebigkeit, mit der ich schon vor 40 Jahren die Berge hochgestie-
gen bin. Ich gewinne rasch an Höhe. Nur nach Jurten halte ich vergeblich Ausschau. Ich folge immerzu Trampelpfaden. Dabei bleibe
ich neben dem Bach im Talgrund, den ich ab und zu, ein paar stuhl-
große Steine nutzend, überquere. Ich springe allerdings nie über
das Wasser wie damals, als ich ein junger Mann war. Inzwischen
bin ich zu alt dafür. Außerdem bin ich allein, schon ein gebroche-
ner Knöchel könnte hier in dieser Abgeschiedenheit mein Ende
bedeuten.

Die Sonne steht inzwischen auf meinem linken Arm. Sie
brennt vor allem auf die linke Schulter. Der Rücken ist vom Rucksack geschützt. Aber ich tröste mich: bald ist es Abend.

Ja, ich bin ein alternder Bergsteiger. Damit muss ich mich abfinden, sage ich mir. Und ich muss nichts mehr beweisen. Trotzdem gilt es, die Höhenzüge vor mir zu erreichen. Ich muss nur
noch übers Gebirge kommen, wie schon tausendmal zuvor. Die
vielen, vielen Male, die ich bewiesen habe, dass ich es kann, zählen
jetzt allerdings nicht. Sie zählen gar nichts. Heute ist der Tag, an
dem es gilt, und dies ist die Aufgabe, die ich zu bewältigen habe.
Nein, die Vergangenheit beweist gar nichts. Jedes Mal ist am Berg
ein erstes Mal, jedes Mal gilt es wieder neu zu beweisen, wie weit

ich komme. Merkwürdig, denke ich, dabei ist alles selbst gewählt und vollkommen unwichtig.

Die Pfade, denen ich folge, sind kaum benutzt. Ich sehe es an der Lage der Steine und dem Staub zwischen den Kieseln. Bald werden die alten Wege hier überwuchert sein, verschwinden vielleicht für immer. Die Abkürzungen, die ich nehme, sind nur noch von einem geübten Berggeher auszumachen. Sie führen nicht selten ins Leere.

Sicher, auf diesen Bergpfaden hat früher reger Verkehr geherrscht. Fußgänger und Reiter haben sie benutzt und ganze Karawanen! Seit aber die Nomaden ihre Habe vorzugsweise auf Lastwagen transportieren, werden unbefahrene Täler kaum noch beweidet. Hoffentlich finde ich weiter oben Jurten, denke ich.

Es macht mir nichts aus, allein über die Berge zu gehen. Dennoch ist es mir angenehmer, von Zeit zu Zeit Menschen zu begegnen, auf eine Siedlung, ein paar Jurten oder auf Hirten zu stoßen. Fragen stellen zu können: Wie weit es noch ist, oder wo der beste Weg verläuft. Andere Menschen anzutreffen, ist immer beruhigend, überall, aber vor allem in der Abgeschiedenheit von Wüsten oder Gebirgen.

Vielleicht erscheine ich anderen als exzentrischer Sonderling. Da ich gut mit mir allein sein kann, sehen viele in mir den Einzelgänger. Ich bin aber nicht der merkwürdige alte Kauz, der sich von anderen Menschen absondert. In Wirklichkeit suche ich in dieser Einöde die anderen, um mit ihnen zu reden, bei ihnen die Nacht zu verbringen, mit ihnen einen Schneesturm auszusitzen, oder einfach nur, um nicht allein zu sein. Anders zu Hause, wo wir am liebsten miteinander allein sind. Sogar unsere Jüngste, Anna, ist am fröhlichsten, wenn wir alle beisammen und keine ihr fremden Menschen zugegen sind.

Bei diesem Gedanken fühle ich mich plötzlich schrecklich allein.

Als ich kurz stehen bleibe, um zu rasten und einen Blick zurück ins Tal zu werfen, lastet dort schon überall die Dämmerung. Über mir stehen die ersten Sterne; sie scheinen die Bergkämme zu berühren. Bald wird es dunkel sein. Es hat keinen Sinn, in der Dunkelheit weiterzugehen, denke ich. Man muss bei solchen Reisen auf die praktischen Gegebenheiten reagieren und darf nichts erzwingen wollen. Ich habe ja genug Wasser und auch etwas zu essen dabei. Darum ist es besser, wenn ich jetzt bleibe, wo ich bin, und die Hoffnung, mein Zelt neben einer Jurte aufzuschlagen, für heute aufgebe. Obwohl ich noch eine Stunde hätte weitermarschieren können, oder auch zwei. Doch das Wetter ist gut, und morgen ist wieder ein Tag.

In der kälter werdenden Nacht, halb schon im Schlafsack, trinke ich die Hälfte meines Wasservorrats. Dann esse ich ein Stück von dem steinharten Käse, den es hier überall zu kaufen gibt. Erschöpft schlafe ich ein.

8

Über die Altai-Berge

Am Morgen – die Sterne sind verschwunden – bewölkt sich der Himmel. Als ich aus dem Zelt trete, fehlt mir jede Orientierung. Das Tal vor mir ist eine düstere Schlucht: zwei Felswände, ein Bach, kein Talboden. Das Gewölk darüber wieder stahlgrau.

Bald wird es schlechtes Wetter geben, denke ich, in ein paar Tagen vielleicht. Bis Tsetek aber werde ich noch ohne Regen kommen.

Ehe es richtig hell ist, habe ich den Rucksack geschultert und steige aufwärts, immer weiter den Steig bergan. Ich gehe leicht und ohne zu rasten, auch damit ich warm bleibe. Es lässt sich ohne die blendende Sonne im Gesicht gut gehen. Jetzt im Morgengrauen ist es noch recht kalt, in der Kühle werde ich weniger schnell müde.

Höher oben weitet sich das Tal, und es wird grüner. Also darf
ich annehmen, dass ich bald auf Nomaden stoße. Ich kann morgen
schon in Tsetek sein und zwei Tage später in Altay, denke ich.

Im grauen Nebeldunst sehe ich plötzlich winzige helle Punkte
am rechten Berghang. Es sind Ziegen und Schafe, die auf die Weide getrieben werden. Möglich also, dass ich in der Nähe von ersten
Jurten bin. Als die Sonne höher steht, durchbricht sie die Wolken,
und es verspricht, wieder ein heißer Tag zu werden. In einer halben Stunde schon könnte ich unter der Hitze leiden. Aber noch
trägt der Fallwind Kühle aus den Bergen herbei und lindert die
Vormittagssonne.

In einer Senke, noch weit unterhalb des Passes, den ich hoch
oben zwischen stumpfen Bergkuppen ahne, stehen in kleinen
Gruppen dann wirklich die ersten Jurten. Also bin ich auf der
Höhe der Sommerweiden. Ich weiß, dass die Nomaden hier wohl-
habend sind.

Der große Hund bei den ersten Jurten bellt nur kurz. Als ich grüße, wird er hinter einen großen Stein verbannt. Man bittet mich in die Filzrundhütte und bewirtet mich, zuerst mit heißem Milchtee aus der Thermosflasche und Schmalzgebäck, das ein paar Tage alt sein dürfte, dann mit Nudelsuppe. Das ist mein erstes Frühstück. Das Anbieten einer bis zum Rand gefüllten Schüssel mit etwas Eßbarem gehört wie überall hier zur selbstverständlichen Gastfreundschaft der Nomaden.

Ein großer Mann tritt ein. Ich begrüße den Hausherrn auf traditionelle Weise, indem wir mit der rechten Hand die Schnupftabaksflaschen austauschen. Die Sitte verlangt, dass der Deckel dabei leicht geöffnet ist. Ich soll weiteressen, bedeutet er mir.

Inzwischen bin ich auf einer Höhe von 2400 Metern und bekomme auch *Samba* vorgesetzt, halb rohes Mehl aus gerösteter Gerste, das vor dem Essen mit Tee angerührt wird. Dies ist eine Zubereitungsmethode, wie man sie auch aus Tibet kennt, woher sie stammen dürfte. Die Hirten hier in den Bergen haben sonst alles selbst: Fleisch, Milch, Gemüse. Nur Getreide nicht. Sie tauschen es gegen Fleisch. Dies ist wirkliche Autarkie. Diese Art Selbstversorgertum ist nicht zuletzt eine ganz wesentliche Bedingung für das Selbstvertrauen der Nomaden.

Natürlich können wir wieder nicht miteinander sprechen. Anhand meiner Landkarte versuche ich ihnen jedoch klarzumachen, woher ich komme und wohin ich gehen will. Diese Form der Unterhaltung tut mir gut, sie ist Abwechslung und Erholung, und das Lachen lockert nicht nur meine Stimmung, sondern auch meine unter der Last des Rucksacks steif gewordenen Rückenmuskeln. Das Tragen und Gehen hat meinen Rücken inzwischen sehr in Mitleidenschaft gezogen. Zu weit war mein Weg. Vielleicht ist es besser, den Nomaden alles Überflüssige zu schenken, denke ich. Ich kann mit weniger auskommen, darf nur das Nötigste mitnehmen, muss mich entlasten. Zwischendurch bewege ich kreisend die Schultern, um den Schmerz loszuwerden oder ihn auch nur ein wenig zu verlagern. Ich bin müde, fühle mich sogar krank. Die Höhe allein kann der Grund dafür nicht sein. Wie aber soll ich in diesem Zustand den Marsch übers Gebirge schaffen? Die größte Anstrengung liegt schließlich noch vor mir. Ich sehe an mir hinab. Stehe ich vor dem Zusammenbruch? Ich versuche, mich zu beruhigen, indem ich entschlossen an etwas anderes denke. An das Heimkommen in wenigen Tagen, an einen ersten freien Sommer in Europa, nachdem unsere Ferien fünf Jahre lang immer wieder von politischen Verpflichtungen durchkreuzt worden sind. Wie groß mag Anna inzwischen geworden sein? Was hat Magdalena von ihrem Aufenthalt am Meer zu erzählen? Wie gut hat Simon unsere Lamas trainiert, mit denen wir ein paar Tage lang im Vinschgau trecken wollen?

Ich weiß: Dies ist erst der zweite Tag in den Bergen. Es wird hart werden, ohne ich. Und dann: Ich werde drüberkommen, ich muss nur zuversichtlich sein. Habe ich mir nicht angewöhnt, jede

Bergtour mit Zuversicht zu beginnen? Es muss heißen: Ich kann jeden Berg besteigen! Ich habe es tausendmal erlebt. Wenn ich es nur intensiv genug will. Nichts soll mich hindern. Bergsteigen ist schließlich mein Metier, fast ein Beruf. Wenn ich vernünftiger wäre, hätte ich mir die Schultern eingerieben, denke ich. Hubert hat mir schließlich genug Salben gegen Verspannung mitgegeben. Warum sie durch die Wüste tragen, wenn ich sie nicht anwende? Jeder kleinste Mangel an Vorsorge kann zuletzt das Leben kosten.

Sonst kann hier nicht viel passieren: Es gibt weder Lawinennoch Absturzgefahr, und auch verlaufen kann ich mich nicht mehr.

Als ich wieder im Freien stehe, sind die Wolken hell und hoch wie die Berge. Sie türmen sich zu immer steileren Wolkengebirgen. Ich lasse mir zuerst den Weiterweg zeigen, trinke dann noch eine Schale mit Airag und steige das Tal bergan, immer weiter ins Altai-Gebirge hinein.

Es geht mir wirklich nicht gut. Bin ich krank oder nur schon so ausgelaugt? Der rechte Fuß und der Rücken schmerzen wieder. Aber ich habe Schlimmeres durchgemacht. Im Notfall werden mir die Nomaden weiterhelfen, denke ich.

Ich könnte jetzt ein Pferd mieten oder einen Nomaden bitten, mir den Rucksack abzunehmen – gegen Bezahlung, versteht sich. Ein Stück weit gehen, ohne eine Last zu tragen, wäre eine Erholung für mich, ein Trost auch. Geld habe ich genug dabei, aber Pferden gegenüber bin ich inzwischen vorsichtig, und den Lastenträger verbietet mir mein Stolz. Noch bin ich nicht so weit einzusehen, dass diese Berge mich zum Aufgeben zwingen könnten. Sie sind ja keine 4000 Meter hoch. Schließlich habe ich die Gobi durchquert. Im Herzen der Wüste war die Welt allerdings flach. Ich war dabei zwar wochenlang mir selbst ausgeliefert, niemand hätte mir dort helfen können, aber ich war ausgeruht.

Stell dir vor, du brauchtest immerzu Betreuer, denke ich, und wärst nicht mehr in der Lage, deinen Rucksack selbst zu tragen, wärst immer und überall auf Helfer angewiesen. Ein solcher

Zustand der Hilflosigkeit und totalen Abhängigkeit wäre vollkommen inakzeptabel. Gewiss, im hohen Alter kann dies jeden von uns treffen, später einmal, denke ich. Alles in allem geht es mir noch gut: Ich kann allein reisen; gehe, wohin ich will; brauche vor nichts und niemandem Angst zu haben. Es ist auch gut, dass ich nicht noch einmal auf den Mount Everest muss. Oder zum Nordpol. Ich muss dies alles nicht noch einmal versuchen. Zu marschieren, wohin ich will, ist mir Herausforderung genug. Und allem, was einem Nomaden normalerweise begegnet, dem war auch ich bisher gewachsen: Hagel, Schnee und Regen, Hitze bei Tag und Kälte in der Nacht.

Als ich die erste Anhöhe erreicht habe, bleibe ich lange bei einem Steinmal hocken und schaue voraus in ein weites Trogtal. Ich sehe eine Unmenge von Jurten! Nicht allein zu sein, ist jetzt wie ein tiefes Durchatmen. Beim Abstieg dann lasse ich mir Zeit. Oft bitten mich Nomaden in ihre Jurten und bewirten mich. Wir unterhalten uns, ohne miteinander sprechen zu können. Es ist ein gutes Gefühl, überall Unterschlupf zu finden. Käme jetzt Sturm auf oder würde mich die Erschöpfung zum Rasten zwingen, ich könnte bleiben, wo ich gerade bin.

Das Tal, durch das ich absteige, mündet in eine weite Ebene, durch die ein Bach mäandert. Zwei Wildenten fliegen auf, die ich gestört habe. Gleich in der Flussbiegung stehen einige Jurten und weiter hinten noch welche. Ich weiß also, dass ich vorerst gerettet bin und in den nächsten Stunden nicht allein sein werde.

Wie viele Menschen fürchten sich, wenn sie allein sind. Nicht nur ich. Sobald wir alle menschlichen Siedlungen aus den Augen verlieren, geraten wir in Panik. In den großen Städten ist das nicht besser. Die Menschen wissen nicht, an wen sie sich wenden können und wo sie Hilfe finden sollen: Im Notfall sind sie auch dort meist allein. Denn unsere Zivilisation gewährt keine Sicherheit, sie suggeriert sie bloß. Ich hingegen weiß genau, dass irgendwo in diesen Bergen immer Leute sind. Und sie alle sind hilfsbereit. Im Falle eines Sturms könnte ich mich zu ihnen flüchten.

Ich schaue zum Himmel, wo viele kleine Haufenwolken stehen. Wie weiße Wattebäusche drängen sie aneinander. Darüber ein paar Streifen Zirren, die in eine andere Richtung treiben. Das Wetter bleibt also wechselhaft.

Wieder spüre ich Krämpfe in der rechten Wade. Dieses Zucken, ausgelöst vermutlich nur von meinem hinkenden Gang, ist widerwärtig. Es ist wie ein Verrat und demütigend dazu. Vor allem, weil ich mit meinem Willen allein nicht dagegen ankomme. Ich hocke mich nieder und ruhe mich aus. Dabei massiere ich, so gut es geht, meine Waden.

Ich bin den ganzen Tag über marschiert und immer noch nicht über den zweiten Pass gekommen: Bald ist es dunkel. Was dann? Ich gehe weiter. Auch weil ich weiß, dass die Hunde in den Lagern der Nomaden nachts gefährlicher sind als bei Tageslicht. Ich suche also nach einer Bleibe.

Als die Sonne untergeht, stehe ich auf dem Gratkamm. Auf beiden Seiten der Anhöhe stehen Jurten. Bei den nach Westen hin ausgerichteten leuchtet ein Licht auf, nur einmal. Die geben mir ein Signal, denke ich im ersten Augenblick. Vielleicht ist es aber auch nur die Spiegelung der Sonne. Während der Himmel schwärzer und schwärzer wird, erscheinen die ersten Sterne. Ich sehe in diesen Himmel und eine Viertelstunde später in die Gesichter einer Nomadenfamilie, die gerade vom Melken zurückgekommen ist. Ich werde so selbstverständlich aufgenommen wie jede andere Nacht zuvor.

Am Ächzen des Kamins, in den der Morgenwind fährt, und am Geraschel im Inneren der Jurte merke ich, dass es tagt. Das Wetter hat sich offensichtlich gebessert. Nur über den Bergen hängen noch düstere Wolkensträhnen, die über die gegenüberliegende Talseite nach Osten ziehen.

Zurück in der Jurte, sehe ich zuerst der Frau zu, wie sie mit einer Schaufel die Asche aus dem Herd holt. Es ist viel Asche, die von der Glut aus Yakmist des Vorabends übrig geblieben ist. Es ist die Mutter des Clans. Vorsichtig stapelt sie jetzt weiteren getrockneten Yakmist auf einen sauberen Rost. Sofort ist aufgeschürt. Und wieder wird Teewasser in einer großen Schüssel gekocht. Gleichzeitig öffnet die Frau die Dachluke, die am Abend vorher zugezogen worden ist. In dieser Höhe kann es nachts empfindlich kalt sein.

Nach einem ersten Frühstück gehen alle nach draußen, und ich beobachte, wie in einem von Steinmauern eingefassten Kogen die Ziegen gemolken werden. Die kleineren Kinder, die nicht helfen müssen, spielen derweil mit den Kitzen. Die Yaks liegen etwas abseits in einer schattigen Mulde. Dieser Frieden erinnert an das Paradies, als Tier und Mensch noch eine untrennbare Einheit bildeten. Als wäre ich zuletzt doch in Shangri-La gelandet! Dazu dieses helle morgendliche Sommerlicht. Das Durcheinander von vielen Stimmen – ihr Schreien und Quietschen, Meckern und Lachen – ist wie ein Gesang, der sich erst mit dem Davonziehen der Herde verliert. Nun kehren die einzelnen Familien zu ihren Jurten zurück, die Frauen mit Eimern voll Milch, die Burschen mit Wollknäueln, die sie den Schafen aus dem Winterfell gerupft haben.

Glückliche Kinder, denke ich. Sie dürfen in der Weite des sonnendurchfluteten Morgens laufen, spielen und springen, so weit und so hoch sie können. So wie die Tierkinder auch. Selbst mir, der ich die Almwirtschaft in den Alpen kenne, kommt diese selbstverständliche Freiheit im Selbstversorgerdasein paradiesisch vor. Den Alltag der Altai-Nomaden sieht aus wie fürs Fernsehen gefilmt.

Bevor ich aufbreche, starre ich auf die von der Sonne ausgeleuchtete Ebene, wo mir meine Gastgeber den Weg nach Tsetek zeigen, den Ort, den ich heute noch erreichen will. Er liegt im tiefen Trogtal zwischen jenen beiden Bergkämmen, die ich überqueren muss. Nach meinem Zeitplan müsste ich schon dort sein, weit draußen, jenseits aller Schluchten und Tücken des Abstiegs.

Meine Augen sind schwach geworden. Ich sehe nicht mehr so gut wie vor Jahren, vor allem, wenn ich ins grelle Morgenlicht schaue. Ich kann also nicht viel erkennen außer Wüste und kahlen Berghängen und gegenüber einige von Schneekuppen bedeckte Hügel.

Aber es war allein meine Wahl, über die Berge in die Zivilisation zurückzukehren. Also heißt es marschieren, bis wir da sind: ich, der ich es so wollte, und ich, der ich durchhalten muss. Wir sind aneinandergekettet wie die Kamele einer Karawane. Niemand sonst kann uns helfen, nur wir uns selbst.

Bevor es heiß wird, bin ich aufgepackt. Ich verabschiede mich und gehe talwärts. Der Rucksack drückt auf die Schultern, wie am Vortag auch. Bald klebt Schweiß an Nase und Stirn. Aber ich will erst rasten, wenn ich zwei Marschstunden hinter mir habe. Noch einmal überquere ich ein Schneefeld. Von seinem nordseitigen Abhang strahlt in der Morgensonne sein Weiß bis ins Tal.

Heute will ich rechtzeitig da sein, am Nachmittag schon. Es klingt wie ein stummer Befehl. Ich muss ein Bett zum Schlafen finden, einkaufen und mich erholen. Ich werde eine Dose Bier trinken und durchschlafen. Ich muss ausgeruht sein am anderen Morgen. Für den letzten Berg.

Es ist weit bis Tsetek, viel weiter als gedacht. Als ich gegen Abend in der Talebene bin, sehe ich immer noch kein Dorf. Ein See nur spiegelt in der Abendsonne. Sonst wieder nichts als Wüste. Ich folge einigen Fahrspuren, die auf einen fiktiven Punkt hin zulaufen.

Vielleicht hätte ich doch mit den Politikern um die Berge herumfahren sollen, denke ich. Für Korrekturen aber ist es zu spät, und mit Lamentos kommt man vielleicht zu Subventionen, aber sonst nirgendwohin. Also schreite ich weiter aus, obwohl mir die Schultern, der Rücken und die Füße wehtun. Alles tut jetzt weh, und alles ist so weit weg.

Öfters komme ich nun an verlassenen Lagerstellen vorbei, an aufgelassenen Brunnen und Resten von Mauern, die schneller zerbröseln, als sie entstanden sein mögen. Sogar ein kaputter Truck steht mitten in der Einöde. In regelmäßigen Abständen finde ich auch im Boden eingelassene Umfriedungen aus Stein. Es sind wohl Gräber, denke ich. Aber da sind keine Grabinschriften. Auch niemand, der sich um die Gräber kümmerte. Ob sich jemand an die Jugend und das Lachen dieser Toten erinnert? Es sieht nicht danach aus. So unwichtig Art und Ort unseres Todes auch sein mögen, ohne das Erinnern bleibt nichts, denke ich im Vorbeigehen.

Ich erreiche Tsetek bei Einbruch der Dämmerung. Ich komme zuerst an einer Siedlung vorbei, die um ein paar Jurten herum gezimmert worden ist. Die Gebäude stehen schief, und viele der Jurten sind abgeschlossen. Dann ein erstes gemauertes Haus. Die Fenster sind mit Brettern vernagelt. Das Klohüttchen davor wird der Wucht des Windes bald nachgeben. Auch hier wieder Weltuntergang, denke ich. Der wirtschaftliche Niedergang der Nomadenkultur ist überall spürbar, auch hier, mitten in den Bergen. Vielleicht hängt es mit dem Klima zusammen, das sich im Altai so rasch ändert wie bei uns. Oder hat das Selbstversorgertum ausgedient, ist endgültig in der globalisierten Welt verloren gegangen? Die Regierung lässt ja, um den Niedergang zu kompensieren, in der Gobi nach Bodenschätzen suchen. Auch erlaubt sie inzwischen Touristen einzufliegen. Man treibt Handel mit Korea und China und macht großartige Versprechungen, vor allem jetzt in der Vorwahlzeit. Der Landbevölkerung geht es trotzdem schlechter denn je.

In der Mitte der Siedlung spielt eine Horde Kinder. Große und kleine wirbeln wild durcheinander, sie tanzen und hüpfen und schreien wie auf einer Bühne aus Sand und Staub. Daneben hockt ein alter Mann, der sich die Stiefel auszieht und seine Fußlappen abwickelt. Ich verstehe kein Wort von dem, was er sagt. Ich weiß aber, dass es die Ausgelassenheit dieser Kinder ist, die das Land zuletzt retten wird.

In der leeren Schule gibt man mir ein Bett zum Schlafen. Auch finde ich einen Laden, der geöffnet hat. Zuerst kaufe ich wie immer eine Dose Bier, dann frage ich, ob ich noch etwas zu essen bekommen kann. Ja, in einer winzigen Garküche um die Ecke, wird mir bedeutet. Während die Bos, eine Art Riesenravioli mit Schaffleisch gefüllt, im heißen Dampf gegart werden, sperrt der Postmeister seine Hütte auf. Eigens für mich. Er spricht ein paar Worte Englisch und versucht, eine Leitung nach Europa herzustellen.

Der Anruf gelingt. Ich will meinen Lieben daheim nur mitteilen, dass ich noch lebe. Aber die Verbindung ist schlecht. Ich höre nur Rauschen, dann Bruchstücke von Wörtern. Wie, wo und was. Aber immerzu dieses Knacken in der Leitung, dazu die sich überlagernden Echos aus dem All. Jede Vertrautheit geht darin unter. Übrig bleiben Fragen und ein Gefühl des Verlassenseins, wohl auf beiden Seiten der Leitung. So leben wir in unserer jeweils subjektiven Einsamkeit weiter, über Zeitzonen getrennt und in ständiger Ungewissheit.

Ich bereue den Anruf, auch weil ich weiß, dass Anrufe vom Ende der Welt immer etwas Verzerrtes und Verzerrendes haben. Ich sollte sie lieber bleiben lassen, denke ich später, als ich in den Schlafsack krieche.

Das Bett hängt durch, die Matratze ist löchrig, überall quillt Staub aus den Ritzen. Zwischen den Spanplatten rascheln Mäuse. Mich stört das alles nicht. Und beim Einschlafen fühle ich mich wohl – in einem Schlafsack, der im Trockenen liegt, in einem Raum unter einem Dach.

Endlich eine gute Nacht. Ich schlafe durch. Niemand, der herumtappt im Dunkel der Jurte. Niemand, der am Morgen hustet oder schnarcht oder aufsteht. Ich schlafe völlig unbeschwert und erwache erst nach Sonnenaufgang. Mein Kopf ist wie befreit.

Eine Hoffnung, mit den Hirtennomaden weiterziehen zu können, ist kaum gegeben. Man zieht hier nur weiter, wenn es der Zustand der Weiden verlangt. In manchen Jahren kann das bis zu dreißigmal sein. Die Weiden in dieser Höhe jedoch sind gut, denn überall rinnt das Wasser von den vergletscherten Höhen.

Hat mir nicht am Abend zuvor ein Bursche versprochen, mich ein Stück weit in die Berge zu fahren? Ich erinnere mich genau daran und weiß auch, dass er sein Versprechen halten wird. Es steht mir also nichts mehr im Wege. Zuerst wiege ich meinen gepackten Rucksack in der rechten Hand. Er ist leichter geworden, weil ich wieder überflüssige Medikamente und Karten verschenkt habe. Dann gehe ich zum Brunnen am Ortsrand des Dorfes, pumpe Wasser in einen Trog und wasche mir den Schweiß der letzten Tage aus dem Gesicht. Das Wasser schmeckt salzig wie der Schweiß auch. Ein Blick zum Himmel verrät, dass es ein guter Tag werden wird, wider Erwarten. Es ist jetzt ein Leichtes, nach Hause zu kommen, denke ich. Weit im Osten kann ich einen Einschnitt im Gebirge erkennen; durch den muss ich den Fuß des Saltay Uul erreichen. Über einen fast 4000 Meter hohen Pass soll es möglich sein, ins Wüstental der Shargyn Govi zu wechseln. Ich hoffe, mit meinem leichten Gepäck, das nur noch das Allernotwendigste beinhaltet, diesen letzten Bergkamm gegen Abend überschritten zu haben. Dann gilt es nur noch, ein Fahrzeug für die Weiterreise nach Altay zu finden.

Ich kann das letzte Stück anstrengenden Weges vor mir sehen und spüre, dass ich mich dem Ende meiner großen Reise nähere. Nur darf ich jetzt noch nicht nachlassen oder leichtsinnig mit meiner Route werden. Man muss bis zuletzt genau wissen, wo man sich befindet. Und natürlich reicht dabei die Vorstellung nicht aus, denn die Karte im Kopf entspricht nur selten genau unserer Position in der Landschaft!

Der Fahrer kommt spät, dann muss noch Treibstoff organisiert werden. Die eine Tankstelle im Ort ist nicht in Betrieb und liegt verlassen da. Auch die zweite, am anderen Ende der Siedlung, muss erst aufgesperrt werden. Außer einer altmodischen Pumpvorrichtung mit einer Kurbel ist nichts zu sehen, was an eine Tankstelle erinnern könnte. Wir verlieren Zeit.

Als ich Stunden später in einem Hochtal aus dem Jeep steige, weiß ich, dass ich mich geschlagen geben muss. Ich habe keine Kraft mehr. In der dünnen Luft und nach so vielen Tagen auf den Beinen sind meine körperlichen Reserven aufgezehrt. Nicht nur meine Kondition ist schlecht, ich bin auch nicht akklimatisiert. Ich muss mich damit abfinden, dass ich nicht mehr so leistungsfähig bin wie früher. Aber ich tröste mich damit, dass ich Erfahrung habe.

Ich bezahle und gehe los. Die Sonne brennt mir heiß auf den Rücken. Der Weg ist steil, und ich atme schwer. Auch habe ich einen sonderbaren Geschmack und süßlichen Schleim im Mund. Vielleicht ist es nur heute so, morgen geht es bestimmt wieder besser. Nach wenigen Gehminuten ist mir, als wäre ich schon einen ganzen Tag lang unterwegs. Aber, denke ich, ich habe Zeit. Also gehe ich langsam und regelmäßig, nehme nie Abkürzungen. Wenn ich jetzt die Hänge steil gerade hinaufginge, ich bräche zusammen. Mit peinlicher Genauigkeit folge ich der idealen Route.

In den Wüstenwochen sind mir wohl jene Muskeln abhanden gekommen, die ich zum Steigen brauche, denke ich. Nur deshalb

jetzt diese Krise. Es wird schon besser, hoffe ich, wenn ich langsam gehe. Jeder Tag ist ein neuer Anfang.

Die Sonne steht jetzt hoch. Sie blendet mich zwar nicht, dörrt
mich aber aus. Wenn ich nach Osten schaue, sind da nur Bergkämme. Ein graubrauner Greifvogel mit glänzendem Gefieder kreist
am Himmel. In Sichtweite ein paar Jurten, kalkweiß. Sie stehen
am unteren Rande des Abhangs, wie immer in Nähe des Wassers.
Als ich vor mir auf die Erde blicke, um meine Schritte möglichst
gleichmäßig zu setzen, ist da ein grüner Teppich. Mit winzigen
Blumen, die verstreut in den Graspolstern blühen.

Es ist noch weit bis ins Tal, sehr weit. Die Jurten erscheinen
winzig klein, nicht größer als Punkte unter dem großen Berg. Ich
darf nicht erst hinkommen, wenn alle schon schlafen, sage ich mir.
Die Hunde könnten mich sonst anfallen, und eine Hundemeute
ist wie ein Wolfsrudel. Instinktiv mache ich größere Schritte, mit
Beinen wie losgetrennt vom Körper.

Inzwischen verdecken Wolken die Sonne. Der Wind aus der
Höhe frischt auf, behindert mich aber auch, weil er mich von vorne anfällt.

Ich weiß, wie es ist, am Ende seiner Kräfte zu sein. Wieder einmal fühle ich mich zerschlagen. Der letzte Aufstieg zieht sich endlos hin. Die Reise hat mich zu sehr erschöpft. Vielleicht hat die
Enttäuschung auch damit zu tun, dass ich so zuversichtlich gewesen bin. Ich kenne diesen Zusammenhang nur zu gut, muss aber
immer wieder neu lernen, ihn zu akzeptieren. Zu viel Zuversicht
führt leicht zum Kollaps, und jeder Zusammenbruch ist wie ein
Tod. Dabei bin ich diesmal nur eine zu weite Strecke gegangen.
Ich brauche nur eine längere Rast, eine Nacht lang Ruhe, dann
komme ich schon wieder auf die Beine, sage ich mir.

Ich bleibe stehen. Ein paar Augenblicke lang schaue ich auf
den Hügel zurück, über den ich gekommen bin. Was ich da sehe,
ist kein Horizont, sondern nur noch ein glühender Spalt Himmel.
Dort, wo die Sonne durchbricht, leuchtet das Gewölk. Darunter

das leere Land. Als der Glanz verlischt, mache ich mich wieder auf den Weg, immer weiter Richtung Osten, verloren zwischen Woher und Wohin. Ich bin nur noch ein mechanisch Gehender, der weder Vergangenheit noch Zukunft mehr zu kennen scheint. Der Tiefe meiner Müdigkeit ausgeliefert. Ich sehe wie gebannt auf die weiße Linie des Eisrückens zum Gipfel des Salay vor mir. Irgendwo dort oben, unter dem großen Berg, muss meine Jurte stehen. Ich will sie heute noch erreichen, so dringend, wie ich das Ende meiner Reise herbeisehne. Der Berg, auf dem ich vor Jahren mit ein paar Freunden stand, ist jetzt unerreichbar weit weg. Er ist wie das Jenseits.

Damals reisten wir in Jeeps, bestiegen die höchsten Berge des Landes, gingen aber nirgends in die Wüste hinein.

Die Wolken über den Bergkämmen vor mir werden dichter und türmen sich zu weiten Gebirgen. Die Täler darunter sind ganz verschwunden in einem Sumpf aus Grau und Dunst, eine Düsternis, die Angst macht. Der Horizont jetzt beinahe violett. Der Weidegrund vor mir ein dunkler Strich zwischen ockerbraunen Hügeln.

Dahinterblicken kann ich nicht. Ich fühle nichts als die Weite meiner Verlorenheit und die Tiefe meiner Erschöpfung.

Im letzten Moment, kurz bevor der einzige Lichtfleck aus den Bergflanken weicht, komme ich an. Die Dämmerung ist in das Dunkel der Nacht übergegangen.

Nur ein alter Mann ist da. Er steht bei den Jurten und schaut beunruhigt auf die Leute, die im nahen Kogen zwischen den vielen Schafen und Ziegen Staub aufwirbeln. Ein alter Hund knurrt nur kurz auf, als ich vorbeigehe. Völlig verfilzt an Hals und Hinterläufen bleibt er liegen. Als der alte Mann einen Zischlaut absetzt, verkriecht sich der Hund etwas weiter bei einem Misthaufen.

Jetzt sehe ich in das Innere des Kogens, wo offensichlich eine Rauferei im Gange ist: Kinder weinen, Frauen schimpfen. Zwischen den Menschen, die bei der Arbeit sind, gibt es Streit. Ich höre nicht nur Geschrei, sondern sehe auch Fäuste fliegen. Die jungen Männer gehen in Gruppen aufeinander los. Die Mauern halten dem Geschiebe zwar stand, doch brechen einzelne Quader heraus. Stofffetzen wirbeln durch die Luft. Ein zweites Mal an diesem Tag packt mich die Verzweiflung.

Später, unter dem Schwarz des Himmels, kommen die Familien zu ihren Jurten. Im Eiswind, der vom großen Berg weht, bleiben die Männer kurz stehen. Einige von ihnen fauchen sich an wie Wildkatzen, so wütend sind sie. Ich verstehe kein Wort. Nie werde ich erfahren, worum es in diesem Streit gegangen ist – um Frauen oder Besitz? Ich weiß nur, dass auch die Wüste kein Ort des Friedens ist. Man bittet mich in die zweite Jurte, vom Tal her gezählt. Das Zelt gehört einer jungen Familie. Ich nehme zuerst den Rucksack ab und lehne ihn gegen ein Kästchen, dann hocke ich mich auf eine Pritsche, die mein Schlafplatz sein soll. Im Dunkeln greife ich später nach meiner Wasserflasche und trinke in langen Schlucken. Gleich gibt es Milchtee und Suppe, in der wieder reichlich Fett schwimmt. Dann esse ich ein paar Fleischstücke vom Knochen und fühle mich gleich viel besser und gestärkt.

Ich lege mich hin, ziehe den Schlafsack über die Schultern und döse sofort ein. Ich merke nicht mehr, wie die anderen sich ihre Schlafplätze am Boden suchen und sich zur Ruhe legen.

Aus meinem tiefen Schlaf erwache ich erst bei Tagesanbruch.

Als ich aufstehe, ist die Jurte leer. Was ist los?, frage ich mich. Ist da immer noch Streit, oder sind alle bei der Arbeit? Es ist ein Blöken und Meckern zu hören, auch Pfeifen und Singen, wie ich es seit Wochen aus den Bergen und aus der Gobi kenne. Geräusche, die sofort ihren Frieden auch auf mich übertragen.

Es ist inzwischen taghell. Jeden Augenblick muss die Sonne aufgehen. Also packe ich meinen Rucksack. Zum letzten Mal, denke ich.

Die Nomaden geben mir Milchtee zu trinken und stellen mir Schmalzgebäck und frische Yakbutter hin. Köstliche Butter, frisch, nicht ranzig, wie ich sie vom Hochland in Tibet her kenne. Am liebsten würde ich bleiben. Aber irgend etwas drängt mich fort, weiter, nach Hause.

Draußen ist es Morgen. Wie überbrechende Wogen stehen die Berge vor mir, das Weiß der Eisgrate erinnert an Schaumkronen. Noch liegen ihre Südwestflanken im Schatten, und es ist kühl, aber strahlend erhebt sich schon die Sonne, und über dem Firn wächst das Blau des Himmels. Sein Licht blendet mich, dass es die Augen schmerzt. In der Tiefe kann ich, verteilt an den Hängen, die vielen Herden sehen. Weiter unten im Tal, beim Fluss, ist ein Gleißen und Glitzern wahrnehmbar: Das Wasser, das da und dort kleine Seen bildet, blitzt im schrägen Sonnenlicht auf.

Vor mir steht ein Bergkamm, der weiter links im Sulay Uul gipfelt. Am Rande des Eises muss ich ihn überqueren, sagen mir die Nomaden. Durch ein steiles Tal hinauf, dann über ein paar Eiskämme und hinab in ein anderes Tal. Am frühen Nachmittag müsste ich in Dayon sein, einem ziemlich schäbigen Ort, an einem See gelegen.

Ich gehe zügig, scheine aber trotzdem kaum von der Stelle zu kommen. Ich weiß, Entfernungen können täuschen, in der Wüste noch mehr als im Gebirge. Aber das allein kann nicht der Grund sein. Ich habe gut geschlafen und vorzüglich gefrühstückt, auch fühle ich mich nicht mehr krank. Trotzdem, ich komme nur schleppend voran. Vielleicht liegt es an der Höhe, an die ich nicht genug akklimatisiert bin. Außerdem bin ich von anstrengenden fünf Wochen in der Wüste und einigen harten Marschtagen in den Altai-Bergen ausgelaugt. Vor allem habe ich keine so gute Kondition mehr wie früher. Ich muss mich endlich damit abfinden, dass ich älter werde. Ich sage es mir wie zum Trost.

Nach einer ersten Marschstunde schon muss ich rasten. Ich hocke mich, an den Rucksack gelehnt, hin. Ich schnaufe, der Puls rast, und meine Hände zittern. Nein, damit habe ich nicht gerechnet. Ich fühle mich alt und wie benommen. Jetzt heißt es durch-

halten. Ich stehe wieder auf, gehe los und steige noch langsamer als
vorher. In Zentimeterschritten zwinge ich mich bergauf, aber es
ist hoffnungslos: Hinter jedem erkämpften Hügel erhebt sich ein
noch höherer Grat. Als bestünde dieses Gebirge aus lauter Wogen,
die sich mir entgegendrängen. Dazu der Fallwind, der mich austrocknet und gegen den schwer anzukommen ist.

Plötzlich packt mich die Sorge, den letzten der Grate nicht erreichen zu können. Ich überlege, was ich noch zurücklassen könnte. Mein Gepäck ist zu schwer! Aber ich kann nichts mehr entbeh-
ren. Sogar die Skistöcke, meine zweiten Gehwerkzeuge, sind
inzwischen verschenkt. Proviant und Wasser habe ich kaum noch
dabei. Gerade nur eine Tagesration. Auch von den Medikamenten
habe ich nach und nach alles zurückgelassen, was mir nicht unbedingt überlebensnotwendig erschien.

Merkwürdig, wie konnte nur alle Zuversicht so plötzlich von
mir weichen. Als hätte ich mit dem Wissen, bald anzukommen,

den letzten Rest meines Willens verloren. Aber was heißt schon
Ankommen bei einer Reise, an deren Ende die Selbstaufgabe steht
und die Erkenntnis, dass ich derartige Abenteuer nie mehr unternehmen kann. Weil ich eine derartige Anstrengung und Belastung,
solchen Durst nicht noch einmal ertragen kann. Ich bin zu alt geworden für derlei. Auch zu alt, um das Unterwegssein in seiner extremen Form noch einmal zu versuchen. Nicht aber zu alt, diesen
letzten Grat vor mir zu erreichen. Es fehlen doch nur noch ein
paar Hundert Höhenmeter, hinter dem letzten der Grate geht es
nur noch bergab. Wie auch das Leben selbst nicht nur eine Richtung kennt.

Also weiter! Zuerst auf die Knie, dann auf die Beine. Ich rücke
den Rucksack zurecht und steige, gebückt wie ein alter Mann, weiter bergan So winde ich mich immer weiter in eine Leere hinein,
die sich gleichzeitig in mir ausbreitet. Blut tropft mir aus der Nase,
das auch beim Rasten nicht zu stillen ist. Dabei spüre ich eine son-

derbare Leichtigkeit im Kopf. Es ist nicht Schwindel, es ist, als träte ich in die Luft. Häufig tappen meine Füße jetzt ins Leere. Also gehe ich ein Stück abwärts. Aber dieses Abwärtsgehen geschieht mehr, als dass ich es noch kontrollieren könnte. So muss es sein, denke ich, wenn ein Vogel das Fliegen verlernt. Er taumelt, fällt und weiß am Boden nichts mit sich anzufangen. Mit der Kunst des Fliegens kommt ihm auch seine Welt abhanden.

Ob ich noch klar im Kopf bin? Ja, mir fehlt bloß die innere Orientierung, das Gleichgewicht im Herzen. Etwas, worauf ich mich stütze, woran ich mich festhalten könnte. Warum habe ich nicht zwei gute Füße?, denke ich. Der eine, ohne Zehen, erträgt mehr als der andere mit dem zertrümmerten Fersenbein. Trotzdem, der junge Arzt, der die Reste mit einem Stück Hüftknochen wieder zu einem brauchbaren Fuß zusammengeflickt hat, ist ein Genie. Ohne seine Hilfe hätte ich überhaupt nie mehr richtig laufen können.

Ich hinke zwar, aber ich kann gehen, sehr weit sogar. Wenn die Schmerzen kommen, gehe ich wie ein Kamel. Schmerzen sind nicht so schlimm, an Schmerzen gewöhnt man sich. Viel schlimmer ist es, nicht mehr tun zu können, was ich ein Leben lang getan habe. Auch wenn es noch so unnütz war.

Inzwischen trifft mich die Sonne zum dritten Mal. Seit ich auf den Beinen bin, ist sie wiederholt hinter einer Bergkante verschwunden und hinter einer anderen wieder aufgetaucht. Also muss ich ein gutes Stück höher gekommen sein. Ich muss nur noch ein oder zwei Stunden lang durchhalten, denke ich. Kalter Schweiß steht auf meiner Stirn, und immer wieder tanzen schwarze Punkte vor meinen Augen. Aber ich kann noch denken, tröste ich mich. Ich bin wohl am äußersten Ende meiner Energie angekommen, bin müder, als ich es je war. Aber ich gehe noch. So schleppe ich mich und meinen Rucksack über den letzten Berg. Ähnlich wie damals, als ich mit meinem Freund Friedl Mutschlechner aus dem Kali-Gandaki-Tal kam, um die Nordwestwand des

Annapurna I zu studieren. Wir stiegen damals 2000 Höhenmeter immer bergan, mit allem, was wir für ein paar Tage im Hochgebirge brauchten. Ich war, unmittelbar nach einer Vortragsreise und ohne Akklimatisation, nicht in Form. Es war zu viel für mich. Zuletzt schaffte ich nur noch 30 Höhenmeter in der Stunde. Friedl musste stundenlang auf mich warten, und ich schämte mich. Auch tat er mir leid.

Damals jedoch ging es um ein Projekt, um die Zukunft. Heute stehe ich vor dem endgültigen Abstieg. Trotzdem muss ich durchhalten, denke ich, gleichgültig, was es bringt. Es waren doch immer nur kurzlebige Hoffnungen, die mich weiterbrachten. Auch jetzt gilt es nur weiterzumachen, Schritt für Schritt. Nur noch diesen letzten Pass vor mir muss ich erreichen. Im Abstieg geht es sich von selbst.

Beim Abstieg hatte ich nie Probleme. Ich sammle dabei, was an Kraft, Wille und Zuversicht in mir übrig ist.

Anders beim Aufstieg. Zuletzt besteigt man jeden Berg nur Schritt für Schritt. Also Schritt für Schritt. Dann raste ich wieder und blicke zurück ins Tal, aus dem ich komme. Es ist früher Vormittag. Ich schätze die Tageszeit nach dem Stand der Sonne. Dann trinke ich einen Schluck Wasser. Gleich fühle ich mich besser, auch wenn ich weiß, dass die Anstrengung noch nicht zu Ende ist.

Ich hätte ein Pferd mieten sollen oder einen Träger. Jetzt aber ist es zu spät auch dafür. Der Weg zurück wäre anstrengender als das verbliebene Wegstück bis zur letzten Anhöhe. Ich muss also allein mit meinen Energiereserven auskommen bis zum Pass. Nur hocken bleiben darf ich nicht. Man darf seinen Stolz verlieren, denke ich, seine Ausdauer und Geschicklichkeit, aber nicht das Leben. Also gilt es weiterzukommen. Mit letzter Kraft. Es ist der letzte Rest an Lebensenergie, der meinem Überleben gilt.

Geschafft, denke ich nur, als ich endlich oben bin. Ich bin zwar zu alt, um auf die höchsten Berge zu steigen, auch zu alt, um wochenlang allein durch die Wüste zu ziehen, aber dieser Pass hat mich nicht untergekriegt.

Um die Mittagszeit bin ich tief unten in einer Schlucht, deren Grund mit Eis gefüllt ist. Es geht sich gut auf dem festen, ebenen Boden. Über mir nur der Himmel und im Rücken ein leichter Fallwind. Ich hoffe, bald aus der Schlucht heraus zu sein, das flache Land zu sehen und den See, der mir die Richtung weisen soll.

In den Beinen steckt jetzt nicht mehr diese Schwere, sie sind nur müde. Und innerlich fühle ich mich leer, aber noch lange nicht erledigt. Ich weiß, in wenigen Tagen werde ich daheim sein, auf Juval, wo die Kinder auf mich warten. Ich habe so viel Glück gehabt im Leben, denke ich, auch wenn ich es mir ein paarmal beinahe verscherzt habe. Und die Angst, es zu verlieren, ist mir geblieben. Gott sei Dank.

Dieses, mein Glück, ist nicht zu haben und nirgendwo zu finden, nur kurz zu erfahren, nach dem Einsatz des Lebens. Aber nie dort, wo man es sucht. Auch nicht am Gipfel des Mount Everest, nicht am Südpol und nicht in der Gobi. Für ein paar Tausend Dollar kann ich heute zwar eine Passage dorthin kaufen, nicht aber das Glück, überlebt zu haben. Ich habe ein Leben lang versucht, an mein Glück heranzukommen – zwischen Weggehen und Nachhausekommen, zwischen Selbstverschwendung und möglicher Selbstzerstörung. Auf dieses Bemühen bleibe ich wohl für immer fixiert.

Steif und wund gehe ich am Nachmittag auf einen fernen See zu, der schräg in der Landschaft zu stehen scheint. Oder bewege ich mich über eine leicht schiefe Ebene? Ich bin wieder in der Wüste. Die Sonne brennt auf meinem Nacken, und Stechmücken plagen mich. Die geschundenen Stellen an meinem Körper – Schultern und Füße – schmerzen. Am Horizont aber stehen, ganz klein, ein paar Haufenwolken, die ich als Teil meines Glücks ansehe. Ihr Leuchten erinnert mich an die Augen meiner Kinder.

In einer winzigen Siedlung mache ich halt. Nein, in diesem Kaff kann ich nicht bleiben: drei Hütten, eine Jurte, eine Ruine, in der einst das Vieh überwinterte. Zum Glück kommt ein Truck vorbei. Ich halte das Fahrzeug an. Man soll mich die letzten zehn Kilometer nach Dagrú bringen. Der Fahrer, ein kantiger Mongole mit Hut und Tracht, lehnt ab. Er muss weiter in die Berge, wo ein Nomadenlager aufgebaut werden soll. Ein Motorradfahrer nimmt mich schließlich mit. Ich bin froh, das letzte Stück zum Dorf nicht laufen zu müssen.

Im Staub der Straße sehe ich zuerst ein paar Mauern, dann einen Brunnen. Ich werfe den Rucksack ab, setze die Pumpe in Gang und spüle mir das kalte Wasser über Hände und Gesicht. Dann lasse ich das Nass über Arme und Füße laufen. Jetzt erst gehe ich ins Dorf.

In Dagrú gibt es weder ein Bett noch ein Bier. Nicht einmal Wasser in Plastikflaschen kann man kaufen, nichts. Es ist Markt, und ich sehe mich um. Ich finde Fußfesseln für Pferde, wie sie Simon schon seit Langem sucht, einen mongolischen Teppich in Pastelltönen, dessen Muster mir gefällt. Also kaufe

ich beides. Schließlich bringe ich von jeder exotischen Reise einen Teppich mit. Dann setze ich mich in ein kleines Lokal und bestelle Bos. Es stehen nur zwei Tische im Raum. An dem einen essen ein paar Frauen, am zweiten sitze ich. Die Wände waren einst weiß gekalkt. Jetzt blättert der Anstrich ab, auch von der Decke. An den Fenstern schwirren Bremsen in so großer Zahl, dass sie den Vorhang ersetzen. Ich trinke den Rest des Wassers aus meiner Flasche und warte auf mein Essen. Als ein Mann mittleren Alters hereinkommt, bitte ich ihn zu mir, weil sonst kein Platz frei ist.

Ich muss einen ziemlich verwahrlosten Eindruck machen. Der Mongole versucht erst gar nicht, mit mir zu sprechen. Er unterhält sich über die Leere im Raum hinweg mit den Gästen am Nebentisch. Verstehen kann ich nichts davon.

Irgendwie aber ahne ich, dass mein Tischnachbar nach Altay unterwegs ist. Es ergibt sich aus dem Gespräch. Altay ist mein

Stichwort, mein Gegenüber um eine Mitfahrgelegenheit zu bitten. Ich tue es gestenreich und mithilfe einer Landkarte, auch biete ich Geld in Scheinen an. Ich will weg aus diesem Nest, wo nur noch der Staub zu Hause ist.

Wir sind uns bald einig. Als die Bos verzehrt sind – man isst sie mit den Händen –, stehen wir beide auf. Wir wischen uns die Finger an den Hosen ab, gehen hinaus und beladen das Fahrzeug.

Der Weg ist wie überall in der Mongolei staubig, voller Schlaglöcher und gesäumt mit Kamelkadavern. Wir kommen trotzdem gut voran. In die Wüste hinein und gleichzeitig aus ihr heraus. Trotz des bewölkten Himmels ist es heiß. Ich bin müde und schlafe zwischendurch ein. Als ich aufwache, sind wir in Shark. Der Wagen hält. Auch ich steige aus. Ein unsteter Wüstenwind treibt Staub durch die weiten Gassen. Die Plätze sind leer. Ich gehe ein paar Schritte im Jurtenbezirk, wo nichts als Trostlosigkeit herrscht, und mache auf dem Absatz kehrt.

Kaum zu glauben, aber auch Hoffnungslosigkeit lässt sich stei-
gern. Wie können Menschen freiwillig hier leben?, frage ich mich
wohl zum hundertsten Mal. Von der ersten Siedlung, an der ich bei
dieser Reise vorbeikam, bis hierher ist es immer nur schlimmer
geworden. Keine Nacht lang könnte ich in Shark bleiben.

Auf der Reise nach Altay, gepeinigt vom Geschütteltwerden
und ausgedörrt vom Wüstenwind, bin ich überzeugt, meinen Trip
wenigstens zeitlich richtig angesetzt zu haben. Nie war es beim
Marsch durch die Wüste auch nur annähernd so heiß wie jetzt,
auch nie so trocken. Ich bin rechtzeitig im Osten der Gobi aufgebrochen und habe die zweite Maihälfte und die ersten Juniwochen
genutzt, um durch die Südgobi zu kommen. Dann, in den letzten
Juniwochen, während es tiefer unten unangenehm heiß wurde, bin
ich wie die Nomaden in die kühleren Altai-Berge gezogen. Hätte
ich es früher oder in umgekehrter Richtung versucht, ich wäre ge-
scheitert.

In Altay, am späten Nachmittag, ist es bewölkt und auch recht
kühl. Als man mir im Hotel Mandal Altay ein Zimmer zeigt, bin
ich überrascht: Alles ist sauber, der Kühlschrank und der Fernsehapparat funktionieren. Nur warmes Wasser gibt es keins. Also dusche ich kalt. Sehr viel anders als vor der Reise fühle ich mich jetzt
danach auch nicht. Als ich mich nach dieser ersten Dusche jedoch
vor den Spiegel stelle, sehe ich einen Fremden vor mir: Das Haar
ist heller und gleichzeitig grauer geworden. Nase und Gesicht sind
gerötet, die Hände, die zu viel Sonne abgekriegt haben, sind dürr.
Meine Stirn ist voller Runzeln, was dem Gesicht einen aggressiven
Ausdruck verleiht. Die Krähenfüße an den Augenrändern haben
sich tiefer in die Haut eingegraben.

Mein Gang ist schlurfend, weil die Füße schmerzen, die Hal-
tung vom vielen Rucksacktragen gebeugt. Auch weiß ich, dass ich
mich deutlich verändert habe: Ich gehe sichtbar dem Ende entgegen. Nur diesen Fatalismus bringe ich als neue Erkenntnis aus der

Gobi mit. Ich kann und will ihn nicht abschütteln. Nur aufgeben werde ich nicht.

Eine Wüste durchquert man nicht mit einem Satz. Es sind Millionen kleiner Schritte dafür nötig, und jeder Schritt ist ein Stück vom Weg, ein Teil der Erfahrung. Jede Expedition ist ein Leben im Leben. Die erste wie die letzte. Mein Weg durch die Wüste war auch ein Weg durch mich selbst. Diesmal kam keine Erlösung am Ende, nur die Einsicht in das eigene Altern. Sogar das Bewusstsein, sterben zu müssen, gehört jetzt mit dazu. Und dieses Bewusstsein des eigenen Todes bleibt, als sei ich schon vor meiner Zeit an mein Ende gekommen.

Seit sechs Wochen bin ich unterwegs. Seit dieser Zeit hat die Gobi für mich ihre Exotik verloren. Diese Leere erscheint mir jetzt als zeitlose Welt, weil nichts an die Zivilisation erinnert, die sich selbst wieder zerstört. Die Hirtennomaden an ihren Rändern und in den kleinen Kaffs sind weniger irre als die Menschen in der Welt, aus der ich komme und in die ich zurückgehen werde.

Jetzt ist überall Sommer, auch daheim: Wieder versuche ich mir Juval vorzustellen. Aber es bleibt nur Hitzeflimmern. In den letzten Sonnenstrahlen hocke ich mich auf eine Mauer am Straßenrand. Ein paar Autos wirbeln Staub auf. Einzelne Männer schleichen umher, auf der Suche nach einem Quartier oder einer Frau. Ich bin der einzige Fremde hier.

In diesen sechs Wochen habe ich nur einen einzigen Streit erlebt, und auch er war am anderen Morgen vergessen. Und nie zuvor habe ich so viel Gastfreundschaft erfahren wie in der Gobi. Vielleicht werde ich auch nie wieder so tiefes Mitgefühl erleben. Obwohl niemand in der Wüste mein Tun verstanden hat. In unserer Zivilisation sind so viele Menschen damit beschäftigt zu hassen, denke ich. Vielfach ohne erkennbaren Grund und fortwährend. In der Wüste kommt Hass natürlich auch vor, aber nicht als Dauerzustand. Vielleicht haben die Menschen hier Streit und Eifersucht auch von uns übernommen, mit den Bildern, die eine ferne TV-Zentrale sendet, denn all das, was auf den Bildschirmen in den entlegensten Jurten der Gobi zu sehen ist, wird die Welt hier schneller verändern als alle anderen Einflüsse seit Dschingis Khan. Satellitenschlüssel und Solarstrom tun ihre Wirkung, denn das Virtuelle ist auch für die Hirtennomaden real. Was essen andere?, fragen sie sich. Wie kleiden, wie bewegen, wie lieben, wie hassen sie sich? Wie wohnen sie, was haben sie, und auch, wie schminken sie sich?

Die Menschen hier stellen sich das Leben in den reichen Industrienationen zwar völlig falsch vor, aber sie haben immerhin eine Vorstellung von unserem Dasein. Wir aber ahnen nichts von dem ihren, auch ich nicht. Sie wissen nicht nur mehr von diesem Land als ich, der ich nur hindurchgegangen bin, sie wissen auch um die Tiere, die Pflanzen, kennen das Leben als ständiges Überleben. In ihren Geschichten und Liedern klingt das Echo davon nach. In ihren Genen ist mehr von diesen animalischen Instinkten und dem ursprünglichen Wissen gespeichert als in den meinen.

9

Hotel Dschingis Khan

Seit ich aus der Wüste zurück bin, ist auch das Wetter ein anderes. Der Himmel ist grau, Windböen treiben Staubwolken durch die Stadt, die von einer einzigen Betonstraße durchzogen wird. Wegen der Wahl, die ruhig verläuft, sind alle Flüge nach Ulan-Bator ausgebucht. Ich muss warten.

Also gehe ich wieder und wieder in die Stadt, zum Markt, immer durch dieselben Straßen. Ich finde Kleiderläden, kleine Abspeisen, eine Bretterbude: alles für die Jurte. Daneben ein Ersatzteillager: alles für die Autoreparatur. Es gibt ein eigenes Geschäft für Sonnenbrillen, daneben einen Container voll mit Wasserkanistern aus Plastik, Fleischerläden am Ein- und Ausgang zum Markt. Nur was ich suche, finde ich nicht: weder Post- noch Landkarten, keine Antiquitäten, keine Galerie, auch kein Bier. Offensichtlich ist wegen der Wahl ein Alkoholverbot erlassen worden.

Auf dem Weg zurück ins Hotel spricht mich ein Mädchen an. Sie kann Englisch und geht noch zur Schule. Ich bestürme sie mit so vielen Fragen, dass sie anbietet, mich zu begleiten, bis ich mich in Altay zurechtfinde. Sie ist jung und hübsch, Katholikin, wie sie erklärt. Sie hat gerade das Abitur geschafft und will im Juli nach Ulan-Bator, um die Aufnahmeprüfung für die Universität zu machen. Mathematik und Englisch sind ihre Lieblingsfächer. Sie will Wirtschaftswissenschaft studieren, am liebsten in Amerika, sagt sie. Um dortzubleiben. Ob ich ihr helfen kann, einen Studienplatz zu finden?

Dann irre ich wieder allein und ziemlich verloren in der Stadt umher. Ich finde eine völlig heruntergekommene Heiz- und Energieanlage, ein Plattenbau aus der Zeit des Schulterschlusses der Mongolei mit der Sowjetunion. Kohlebetrieben. Zufällig komme ich am Postamt vorbei, wo ich nach Hause telefoniere. Obwohl ich kaum verstehe, was Sabine am anderen Ende der Leitung sagt, entgleitet mir gleichzeitig meine Welt hier, die Wüste. Es ist, als wäre meine Reise vor langer Zeit schon zu Ende gegangen.

Am Rande von Altay stoße ich am nächsten Tag auf ein zweites Hotel, offenbar ein Überbleibsel aus den Zeiten Stalins. Die Herberge ist elend, ein Wohnblock mit zwei Etagen ohne Restaurant und jegliche Art Dekor, nicht einmal Vorhänge sind da. Allerdings gibt es warmes Wasser, weshalb ich beschließe, hierher umzuziehen.

Es ist regnerisch und kalt, als ich einziehe. In meinen völlig verdreckten Hosen und Stiefeln sehe ich aus wie ein Landstreicher, aber man nimmt mich trotzdem auf. Das Haus ist wenig belegt.

Einen Tag lang bin ich wegen Dauerregens dazu verdammt, im Hotel herumzusitzen. Dabei ist mir Untätigkeit ein Gräuel; sie war schon immer schwer erträglich für mich. In einem heruntergekommenen Zimmer auf ein Flugzeug zu warten, ist das reinste Gefängnis für mich. Und zwischen drei Betten zu sitzen und Tagebuch nachzuschreiben, macht es auch nicht viel besser. Aber sonst bleibt nichts zu tun: Ich bin angekommen, und es ist Zeit, nach Hause zurückzukehren.

Wie oft während dieser Reise habe ich davon geträumt, eine Bleibe mit Bad zu finden und mich richtig waschen zu können. Und nun, da ich endlich in einer Kammer mit Bad und Warmwasser, wenigstens am Abend, bin, will ich nichts dringender, als von hier weg. Nicht wegen der wackeligen Betten, sondern weil ich Sehnsucht habe nach daheim.

Nebenan werden Türen zugeknallt. Über mir diskutieren Parteifunktionäre der Altkommunisten den Wahlausgang. Sie haben bisher regiert. Nun schreien sie sich gegenseitig an. Weil sie verloren haben? Plötzlich stürmt ein Fremder in mein Zimmer. Es lässt sich von innen nicht abschließen. Er verlässt es ebenso laut, ohne sich zu entschuldigen. Der Lärm nimmt nicht ab. Was bleibt mir also übrig, als mich auf die Suche zu machen nach ein bisschen Ruhe und vielleicht auch Gesellschaft?

Wieder gehe ich durch diesen fremden Ort. Im Regen und mitten durch das Grau des mongolischen Alltags. Ich finde weder ein Café noch einen Kiosk, wo ich eine Zeitung kaufen könnte. Was gelegentlich über Lautsprecher gesagt wird, verstehe ich nicht. Ich bin zurück in einer Sprachlosigkeit, die mir Angst macht. Nach so vielen Tagen in der fast menschenleeren Gobi fällt mich wieder Einsamkeit an wie eine Krankheit. Draußen in der Wüste war es besser, denke ich. Weil ich mich mit den Hirtennomaden gut verstanden habe, weil uns keine gemeinsamen Worte trennten. Die Verständigung hier funktioniert weder über die Sprache noch über Gesten. Fremdheit überall.

Ich gehe über lehmverschmierte Straßen, steige über Pfützen und Müllhaufen. Einmal komme ich an einer Tankstelle vorbei. Später an Läden, in deren Regalen alles zu finden ist, was ich in einer Wüste vergeblich gesucht habe: Toilettenpapier, Zahnbürsten, Socken. Nur jetzt brauche ich diese Dinge nicht mehr.

In einem schummrigen Lokal esse ich zu Abend: Steak und Pommes frites, ein Gericht der neuen Zeit. Die Bedienung ist schwarz-weiß gestylt, jung, hübsch und übertrieben freundlich. Es will mir trotzdem nicht schmecken. Obwohl ich wochenlang von gekochtem Schaffett gelebt habe, ist mir die Nomadenküche lieber. In den Jurten, mit dem Geruch von verbranntem Mist und ungelüfteten Fellen waren auch Hunger und Gemütlichkeit.

Auf dem Weg ins Hotel komme ich wieder am Markt vorbei. Ein paar schlurfende Mongolen in ihren Fellstiefeln, jeder eine Wodkaflasche in der Hand, gehen grölend vor mir her. Wir steigen hintereinander über Bauschutt, gehen eine Gasse entlang, weichen einem Hund aus, der völlig reglos am Straßenrand liegt. Ich frage mich, ob er tot ist. Die Mongolen sehen nicht weiter hin, sondern gehen einfach weiter, als ob das Tier immer schon hier liege. Wir gehen durch eine verwahrloste Stadt, ich auf dem Heimweg, sie auf der Flucht vor ihren Hoffnungen. Hoffnungen, die sich nie erfüllt haben und nie erfüllen werden. Sie werden irgendwo schlafen, unter einem Busch vielleicht oder in einem Hauseingang, und weitertrinken, so wie sie ein halbes Leben lang in finsteren Kolchosenkantinen getrunken und geschlafen haben. Aber sie werden nicht mehr in die Wüste zurückgehen, nie mehr. Wie Marionetten stapfen diese fremden Menschen durch ihr Leben. Sie sind nicht weniger Fremde hier als ich. Ein rußiger Qualm zieht jetzt über die Stadt, darüber häufen sich Regenwolken.

Am anderen Morgen ist es immer noch kalt. Am Vormittag reißt das Gewölk auseinander, und im Osten klart es auf. Ich hatte gegen mich gewettet, aber das Flugzeug taucht trotzdem auf. Nicht vorstellbar zuerst, in einem solchen Flieger zu sitzen und in zwei Stunden zurück in Ulan-Bator zu sein, wo meine Reise vor sechs Wochen begonnen hat. Ob man einen wie mich noch mitnimmt? Als das Flugzeug landet, kann ich es immer noch nicht recht glauben, dass es eine Stunde später wieder aufsteigen soll. Mit mir an Bord.

Die ersten Gäste, die aussteigen, gehören zu einer Touristengesellschaft. Alte Leute, denke ich, die hier nichts anfangen können. Beim Vorbeigehen macht ein weißhaariger Mann einen Bogen um mich und meinen verstaubten Rucksack. Eine Dame, offensichtlich seine Frau, sagt vorwurfsvoll: »Was heute nicht alles in der Welt herumfliegt?«

»Als ob die Gobi etwas für Landstreicher wäre«, antwortet er.

Die Leute, denke ich, können nicht wissen, dass ich genauso alt bin wie sie und dass ihre Rucksäcke, Gore-Tex-Jacken und Hosen, alles frisch aus dem Outdoor-Geschäft, in sechs Wochen ebenso aussehen werden wie meine Klamotten. Wohin immer sie in der Mongolei auch reisen, dem Staub ist nirgendwo zu entkommen.

Wenig später sitze ich im Flugzeug und blicke zwischen Nebeln und Wolken hindurch in die Tiefe. Ich schaue auf eine Welt, die mir gleichzeitig entgleitet: Steppe, Jurten, Herden. Und diese unfassbare Weite! Dazwischen seichte Flußtäler und immer wieder Wüstenfläche.

Am Flughafen in Ulan-Bator nehme ich ein Taxi ins Hotel Dschingis Khan. Es regnet auch hier. Ich buche ein Zimmer mit Bad und Doppelbett, so groß wie eine Jurte. Draußen wird gebaut. Kranarme schwingen, und Gerüstplanen flattern im Wind. Von überallher ist Hämmern zu hören.

Nach einem ersten Bad trinke ich in der Eingangshalle Kaffee. Dabei sehe ich mir die Leute an, die über die rötlichen Granitböden stolzieren. Was für ein Leben? Ausgehungert nach Nachrichten, wie ich bin, erscheint mir alles geheimnisvoll und irrer als das Unterwegssein in der Wüste. Ich muss mich hüten, in der Hotelhalle Selbstgespräche zu führen, und gehe zurück auf mein Zimmer.

Dort lege ich mich aufs Bett, sehe die Nachrichten auf der Deutschen Welle und starre später an die Zimmerdecke, wo Bilder vorbeitanzen, die erst nach und nach Klarheit gewinnen: in einer Staubwolke ein fliehendes Pferd; eine herausschleichende Viper; ein Rudel schwarzer Hunde. Ich bin nicht besonders mutig, im Gegenteil, ich bin ein vorsichtiger Mensch. Unterwegs aber habe ich nie wirkliche Angst verspürt. Vor der Reise, ja, und jetzt wieder, wenn ich mir vorstelle, was alles hätte passieren können. Natürlich, ich hätte bei dieser Expedition umkommen können. Wie hundertmal vorher auch. Alle möglichen Gefahren gehen jetzt wie Reflexe durch meinen Körper. Es sind nicht Gedanken, sondern Gefühle, die mich dabei bestimmen. Meine Augen weiten sich, wenn ich an die überstandenen Strapazen denke. Die Handinnenflächen prickeln, sogar mein Herzschlag beschleunigt sich. Allmählich löst sich die Spannung, und die anfängliche Angst macht einer gewaltigen Erleichterung Platz. Und während ich tief einatme, bin ich im Geiste wieder zurück in der Wüste. Schon rede ich wieder laut vor mich hin, wie ich es seit Wochen gewohnt bin. Wie viel Glück habe ich auch diesmal gehabt! Aber eine ähnliche Reise wird mir nicht mehr möglich sein. Nie mehr. Mit der Globalisierung wird sich auch die Mongolei verändern,

und das Hirtennomadentum in der Gobi wird sich anpassen müssen, oder es wird verschwinden. Diese alternative Lebensform, so mutig und archaisch sie sein mag, wird unserem modernen Nomadentum nicht genug entgegenzusetzen haben, um mit ihren ureigenen Werten weiterbestehen zu können.

Am Abend bin ich mit einem Freund, den ich seit sechs Jahren kenne, in der Stadt unterwegs. Bayaraa ist Unternehmer, er hat meine Reise betreut. Wir fahren über breite Autostraßen, stehen im Stau, besuchen Clubs und Gesellschaften. Er kennt jeden Geschäftsmann im Land, wird immerzu an- und weggerufen. Flüchtig stellt er mich seinen Partnern vor. Sie entwickeln dabei Ideen, wie man Kaschmirwolle in Europa und Pferdefleisch in Japan vermarkten könnte, sprechen von ungenutzten Bodenschätzen in der Gobi und einem internationalen Flughafen, auch von Strategien, wie die Mongolei als Puffer zwischen China und Russland profitieren könnte. Sie reden von großen Geschäften und einer noch größeren Zukunft. Kein Wort über die Nomaden. Als wäre deren Kultur schon untergegangen.

Wir essen in thailändischen, chinesischen und italienischen Restaurants, trinken Bier und Rotwein. Das Wüstenleben ist völlig vergessen – nach nur drei Tagen, die ich zurück bin in der Zivilisation. Ich gehe in einem Zustand zwischen Dumpfheit und Glück durch eine Stadt, die mir vertraut scheint wie Brüssel oder Berlin. Trotz allem schlafe ich schlecht, denn meine tierhaften Reflexe haben sich ebenso verflüchtigt wie das Glücksgefühl, überlebt zu haben. Auch die Ängste und Sorgen sind verschwunden. Es scheint mir alles auf banale Weise selbstverständlich. Ich empfinde eine große Leere.

Am späten Nachmittag meines letzten Tags in Ulan-Bator bin ich nochmals in der Stadt. Ich sitze allein vor einem Restaurant. Die Tische sind herausgestellt worden in die Sonne. Da ich keinen Hunger habe, bestelle ich nur ein Bier. Was bleibt, frage ich mich, von all den Strapazen, von so viel Weite und Einsamkeit? Nichts, denke ich, ich hab's hinter mir, das allein zählt. Es gibt auch keinen Grund mehr, an die Gobi zu denken: In dieser stillen Stunde fühle ich sie in mir, als Nachhall des Erlebten.

Ob ich deshalb glücklicher bin als vorher? Ja, aber nur, weil zu Hause die Familie mich erwartet. Das ist alles, woran ich jetzt denke.

Ich lasse mein Bier stehen und gehe die Hauptstraße entlang. An Monumenten vorbei, wie die Stadt viele hat, schlängle mich durch Menschenmengen, höre Worte, die ich nicht verstehe, und laute Musik aus den Straßenbars. Also fliehe ich weiter und weiter, bis ich das Hotel Dschingis Khan erreiche. Als sauber gekleideter Gast und nicht mehr als Landstreicher. Ich merke es an der Art, wie mich das Personal ansieht.

Nein, ich bin nicht verwildert in der Gobi, obwohl ich wochenlang keinen Menschen gesehen habe. In gewisser Weise fühle ich mich leichter als vor der Reise, gelöster, befreit von der Ferne, die mich so lange angezogen hat, bis ich mich ihrer ungeheuren Weite ausgesetzt habe.

Die Gobi ist nicht zu erobern, schon weil der Blick in das scheinbare Nichts kaum zu ertragen ist. In ihr aber sind so viel leerer Raum und Ruhe und Gastfreundschaft – nie ist mir die Menschennatur friedlicher erschienen. Fast möchte ich sagen, die Gobi war für mich die Begegnung mit deren schönster Ausprägung. Die Gobi mag kein Ende haben und sich Jahr für Jahr noch weiter ausdehnen, aber dort, wo sich Menschen in ihr aufhalten, ist sie um ein Vielfaches menschlicher als unsere Städte. In der Erinnerung an den Geschmack nach Tieren und Jurten, nach Dörrfleisch und Salztee, nach fast vergessenen Verhaltensmustern ist dieses Wissen für immer in mir gespeichert.

Es ist eigenartig, aber dieser gesetzlose Raum hat sehr humane Verhaltensweisen hervorgebracht, obwohl das Überleben in der Wüste doch ein ständiger Kampf ist, um jede einzelne Kanne sal-

ziges Wasser, einen Platz zum Bleiben, um den gerechten Fleisch-
preis auf dem Markt. In einem weiten leeren Land und dann, wenn
wir auf uns allein gestellt sind, werden alle Fähigkeiten in uns ge-
weckt, auch gesamtheitliche Lebensinstinkte. Wie das Gehen in
der Wüste schafft auch das Bleiben dort eigene Gesetze, Verhaltensweisen, die der Natur des Menschen entsprechen. Sie folgen
nicht Regeln, noch weniger einer aufgesetzten Moral, sondern
entspringen einer gemeinsamen Überlebensstrategie, einer Art
Code, mit dem wir Menschen von Natur aus ausgestattet sind.
Wir müssen nicht verstehen, warum das so ist, wir brauchen nur
diesen, unseren Instinkten zu folgen, um im Gleichgewicht zu
sein. Einer dieser Instinkte ist das Mitleiden. Nicht das Mitleid,
das religiös begründet ist, sondern die Fähigkeit nachzuvollzie-
hen, was andere fühlen, erleiden, brauchen. Wie oft kam ich als
vollkommen Fremder zu einer Jurte, gewissermaßen aus dem
Nichts, und schon Minuten später wurden mir Tee, Gebäck und
ein Lager angeboten. Vielleicht war der letzte Fremde vor Jahren
oder Jahrzehnten vorbeigekommen. Trotzdem, ich wurde überall
mit größter Selbstverständlichkeit als willkommener Gast behan-
delt. Nie hat man mich in jener deppenhaften Art angeredet, wie
es Ausländern in europäischen Städten häufig passiert, wenn sie
der Landessprache nicht mächtig sind.

Ein Recht auf diese Gastfreundschaft hatte ich nicht. Sie ist
aber den Hirtennomaden eine innere Pflicht. Rechte sind kein
selbstverständlicher Bestandteil der Menschennatur. Rechte werden im urbanen Gesellschaftsmodell verhandelt, werden festge-
schrieben zwischen den Menschen und in Gesetzen und zuletzt
werden nicht selten Regeln daraus, die der Menschennatur wider-
sprechen.

Dabei werden Nomaden überall ausgegrenzt. Niemand will sie
haben. Sogar in der Mongolei zählen sie nichts mehr. Man schämt
sich für sie und ihre Lebensweise. Sie gilt als primitiv, rückständig,
ohne Nutzen für die Gesellschaft in einer globalen Welt.

In Wirklichkeit ist es umgekehrt. Bei Nomaden war ich in Sicherheit. In den Städten bin ich es nicht. In der Gobi war mein Unterwegssein nie eine Suche nach dem Glück. Vielleicht deshalb, weil wir alle, die wir auf uns selbst gestellt in der Wüste zu überleben versuchen, unser Glück mit vielen Momenten der Angst erkämpfen müssen. Und diese Angst lehrt uns, sie zu teilen. Mitgefühl ist zuletzt geteilte Angst. Und dieses Teilen trägt zum Glück aller bei.

10

Heimkommen

Am Morgen geht die Maschine über Moskau nach Berlin. Auf dem Flug nach Westen bleibt es immerzu Vormittag. Als ich später am Tag in der Mitte von Europa lande, ist es überall grün, das Licht kurz, die Luft weich. Kein Hitzeflimmern und keine Luftspiegelungen über der Stadt. Wegen der wechselnden Zeitzonen ist die Entfernung, die ich zurückgelegt habe, so unwirklich, dass ich mich nicht gleich zurechtfinde.

Einige Touristengruppen sind in Berlin an ihrem Ziel. Für mich gilt es umzusteigen, um weiter nach Süden, nach München zu fliegen. Gemeinsam mit der letzten Mongolei-Reisenden gehe ich, dort angekommen, auf den Ausgang zu, wo Frauen, Männer und Kinder auf die anderen warten.

Noch am Abend setze ich mich ins Auto und fahre über die Alpen nach Südtirol. Ich will nach Hause. Nach sechs Wochen

Fußmarsch über ein leeres, flaches Land erscheint mir diese Nachtfahrt über den Brenner unverhältnismäßig lang, ja gespenstisch. Ein letzter Lichtschein liegt auf den dunklen Wäldern, und Schneereste glänzen an den Westhängen der Berge. Mir ist, als sei die Exotik hier zu finden, nicht in der Gobi.

Es ist bald Mitternacht, als ich den Vinschgau erreiche. Vom Tal aus schon meine ich die Umrisse von Juval zu erkennen. Das noch zwei Kilometer entfernte Schloss, in dem wir die Sommermonate verbringen, steht auf einem Felsvorsprung zwischen Vinschgau und Schnalstal. Wegen der Dunkelheit und meines nachlassenden Augenlichts bin ich mir aber nicht sicher, ob ich das Gemäuer wirklich sehe oder nur meine Vorstellung davon. Seit zwei Jahrzehnten lebe ich hier, habe das Schloss bei jedem Wetter gesehen, zu jeder Tages- und Nachtzeit. Das Bild steht mir so klar vor Augen, dass ich gar nicht hinsehen muss, um zu wissen, wie es aussieht.

Ja, an sonnigen Tagen ist unser Juval von der Talstraße aus zu erkennen. Mit seinen renaissancegelben Mauern, den ockerfarbenen Dächern, den steilen Felsen darunter. Auf dem Weg dahin Wiesen und Weinberge. Dahinter die von Lärchen bestandenen Berghänge, die bis in den Himmel zu ragen scheinen. Es spielt keine Rolle, ob ich Juval tatsächlich sehe oder ob ich mich nur an die Bilder erinnere, die ich so oft in mich eingesogen habe. In bin heimgekommen von einer langen Reise, das allein zählt.

Oben am Hügel warten Magdalena und Simon auf mich. Am Parkplatz unterhalb des Schlosses. »Ich bin zurück«, sage ich, als ich aus dem Auto steige. Ich umarme die Kinder, und nur ich weiß, dass sie mich getragen haben. In diesem Augenblick lasse ich die Gobi endgültig hinter mir. Zurück bleibt ein Land, wie es vor der Menschenzeit war: Berge, Steppe und ein paar Jurten am Rande der Wüste.

»Und wie war's?«, fragt Simon.

»Die Wüste hat mich geschlagen«, sage ich.

»Du warst doch schneller als geplant.«

»Das schon, aber zweimal stand alles auf der Kippe.«

»In der Wüste?«

»Nein, es war am Ende und nachher, in den Bergen. Ich erzähle euch später davon.«

Froh, dass Sabine nicht dabei ist, entlade ich den Wagen und steige mit den Kindern den steilen Fußweg zum Schloss hinauf.

»Du hinkst ja wieder«, bemerkt Magdalena.

»Ja«, sage ich, »es war zu viel für den maroden Fuß. Auch für mich.«

»Wie weit bist du gegangen?«

»Die Wüste ist so groß, und ein Fußgänger ist völlig verloren darin. Zum Glück konnte ich öfters reiten. Ein paarmal bin ich sogar gefahren worden.«

»Von wem?«

»Von Nomaden, Händlern, Öl- und Goldsuchern.«

»Gibt es Straßen in der Gobi?«

»Straßen nicht, aber Pisten. Viele Nomaden verschieben ihre Jurten heute auf Lastwagen.«

Wie angenehm es ist, sich mit jemandem zu unterhalten, denke ich, nachdem ich wochenlang nur mit mir selbst geredet habe.

»Ihr habt mir sehr gefehlt«, sage ich nach einer Weile.

»Die nächste Wüste machen wir wieder zusammen«, erklärt Simon.

»Bald werde ich zu alt dafür sein?« Meine Antwort ist eine Frage.

»Nein, das schaffst du noch lange, und ich kann dir ja vieles dabei abnehmen«, ermuntert mich der Junge.

»Ja«, sage ich, »mit Kamelen oder Pferden können wir noch eine Menge zusammen machen!«

»Versprochen?«, vergewissert sich Simon.

»Du kannst ja so gut mit ihnen umgehen.«

»Kriegst du deinen Fuß wieder in Ordnung?«, fragt Magdalena.

»Ganz heil wird er wohl nie mehr werden. Ich habe ihn zu oft und zu stark belastet«, antworte ich.

Noch lange sitze ich mit den großen Kindern im Esszimmer, während die Kleine und Sabine im Dachgeschoss schlafen. Ich erzähle von meiner Reise, und sie erzählen, was sie inzwischen alles erlebt haben.

Sabine und Anna begrüße ich am anderen Morgen. Sie sind in der Küche, als ich, wegen der Zeitumstellung noch etwas benommen, dort auftauche. Zuerst komme ich mir bei unserem Wiedersehen fremd vor.

»Oh«, sagt Sabine nur und streicht mir mit ihrer warmen Hand über den noch kurzen Bart. Anna ist ganz scheu und sieht mich mit ihren großen Augen an.

»Oh«, sagt auch sie und dann: »Wo warst du?«

»In der Wüste«, sage ich.

»Wie ist das?«

»Leer wie der Himmel und still wie die Nächte im Schloss.«

»Gut, dass du wieder da bist«, sagt Sabine beim Frühstück. »Es gibt viele Entscheidungen zu treffen. Nach diesen zwei Monaten Ungewissheit.«

»Ich habe doch versprochen, dass ich wiederkomme«, sage ich zu Sabine gewandt und fahre ihr mit den Fingern durch das blonde Haar. Ich sehe in das Blau ihrer Augen und bin berührt von ihren mädchenhaften Zügen. Anna strahlt, als Simon und Magdalena dazukommen.

»Alle da!«, ruft Anna dann, als die Größeren sich setzen. Mit diesen zwei Worten ist alles gesagt, was zu sagen ist.

Sabine drückt ihre Fingernägel in meine Handflächen, als ich unter der Tischplatte nach ihrer Hand greife. Draußen scheint die Sonne. Ein kühler Wind fällt von den Bergen herab, die trotz der fortgeschrittenen Jahreszeit noch Schneereste tragen.

Gewöhnt an das Grau und die Leere der Wüste, fühle ich mich
daheim wie verwandelt. Ich kann mich am Grün der Wiesen und
Wälder kaum sattsehen. Gewöhnt aber auch an die langen Nächte
im Zelt, in denen niemand da war, ist mir alles zu laut. Gewöhnt
auch an das isolierte Leben in den Jurten, wo mich niemand verstand, stehe ich in Juval anfangs meist stumm da. Wie in einer
fremden Welt. Dazu bin ich unruhig. War ich doch gezwungen gewesen, Tag für Tag weiterzugehen.

Wie kann einer nur immer wieder aufbrechen? Ein Leben lang zu
den höchsten Gebirgen und in die größten Wüsten – Gebirgen so
hoch wie der Himmel und Wüsten so weit wie das Meer. Während
Frau und Kinder daheim warten, oft monatelang ohne Nachricht.
Natürlich ist es gefährlich, was ich tue. Sabine und die Kinder sind
mehr als großzügig, weil sie mich gehen lassen. Nur weil ich ihnen
eingeredet habe, ich würde es schaffen, glauben sie an meine Rückkehr. Aber lohnen sich die Monate in Einsamkeit und Wildnis
auch? Nur um das Heimkommen als Wiedergeburt zu erleben, obwohl sich das Draußensein im Bewusstsein oft zur Ewigkeit
dehnt? Um dann, wieder zurück, am nächsten Kiosk oder im Stra-
ßencafé zu erschrecken, wenn mich die Leute angaffen, als hätte
ich geisterhafte Züge angenommen? Als wüssten sie, dass ich wirklich mit Geistern rede, wenn ich zu lange allein bin.

Allerdings verändert sich das Unterwegssein allmählich auch
für mich. Nicht nur, weil das Reisen überall auf der Welt immer
leichter wird. Vor allem wächst das Sicherungsnetz. Vor 40 Jahren,
zu meiner Zeit als Felskletterer, gab es keine Flugrettung. Wer in
der Eigerwand hängen blieb, musste sich selbst retten. Heute
herrscht dort manchmal ein Helikopterverkehr wie über der Au-
tobahn oder beim Bezirkskrankenhaus. Wir haben uns Hanfseilen
anvertraut und waren bei Wetterstürzen auf Gedeih und Verder-
ben uns selbst ausgeliefert. Es war nicht besser oder schlechter als
heute, es war anders.

Ich habe das Aufkommen von Perlonseilen, Gore-Tex-Zelten, Reibungskletterschuhen selbst erlebt. Allein schon die Verbesserungen der Spezialausrüstung haben die Felswildnis verändert, vor allem in unseren Köpfen. Dazu kommt die stetige Verfeinerung der Technik. Damit schrumpfen Berge und Flächen wie auch die Wüsten in uns. Nur die Sehnsucht in mir, aufzubrechen und immer wieder aufzubrechen, wird nicht kleiner, denke ich, während ich über die Schulter von Sabine aus dem Fenster schaue. Und draußen sehe ich die Wüste. Ein letztes Mal.

Sabine ist es, die unserer Familie Halt gibt. Wie meine Mutter uns Kindern Halt gegeben hat. Betrachte ich sie aus der Distanz der Jahre, die uns trennen, beneide ich sie um ihre Ruhe, ihr Selbstverständnis. Wie ich einst die Bergsteiger um ihre Abenteuer beneidet habe. Es sind immer Frauen wie sie, die in schwierigen und verworrenen Zeiten mutig genug sind, die Kinder großzuziehen.

Frauen, die mit wenig Mitteln und einer klaren Sprache Zuversicht und Hoffnung verbreiten. Ich lächle, weiß aber nicht, wie ich ihr all das sagen soll.

Was sich für mich als Spannung zwischen Fortgehen und Heimkehren darstellt, ist für die anderen, die geblieben sind, nur schmerzliche Abwesenheit.

»Ich habe so viel von meinem Leben in die Gobi-Reise gesteckt«, sage ich leise, »und ganz gleich, wohin ich noch gehen werde, ich werde nie mehr so weit kommen.« Ich werde nie mehr derselbe sein.

Vertrautes aufgeben ist bitterer als Fortsein, und mein Zurückkommen ist für die, die zu Hause geblieben sind, oft mit einem Gefühl der Fremdheit verbunden. Manchmal bin ich nach Monaten in der Wildnis kaum wiederzuerkennen. Unsicher stehen die Überraschten dann am Flughafen oder in der Tür und empfangen einen Fremden. Es ist ja oft so lange her, dass ich weggegangen bin, und in der Zwischenzeit ist so viel passiert, dass die gemeinsamen Gefühle und Worte fehlen, um das jeweils Versäumte begreifen oder nachempfinden zu können.

Mich hat diese Geschichte vom Weggehen und Heimkommen noch einmal weit zurück in meine Kindheit und Jugend geführt, als läge noch eine ganz andere Wirklichkeit unter den Steinscherben der Gobi.

11

Erinnern

Im Sommer, während ich auf Juval die Erlebnisse der Gobi-Durchquerung niederschreibe, ist es, als ginge ich noch einmal durch die Wüste. Ich habe viel mehr im Gedächtnis behalten als bei alltäglichen Ereignissen und sehe einzelne Landschaftsbilder so klar vor mir, dass ich sie zeichnen könnte.

Natürlich entscheidet auch bei meinem Wüstentrip das Gedächtnis, was gespeichert wird und was nicht. Alles, was Angst macht, und in noch stärkerem Maße, was uns verletzten könnte, merken wir uns. Es bleibt dem Gedächtnis eingebrannt und wird, kombiniert mit erfolgreichen Verteidigungsstrategien, abgerufen, wenn erneut Gefahr droht. Verletzungen, Demütigungen, Enttäuschungen bleiben ein Leben lang Erkennungspunkte im Netzwerk der gespeicherten Informationen. Unser Gedächtnis macht also nicht, was es will, es macht, was es muss. Dieser Speicher weiß dabei immer, was wichtig für das Überleben ist, die Evolution nutzt es als Instrument der Selektion. Nur ein gestörtes Gedächtnis kann das Wichtige nicht vom Unwichtigen trennen und ertrinkt zuletzt im Informationsüberfluss. Nicht Gedächtnisschwäche, das Fehlen jeder Selektivität im Erinnerungsvermögen lässt uns am Ende die Orientierung verlieren.

Meine Erlebnisse schreibe ich bewusst während und unmittelbar nach den Expeditionen nieder, auch weil ich weiß, dass Erinnerungen später verblassen. Sie verändern sich sogar mit der Zeit. Deshalb halte ich mich auch bei der Recherche zu Geschichten von Dritten immer an die Originalberichte, an Schriften, die unmittelbar nach dem Geschehen entstanden sind. Obwohl auch das, was wir verdrängen oder vergessen, Aufschluss gibt über einen Vorgang und dessen Aufarbeitung.

Nochmals, unser Gedächtnis ist nicht nur geprägt durch das, was wir erinnern, sondern auch durch das, was wir vergessen. Das Gehirn bewertet nicht nur, bevor es Inhalte aufnimmt, es sortiert aus, was »zu vergessen« ist. Diese Zusammenhänge drängen sich mir auf, als wir wenige Wochen nach meiner Rückkehr aus der Gobi am Friedhof von St. Peter in Villnöß die sterblichen Überreste meines Bruders Günther beisetzen, der 1970 am Nanga Parbat im Himalaya verunglückt ist. Es sind nur einzelne Skeletteile, die von ihm im Jahre 2000 im Diamir-Gletscher unterhalb der Westflanke des Berges gefunden wurden. Hansjörg, der Zweitjüngste von uns Brüdern, hält dabei eine kurze Ansprache, die mich berührt, weil der Verlust des Bruders 1970 – das erste Mal, dass einer von uns Brüdern für immer fehlte – für uns alle traumatisch war. Wir waren damals alle noch jung, sehr jung, und die meisten unserer Erinnerungen beziehen sich heute auf diese Lebensphase, die Zeit, als wir zwischen 13 und 25 Jahre alt waren. Besonders schmerzlich waren zudem die vielen Verleumdungen, denen wir ein halbes Menschenleben lang im Zusammenhang mit dem Tod von Günther ausgesetzt waren. Geschichten ändern sich ja nicht nur, je nachdem,

wie oft und wem wir sie erzählen, sondern auch damit, was später
mit ihnen geschieht und mit wem man sie teilt. Auf ähnliche Weise
ändert sich auch immer wieder der Inhalt unseres Gedächtnisses,
es kommt zu einer Art gemeinsamem Gedächtnis, das ich in Hans-
jörgs Rede wiederfinde, die er mit »ein paar Gedanken und Nach-
träglichkeiten zum Tode Günthers« überschrieben hat:

»Am 29. Juni war ich als Hüterbub auf Alp Albin im Schweizer
Bündner Land. Siegfried hatte Hubert und mich mitgenommen;
die Eltern hatten uns der Obhut des Älteren überlassen, als wir in
die ferne Schweiz zur Sommerarbeit aufbrachen.

Wir trieben an diesem wie an jedem anderen Tag dieses Sommers 80 Kühe von der Weide zum Melken und wieder zurück, einmal frühmorgens und dann am späten Nachmittag wieder. Ich
mag mich blass daran erinnern, dass wir manchmal über die zwei
großen Brüder sprachen, die im mysteriösen Pakistan den Nanga
Parbat besteigen wollten, beide Teilnehmer einer großen Expedition. Diese Umstände beschäftigten und strapazierten unser Vor-
stellungsvermögen.

In den ersten Julitagen erreichte uns ein Telegramm vom Vater,
in dem er uns mitteilte, dass Günther unter einer Lawine zu Tode
gekommen war. Ich mag mich nicht an den genauen Inhalt erinnern, erinnere mich aber an den letzten Satz: ›Reinhold lebt noch!‹
Wir waren schockiert, orientierungslos; das Vorstellungsvermö-
gen jetzt schmerzlich, voll ungewisser Ahnungen. Siegfried fuhr
ins Tal, um zu telefonieren, und später nach Hause, um am Ge-
denkgottesdienst für Günther teilzunehmen, der damals in dieser
Kirche hier stattfand. Hubert und ich haben viel geredet beim
Holen der Kühe, wir haben uns Visionen zurechtgelegt, wie alles
gewesen sein könnte, diese wieder verworfen und neue Varianten
gesucht und gefunden.

Ich meinerseits habe klammheimlich Zuflucht und Halt in
einer Vorstellung gefunden, einer Fantasie in Wirklichkeit, in der

Günther, einem lange gefassten Entschluss folgend und unter dem Deckmantel der abgegangenen Lawine, sich abgesetzt hatte, um in der Ursprünglichkeit von Mensch und Natur bei den Bergvölkern Pakistans seine Bestimmung zu finden.

Aus der Distanz lässt sich sagen, dass diese Fantasie, die im Übrigen neben der langsam sich Raum schaffenden Wirklichkeit von Günthers Tod nie ganz aufgehört hat, in meinem Geist zu existieren, aus unterschiedlichen Quellen gespeist wurde.

Zum einen habe ich Günther zuinnerst als jemanden erlebt, der an der Zivilisation oder auch an sich selbst gelitten hat und in den Bergen glücklich war. Zum anderen gab es keinen Corpus, keine Leiche eben, an deren Realität meine Fantasie unweigerlich hätte zunichte werden müssen. Kommt die Tatsache hinzu, dass der Tod grundsätzlich für uns alle schwer zu fassen ist, für den gerade 15-Jährigen, der ich damals war, existierte er bis dahin eigentlich nicht. Heute, da wir alle die Länge eines Lebens ermessen können, ist uns nur allzu bewusst, dass 24 kein Alter zum Sterben ist.

Ich erinnere mich gerne an die Gespräche mit Hubert auf Alp Albin, weil in ihrem Kern der Versuch enthalten war zu trauern, wo doch gleichzeitig die Umstände Trauer unmöglich machten. Ich vermute, es ist uns allen nicht viel anders ergangen. Wir wussten nicht, wie wir den verlorenen Bruder betrauern sollten, und waren wie gelähmt von der Wucht des Geschehenen, das alles verändert hatte. Die Selbstverständlichkeit unserer Familie, wie sie existiert hatte, war ein für allemal dahin, und ich meine das im Positiven wie im Negativen. Das Ganze war nicht mehr größer als die Summe seiner Teile, der Tod Günthers hat die Familie fragmentiert.

Die Mutter hat manchmal über ihren Schmerz gesprochen, der Vater nicht; aber er war es, der sich durch Günthers Tod am meisten verändert hat. Auch Reinhold war nie mehr derselbe, seit er zurückkam. Ich denke, keiner von uns ist durch die Tragödie unverändert geblieben.

Uns allen, als Mitgliedern einer großen Familie, ist die Obhut des Bruders oder der Schwester als erstes Gesetz in die Seele gelegt worden. Unser soziales Funktionieren oder das Defizit ist davon wesentlich bestimmt. Mit dem Nächstgeborenen, der die Mutter jeweils ganz beanspruchte, wurde die Obhut des Bruders eingefordert, als Auftrag, Instinkt und Gesetz. Im Unterbewusstsein ist diese Gesetzmäßigkeit mit dem Mutterverlust und der Strafandrohung des archaischen Vaters verkettet und ist doch gleichzeitig eine Selbstverständlichkeit. Daher wird der Auftrag der Obhut des Bruders als zutiefst ambivalent erlebt; von einer inneren Perspektive betrachtet, ist die Erfahrung von Schuld gewiss.

Als Eltern kennen wir alle den Augenblick des Schreckens, wenn wir, für einen Moment abgelenkt, das Kind aus den Augen verlieren und es plötzlich nicht mehr da ist, wo wir es vermutet haben. Wir ahnen, dass Reinhold diesen Schrecken um ein Vielfaches gesteigert erlebt haben muss als wir Brüder. Als Günther nicht mehr dort war, wo er ihn vermutet hatte, unterlag er einer Spaltung seines Bewusstseins. Es ist diese Wirklichkeit, im Inneren wie im Äußeren, dieser Obhutspflicht nicht gerecht geworden zu sein, die ihn im Diamir-Tal beherrscht und an den Rand des Wahnsinns treibt.

Wir alle tragen in uns den Auftrag und die Ambivalenz der Obhut des Bruders, Reinhold trägt an der Gewissheit, den Bruder aus den Augen verloren zu haben. Wir aber haben als Familie überlebt, weil jeder von uns den Bruder aus den Augen hätte verlieren können und weil es in diesem Sinne eine tiefe, unausgesprochene Solidarität mit Reinhold gibt.

Diejenigen, die Ambitionen über diese Obhut stellen wollen, wissen nicht wirklich, wovon sie sprechen: Sie verwechseln Schuldigwerden im moralischen Sinne mit Schuldigsein im seelischen. Sie vermuten Ambition und Intention und verwechseln diese mit Schicksal.

Warum also Pompe funèbre um eine paar Knochen? Warum den gefundenen Knochen nicht einäschern und auf dem Gedächtnissteig verstreuen, den die Dorfgemeinde Günther gewidmet hat?

Es gibt jene, die meinen, im Teil das Ganze zu sehen, und deshalb glauben, Günther schließlich nach Hause gebracht zu haben. Für andere wiederum ist es der Beweis, dass die Wahrheit über die Infamie triumphiert.

Mir scheint dieser Bruderknochen, um den wir uns hier versammelt haben, ein Stück konkreter, nicht metabolisierbarer Wirklichkeit zu sein, deren Fehlen mit der unbewussten Schuld von uns allen zu tun hat: nämlich den uns anvertrauten Bruder nicht beschützt zu haben. Mir scheint, es ist diese Schuld, die die Trauer um Günther so schwer gemacht hat. Es ist etwas von dieser Schuld, die wir im Familiengrab zur Ruhe legen sollten.

In meinem Geiste aber bleibt neben der Trauer um Günthers Tod die Vorstellung von seinem Sein in Gilgit bestehen. So bleibt mir der tote Bruder am Leben.«

Wir alle, die wir Günthers Tod 1970 als seelische Erschütterung erlebt haben, jeder und jede von uns auf seine Weise, sind nach dieser Rede gerührt. Inzwischen leben wir alle im Tal der Erinnerung, durch das wir Menschen im Alter zwischen 40 und 60 gehen. Und je älter wir werden, desto intensiver erinnern wir uns an die Jugend.

Vielleicht sind Grenzgänge wirklich ein Jungbrunnen. Wenigstens für unser Gedächtnis sind sie es, denn nichts setzt sich in unserer Erinnerung so tief ab wie bestandene Abenteuer. Ob wir diese ereignisreichen Wochen und Monate suchen, weil das Leben damit länger erscheint? Mag sein, dass es so ist, jedenfalls freue ich mich einen Monat später über die Geburtstagswünsche meines Sohnes Simon mehr als über alle anderen: »Auf dass du immer ein Nomade bleibst!«, hat er mir auf ein Blatt geschrieben, das zwei Kamele verzieren, die er selbst gezeichnet hat. Die Sorge des Sohnes um den Vater und umgekehrt die des Vaters um seine Kinder ist uns Menschen in die Gene eingeschrieben. Wie die Obhut des Bruders auch.

„Auf das Du
immer ein Nomade
bleibt!"